# 创新激励研究

RESEARCH ON INNOVATION INCENTIVE

程新生　赵旸　苏日娜 ◎ 著

北京大学出版社
PEKING UNIVERSITY PRESS

**图书在版编目（CIP）数据**

创新激励研究 / 程新生，赵旸，苏日娜著. —北京：北京大学出版社，2022.1

ISBN 978-7-301-32743-2

Ⅰ. ①创… Ⅱ. ①程… ②赵… ③苏… Ⅲ. ①企业创新–研究–中国 Ⅳ. ①F279.23

中国版本图书馆CIP数据核字(2021)第247054号

| | |
|---|---|
| 书　　名 | 创新激励研究<br>CHUANGXIN JILI YANJIU |
| 著作责任者 | 程新生　赵　旸　苏日娜　著 |
| 责任编辑 | 裴　蕾 |
| 标准书号 | ISBN 978-7-301-32743-2 |
| 出版发行 | 北京大学出版社 |
| 地　　址 | 北京市海淀区成府路205号　100871 |
| 网　　址 | http://www.pup.cn |
| 电子信箱 | em@pup.cn |
| 新浪微博 | @北京大学出版社　@北京大学出版社经管图书 |
| 电　　话 | 邮购部010-62752015　发行部010-62750672　编辑部010-62750667 |
| 印　刷　者 | 涿州市星河印刷有限公司 |
| 经　销　者 | 新华书店 |
| | 720毫米×1020毫米　16开本　19.25印张　345千字<br>2022年1月第1版　2022年1月第1次印刷 |
| 定　　价 | 75.00元 |

未经许可，不得以任何方式复制或抄袭本书之部分或全部内容。
**版权所有，侵权必究**
举报电话：010-62752024　电子信箱：fd@pup.pku.edu.cn
图书如有印装质量问题，请与出版部联系，电话：010-62756370

# 前言

20世纪初，约瑟夫·阿洛伊斯·熊彼特（Joseph Alois Schumpeter）先生提出了创新理论，将创新的概念纳入经济系统之中，认为由企业、企业家主导，市场需求拉动，技术、组织和制度共同演化的创新变革已经成为经济发展的主要推力。掌握核心技术已经成为企业乃至国家在时代浪潮中生存的要点，而掌握核心技术，需要投入大量的研究开发经费，以促使技术的创新，这些方面均与激励紧密相关。学术界、实务界都在探寻促进创新发展的积极因素。市场竞争为企业创新提供源动力，引导创新的方向。科技创新是促进一个国家经济发展的重要力量，是经济增长的重大突破口。科技创新无论从经济的结构、发展方式的调整，还是在许多重大问题的解决上都起着无可替代的作用，许多国家都将科技创新作为一项基本战略选择，注重科技创新投入和创新激励。创新需要长期坚持不懈的人力、物力、财力投入，突破性创新更是如此。很多成就看似一鸣惊人，实际上是长期努力的结果。对于不同的创新主体，采用何种激励方式才能获得期望的激励效果？不同企业的公司治理环境又对激励效果的发挥产生何种影响？这些问题都需要系统梳理。

世界正处于知识经济时代，货币不再是衡量财富的唯一标准，知识和技术成为企业的重要资本，创新能力成为企业的核心竞争力。创新可以使企业获得差异化的优势，从而使企业在激烈的市场竞争中处于有利地位。创新主体的创造性想法和行动构成了创新活动。创新主体的激励问题成为焦点问题。企业家的创新引领、有效的激励机制和公司治理机制是实施创新的重要条件。创新有其特点和规律，如创新活动具有投入大、专业性强、结果不确定性高、机密性高、风险与收益不对等、周期长和资产专用性强等特点。不同类型创新活动的投入、风险和收益存在差异，创新的特点或创新规律决定了创新激励不同于其他激励。创新激励研究的问题具体包括创新决策、创新受众的权益、创新主体的权责、创新收益的分享、创新风险与成本的分担等。创新激励主体或提供激励的主体具有多元化的特点，激励主体以股东为主，可以是政府、企业家、创新管理者，也可以是企业的客户、供应商或企业内部用户等。

激励方式也具有多元化特点，包括内在激励与外在激励，经济性激励与非经济性激励，短期激励与中长期激励，国家等不同层面的创新激励，以及多种激励的组合。企业因所处的行业特征、法律环境、企业价值追求、公司治理、发展阶段等的不同，在中长期激励的具体方面存在差异，如中长期激励占总体报酬的比例不同。现实中的创新激励存在的问题是，创新驱动的系统性、整体性、协同性尚有待完善；由于存在组织惯性、业务冲突、激励不足等管理障碍，很多企业的创新项目无法快速有效地实现商业化，创新成果转化效率不高；创新激励措施缺乏精准性与灵活性，造成产业间创新发展不平衡、资源利用不充分、创新主体激励不匹配，创新的容错、纠错机制需要优化。现实中并非所有企业都热衷于创新，因为有时企业花费大量时间和资源进行创新，却难以独占收益。创新投入大、周期长、风险高的特性，也使得大量企业倾向于选择跟随和模仿战略，利用其他企业的创新成果来降低自身的创新成本，甚至可能后来居上，获取更大的收益。技术创新的溢出效应，使得创新者可能被"免费搭车"，无偿出让利益，从而损害了创新的积极性。这类问题在制度不健全、创新激励不足、知识产权保护力度较弱的国家和地区尤为严重，因此需要持续优化国家层面的创新激励机制。

本书以科技型企业为研究对象，以劳动价值论、资源理论、代理理

# 前　言

论等不同的理论解释创新激励，关注科技创新。从创新激励的内在逻辑分析开始，对创新激励的发展、匹配，不同创新主体的激励，合作创新的激励，国家层面的创新激励等内容进行阐释。从微观企业层面，分析创新主体的内在动因，梳理了公司治理对创新激励产生的影响。通过典型案例，对创新激励进行深入系统的考察，为企业家、创新管理者、投资者、创新创业者和其他相关人员，以及为持续优化国家创新激励政策提供参考。

本书的研究得到了国家自然科学基金项目（71672085、71972105）、教育部人文社会科学重点研究基地重大项目资助（资本市场改革与公司治理有效性：16JJD630003）、天津市科技计划项目（17ZLZXZF00440）、江苏省社会科学基金项目（20GLD017）、中国矿业大学青年科技基金项目（2020QN75）、南开大学商学院等方面的资助，作者在此表示感谢，但文责自负。程新生教授负责书稿整体策划和修改，赵旸博士负责第六章、第八章的写作，以及写作大纲的初稿设计、后期书稿的修改和完善；苏日娜讲师参与写作大纲总体设计，负责第一章、第二章、第三章、第四章、第五章的写作以及书稿的后期修改。在书稿的写作过程中，研究团队的其他成员参加了资料收集、调研和部分章节初稿的写作，这些成员包括南开大学商学院博士研究生武琼、李倩、修浩鑫、程昱，南开大学商学院硕士研究生牛敏敏、杨晓萍、滕斐、王涵、陶逸、金楚等，感谢这些同学的参与。

## 第一章 创新激励的逻辑 / 1

第一节 创新的特点和规律 / 2
第二节 创新激励机制 / 12
第三节 互动式创新激励案例 / 27

## 第二章 创新激励的发展 / 33

第一节 创新激励的兴起 / 34
第二节 创新激励方式多元化 / 44
第三节 基于价值创造的创新激励案例 / 54

## 第三章 创新激励的匹配 / 59

第一节 激励参照 / 60
第二节 创新激励如何匹配 / 67
第三节 创新发展过程的中长期激励案例 / 81

## 第四章 研发人员的激励 / 89

第一节 对研发人员知识禀赋的激励 / 90
第二节 创新环境和文化建设 / 99
第三节 TDQ 公司研发人员的激励 / 105

## 第五章　创新管理者的激励 / 125

第一节　企业家精神与创新激励 / 126
第二节　创新管理者的风险偏好 / 130
第三节　如何激励创新管理者 / 138

## 第六章　公司治理对创新激励的影响 / 151

第一节　公司治理中的激励机制 / 152
第二节　内部治理对创新激励的影响 / 157
第三节　外部治理对创新激励的影响 / 165
第四节　产权差异性对创新激励的影响 / 174

## 第七章　合作创新的激励 / 183

第一节　政产学合作创新激励 / 184
第二节　价值链中的合作创新激励 / 194
第三节　从自我激励到合作创新激励案例 / 202

## 第八章　国家层面创新激励 / 213

第一节　英国的创新激励 / 214
第二节　德国的创新激励 / 222
第三节　美国的创新激励 / 229
第四节　日本的创新激励 / 236
第五节　中国的创新激励 / 244

**参考文献 / 263**

# 第一章 创新激励的逻辑

20世纪初,熊彼特先生提出了创新理论,将创新的概念纳入经济系统之中。创新是人们持续破除惯例,发现某种新奇的、独特的、有价值的新事物、新思想的活动,其产生和应用能够显著造福于个体、组织或整个社会。创新产出对于经济社会发展意义重大,创新管理与治理越来越受到重视。我们十分有必要研究创新激励机制,以促进创新发展。

## 第一节 创新的特点和规律

创新有其特点和规律，如创新活动具有投入大、专业性强、结果不确定性高、机密性高、风险与收益不对等、周期长和资产专用性强等特点。不同类型的创新活动，其创新投入、风险和收益存在差异。创新的思维路径具有特殊性，创新过程产生资产专用性和创新主体人力资本的专用性，而且创新过程存在阻力。企业开展创新的意愿、能力受诸多因素的影响。制度环境、金融市场发展、行业集中度、产业周期等因素均会对企业创新产生重要影响（Qian，2007；Acharya and Subramanian，2013；Hsu，et al.，2013）。企业自身的特征也会对创新产生影响，例如企业内部和外部信息不对称、代理成本等（Cohen，et al.，2013）。

### 一、创新的类型

企业层面的创新大致可分为四类：一是技术创新，包括产品的开发、工艺的改造、新生产方法的采用、新供应链的获得等；二是产品创新；三是管理创新，包括对组织结构、制度的创新，改革原有的组织及参与新的经营组织；四是商业模式创新，例如小米公司的万物互联下的智能家居体系创新等。

在技术创新方面，基于技术创新成果，创新可以分为渐进性创新（Incremental Innovation）和突破性创新（Breakthrough Innovation），后者也被称为颠覆性创新（Christensen，1997）。渐进性创新指通过渐进的、连续的、微小的创新，实现创新的目的，例如对现有技术进行局部改进的技术创新，对现有产品的元件进行细微改变，强化或补充现有产品的功能，但产品架构未发生改变。在实践中，大量的创新是渐进性的。从小微创新开始，不断改善技术，达到一定程度时就可能产生质变，带来重大创新。日本公司普遍采用渐进性创新，取得了很好的效果。虽然小微创新所带来的变化是微小的，但其实很重要，许多重大创新需要与相关的小微创新相结合，才能发挥作用。

突破性创新指显著偏离组织现有实践，能对当前管理、技术或市场产生重大影响，且包含大量全新知识的非连续性创新（Damanpour，1991）。相比那些旨在进行微小改变或调整的渐进性创新，突破性创新能够帮助重构市场经济、创造全新的市场需求，对于企业提高核心竞争优势和实现长期利润增长至关重要。突破性创新强调创新成果的突破性，是对行业技术范式的破坏、对客户价值的提升、对组织现有实践的显著改变以及对组织绩效和成本的巨大改善。突破性创新包含突破性创意的产生、细化和实施等一系列创造性活动。突破性创意的产生，即突破性创造力的产生，是创新过程的第一阶段；突破性创意的细化指对突破性想法进一步开发与完善的过程，是创新过程的第二阶段；突破性创意实施是创意转化为有形的产品、服务或流程并得到市场接受的过程，是创新过程的第三阶段。

基于创新过程、行为导向，创新可以分为利用式创新或开发式创新（Exploitative Innovation）和探索式创新（Exploratory Innovation）。March（1991）提出"双元理论"，"利用"和"探索"的概念被应用在组织学习与战略管理领域，Danneels（2002）将这些概念引入创新管理，提出了产品创新过程的"双元性"。Benner 和 Tushman（2003）按照创新程度和知识基础的不同，将技术创新分为利用式创新和探索式创新，并指出这两种创新（双元创新）是企业获取与保持持续竞争优势的关键因素。

利用式创新与渐进性创新相似，是开发现有知识的能力和过程，是与现有的技术、产品、服务、市场和顾客接近的创新。利用式创新指企业利用现有的知识资源，通过改善现有产品设计、完善服务质量、提高现有分配渠道的有效性、精炼现有能力和技术，提升运营效率和财务绩效的过程。有些规模较大的企业，其研究开发与技术创新较为保守，更注重提高现有产品的质量或是在现有技术基础上进行研究开发，从而避免企业在研发的过程中投入较高的成本，也可以避免企业研发失败所造成的损失。

探索式创新以搜索、变异、创造、试验和冒险为特点，依托新知识，建立新设计方案、新市场或新分销渠道，是与现有的技术、产品、服务、市场和客户差异较大的创新。探索式创新强调新技术的研发与新产品的设计，其目的在于通过技术突破或营销策略变革来重塑现有市场或开辟新市场，以挖掘潜在客户，有利于提升市场占有率和保持企业活力。在开放式创新环境中，融合市场信息和技术变革的探索式创新，既可以在组织内部进行，又可以跨越组织边界进行。跨边界的探索式创新更有利于创新绩效的提升，跨边界的创新有利于企业加强与产业链上相关组织的合作，并进行资源的整合与利用。基于资源整合利用的探索式创新有利于企业形成长期竞争优势。开展探索式创新，有利于企业研究领先的技术和产品，有利于其行业地位的提高。

探索式创新和利用式创新是两种创新方式，它们之间既密切相关又相互竞争，会对有限的创新资源展开争夺，创新主体需要在两者之间进行平衡（王凤彬 等，2012）。

## 二、创新的思维路径

创新是创造性认知世界的活动，是人们在实践中为解决特定问题而依据主客观条件和各方面信息，对未来实践目标和创新行动方案拟定、抉择的实施过程，也是创新决策者的认识进程。创新是对未知领域的探索，是思人未思、见人未见、发人未发的前瞻性、启迪性思维活动。创新既有理性的逻辑思维分析，又有直觉的非逻辑思维分析。直觉理性即直觉思维模式，指人脑在认识、反映客观对象时，不受程式化的逻辑推理模式约束，不需要严格的公理演绎和逻辑推导，而基于相关的知识存储、经验积累和深切的主观感受，通过创造性的思考与想象、潜意识的顿悟与洞察直接把握认识对象，进行识别判断。理性的逻辑分析主要依靠对已有信息和数据的筛选与分析，运用科学化、系统化、逻辑化以及规范化的方法进行决策，并在众多备选方案中选择最优方案。创新具有高度复杂性，具有高认知要求和资源需求，大多数创新是可以通过系统学习完成的。突破性创新要求其行为主体拥有更高的认知灵活性，强调新知识的整合和探索能力（Gong, et al., 2017）。

组织行为学方面的研究显示，货币奖励适用于简单的重复性工作，不适用于创新激励。激励创新不宜简单照搬机械、重复性工作的激励方法。创新是一种创造性的思维活动，要求创新主体打破现有规章、突破常识，仅依赖理性逻辑思维是不够的，因为个体难以摆脱非理性的直观感觉，创新的思维路径总是伴有大量直觉的非逻辑思维活动。直觉理性主要通过影响理性逻辑思维的分析基础（先验知识等）来影响个体行为。个体可能依据自身理解做出主观判断，会使用"理性逻辑""常识"以及"直觉"对各式各样的先验知识进行过滤，进而做出最终决策。个体需要将理性思维与直觉思维纳入决策框架，直觉思维可以为创新注入活力与灵感，理性分析可以有效保证决策的科学化与系统化，二者的结合有利于创新。创新思维是一个复杂的过程，体现在多线性、多角色、多方联络等方面，例如新产品、新服务、新商业模式、新品牌、新分销渠道、新战略合作伙伴、新客户、新沟通渠道等。创新的思想可能来自客户、其他公司、供应商、其他行业、员工等。科研院所、大学、创业公司、客户、供应商、风险投资机构、孵化器等，均可以为创新提供重要支持。

## 三、创新的特点和规律

重大创新（突破性创新或探索式创新）具有如下特点：一是持续时

间长、成本高，突破性创新获得成功需要 10 年甚至更长时间，所需时间成本、人力成本、资金成本等非常高（Leifer, et al., 2001；Bers, et al., 2014）；二是具有非连续性、不确定性和高风险性，突破性创新需要打破已有的范式和技术轨迹，开拓全新的路径和方法，这一过程面临着高技术、市场、组织和资源的诸多不确定性，具有不可预测性，失败风险极高；三是具有高度复杂性和知识依赖性，具有高认知要求和资源需求，要求创新主体拥有更高的认知能力；四是执行阻力大，由于显著偏离组织的现有实践，突破性创新在创意实施过程中，伴随着更多组织内角色、权力和地位等的显著性改变，因此可能面临利益相关者的抵制，具体执行难度大（Christensen，1997；Baer，2010）。

熊彼特范式的创新强调以知识为基础，重视技术集成、工程跃升；后熊彼特范式的创新管理强调用户互动、分布开放、人文支撑；新时代范式的创新强调系统思考、整合引领、意义探寻。整合式创新是一种总体创新、大创新（Big Innovation）的创新思维范式，聚焦于整体观、系统观，着眼于重大创新。整合式创新突破了传统创新范式的原子论思维范式，通过战略引领和战略设计，将创新各要素有机整合，为企业和国家实现重大领域、重大技术的突破和创新提供理论支撑（陈劲，2017）。企业层面的创新重视建立开放式创新平台、捕获新的创意、挖掘新的需求、跟踪技术趋势、获取外部技术资源、探索新的商业机会、了解新的商业模式、发现和培养创新人才、持续提升创新能力、管控创新风险和创新成本、缩短新产品上市时间、建立创新生态等。

## 四、创新的不确定性

创新具有不确定性或风险性。技术的不稳定性、动态性、不可预测性以及市场的波动、细分均会造成创新的不确定性（Abernathy and Utterback，1978）。创新的不确定性分为创新过程的不确定性、创新结果的不确定性，以及创新外在环境的不确定性,后者包括创新的市场、生产、管理的不确定性。创新活动是一种革新和飞跃,前期积累往往需要一段较长的时间。突破性创新的出现,可能会导致现有企业面临失败的风险。根据资源优势理论(Resource Advantage Theory),模仿和替代产品只能维持已有的收益率。创造力付诸实践的过程承载着巨大的风险,体现为在工作中运用一套全新却不知是否有效的方法(Gilson and Shalley,2004),而且创造性想法向创新性行为推动时,面临各种不确定性风险。举例来说,新药研发失败率极其高,一种新药从开始研发到应用于临床需要15—20年,三期临床试验十分耗时,不仅需要3年以上的时间,还要花费大量经费(3亿—5亿美元)。以资源依赖理论为基础,已有研究验证了技术不确定性和需求不确定性在供应商与顾客关系中会发挥调节作用(王永贵 等,2017)。

在创造性活动启动之初,难以确定创新行为的结果,创新结果难以预测。例如,1821年,英国的科学家汉弗莱·戴维(Humphry Davy)和迈克尔·法拉第(Michael Faraday)发明的电灯虽然能发出亮光,但是光线刺眼不柔和,能耗较大且寿命较短,性价比不高。之后,托马斯·爱迪生(Thomas Edison)为制造一种灯光柔和的电灯而踏上了寻找灯丝材料的改良之路,他试验了炭条,以及钌、铬、白金丝等1 600多种材料,经历成千上万次的失败后,先后发现了碳化后的日本竹丝、钨丝等灯丝材料,为千家万户带来了光明。创新结果可能会出现偶然性的情况(如中国的火药研制),也可能出现有志者事竟成的情况(如字节跳动公司)。火药发明于隋唐时期,有上千年的历史。古代道家炼丹为求长生不老,炼制丹药的过程却产生了火药。炼丹者的目标是追寻长生不老之药,并不是为了发明火药,火药的问世具有偶然性。

创新外在环境的不确定性受到市场不确定性、生产不确定性、管理不确定性等因素的影响。市场不确定性指在技术创新过程中由于市场因素的不确定性而导致的技术创新失败或未达到预期效果的可能性。新产品的市场规模、竞争优势、市场接受时间、市场寿命以及市场开发所需资源投入强度等的不确定，消费者需求的转变等都是与创新市场环境不确定性有关的内容。良好的管理有时可能恰恰是导致企业失败的重要原因，这些企业只关注目前主流客户的意见，重点投资新技术的研发，以期向目前主流客户提供更好的产品或服务，在当前或可预见的未来能够带来最佳收益，但未重视潜在的客户或客户潜在的需求变化，长久如此，可能会丧失其市场的领先地位（Christensen，1997）。张一鸣作为北京字节跳动科技有限公司创始人，经过长期探索，开发了核心业务——数据挖掘与信息推荐，这种业务将人的个性与浏览习惯结合，创造性地将心理学与抖音视频结合。2016年9月抖音APP上线，仅21个月的时间，就拥有1.5亿多个用户。

突破性创新带来的产品，其性能在早期可能低于主流市场的成熟产品，随着新客户的认可、新产品性能的不断改进，其市场规模会迅速增大。1976年史蒂夫·乔布斯（Steve Jobs）和合作伙伴成立苹果（Apple）公司，历经几十年的发展，公司先后开发出iMac、iPad、iPhone等电子产品，改变了21世纪通信、休闲以及生活的方式。苹果智能手机改变了手机行业的发展格局，使当时行业的领先者诺基亚公司、摩托罗拉公司受到重大冲击。在产品和技术创新的过程中，充满了争议和不确定性，乔布斯还曾被公司董事会开除，之后因苹果公司业绩不佳，乔布斯又被重新请回公司任职，之后公司成功发布iPad、iPhone等产品。还有全球最大的胶卷生产商伊士曼柯达（Eastman Kodak，简称柯达）公司的例子。1975年，在美国纽约柯达实验室中诞生了世界上第一台数码相机。柯达公司在数码相机问世后，没有及时捕捉顾客的需求转变，错过了发展数码业务的关键时机。柯达公司曾经设立了一个专门面向新市场的事业部，但这一部门却在新的董事长兼CEO上任后被裁掉，导致产品未能及时进行突破性技术创新。柯达公司于2018年宣布停止生产柯达克罗姆胶卷，这种彩色胶卷曾经风靡全球。与此同时，传统照相机生产经营受到冲击，宝丽来（Polaroid）公司在2001年就因举债过多向美国法院申请破产保护。2007年，畅销几十年的宝丽来相机停产。

生产的不确定性指在技术创新过程中，企业生产系统中有关因素及其变化的不确定性使创新失败的可能性。可能的因素包括生产系统难以实现大批量生产、工艺流程不匹配、生产周期过长、设备和仪器损坏、检测手段落后、产品质量难以保证、供应链上下游需求不匹配等。例如，在230多年前，人们都使用木船，而英国企业家威尔金森·杰弗里（Wilkinson Geoffrey）提出用铁制造船。比水重的物体能不能浮在水上？当时人们是不知道的。当他提出这个观点时，大多数人持反对的观点，认为他得了精神病，人们还给他起了个"铁疯子"的绰号。18世纪末，美国莱特兄弟（Wright Brothers）提出制造飞机，比空气重的物体能不能飞翔在空气上？在当时的知识背景下是不确定的。很多时候，创新的思想已经超越了时代，但是囿于生产技术的制约，无法生产出新产品。

管理的不确定性指由于创新管理者的决策失误而导致技术创新失败的可能性，例如以偏概全的市场调研、产品市场定位偏误、营销策略不准确等。在面临创新生产的不确定性时，企业家应当注重创新战略管理，包括创新程度（渐进性或突破性创新）与创新方式（封闭式或开放式创新）的选择，制定既有实施可能性又符合企业目标的创新战略。

斯坦福大学教授Rogers（2003）在《创新的扩散》（*Diffusion of Innovations*）一书中提出了S曲线。他认为，在企业发展的初始阶段，企业业务规模小，获得的客户数量少，随着企业的产品、服务、品牌被客户逐渐接受认可，企业会进入高速扩张阶段并达到企业价值的巅峰，随后市场进入平稳期，企业进入成熟阶段或者出现业务发展的停滞。随着企业找到新的业务模式或者开发出新的产品，企业的发展路径将再次经历"起步——快速发展——平稳——停滞"的周期，并以此循环交替，整个过程呈现为一个S形的曲线，被称为S曲线过程。S曲线的存在应引起企业管理者的高度重视，如果不能有效地管理S曲线，即使在市场上曾经非常成功的企业也会因为业务发展后劲不足而进入S曲线后端的下行区间，导致企业增长趋于停滞。企业要想避免陷入S曲线的循环路径，必须在S曲线见顶之前提前布局，完成业务模式和产品、服务创新，推动新市场和新业务的拓展，开始新的 S 曲线上升通道从而跨越 S 曲线。

## 五、资产专用性和创新主体人力资本的专用性

创新是一个持续投入的过程，需要投入专用资产，一旦中途放弃，前期投入将全部变为沉没成本。企业在增加研发投入时，相对于技术合作和技术引进的短期行为，长期的自主研发需要人力资本的投资和专用性资产设备的投入。自主研发具有较高的调整成本，当企业面临较大的业绩压力或严峻的财务困境时，即使需要削减创新投资和创新激励，也要非常慎重。原因在于，自主研发活动中沉淀着较多的人力资本和专用资产，技术管理活动和研发活动虽然为企业创造出能产生未来收益的无形资产或新知识，但这种知识难以储存，蕴含在创新主体的人力资本中，无法清晰度量，突然中断或显著降低研发投入会导致创新管理者倦怠以及研发人员流失，给企业造成无法挽回的损失。

## 六、企业创新的阻碍因素

阻碍企业创新的因素有很多，主要包括创新关键资源缺乏、创新复杂性高、创新实施过程的执行阻力大等。这些因素从不同方面影响着企业创新的发展，值得关注。

一是创新关键资源缺乏。创新关键资源包括金融资源、技术知识资源、人力资源、管理技能资源。在创新过程中资源对于创新思想的产生、复杂项目的组织、模拟实验以及开发新市场等起着重要作用，尤其对于突破性创新项目，资源约束显得尤为重要（Rosenzweig and Grinstein，2016）。例如，对于中国高新技术类上市公司，研发资金主要来自内部现金流和股票融资，存在一定程度的融资约束，缺少债务融资的支持，从而限制了研究

开发投资（卢馨 等，2013）。较高的调整成本和不稳定的融资来源制约着企业的创新活动，虽然中国很多上市公司得到了政府的研发资助，然而创新的关键资源仍然约束着企业的创新发展。

二是创新的复杂性高。现代企业之间的竞争逐步转变为研究开发与技术创新力量的竞争，企业的增长点也从原来的扩大生产转变为通过研究开发与技术创新，增强生产要素质量，提高产品的科学技术含量以及附加值。但是，创新具有高认知要求和资源需求，突破性创新要求其行为主体拥有更高的认知灵活性，强调新知识的整合和探索能力（Gong, et al., 2017），需要建立创新合作网络，采取自主创新、引进技术、合作开发、购买等方式。创新活动具有较高的复杂性，需要的时间较长，例如，从专利申请到授权的时间，发明专利平均为3.4年，实用新型专利平均为0.7年，外观设计专利平均为0.6年。开发新产品时，需要研究新产品采用的尖端技术，是否提供了变革性的客户价值主张，传递了具有竞争优势的客户价值主张；新产品采用的行业先导技术，是否产生了有吸引力的客户价值主张；新产品采用的新技术，是否提供了比竞争对手产品更大的客户价值，为客户提供了竞争对手产品所没有的新好处，并改变了行业的游戏规则；与竞争对手产品相比，新产品采用的新技术，是否显著降低了客户的成本。

三是创新实施过程的执行阻力大。创新实施过程中，由于显著偏离组织的现有实践，突破性创新在实施的过程中，伴随着更多组织内角色、权力和地位等的显著改变，因此可能面临更多利益相关者的抵制，造成具体执行时难度更大。核心能力刚性，指使组织无法进行创新行动的阻力，被认为是企业在创新过程中最主要的障碍。具有优势的主导企业或大型企业不宜过度自信，要警惕来自小微企业突破性创新的威胁。在创新过程中，企业的财务核算需要贴近创新管理的要求。管理会计在企业管理中的重要性日益凸显，企业可以通过管理会计体系提升研究开发与技术创新的执行力。

## 第二节 创新激励机制

创新激励机制指激励主体实行一系列激励方法或手段与创新主体进行相互作用，从而促进创新的机制。创新激励具有综合性的特点。从新产品概念的提出，到生产工艺的形成与改进、专利申请，影响因素较多且复杂多变，激励手段和方法也多种多样。有效的创新激励需要包容短期的创新失败，鼓励长期的成功。激励机制可以分为内部激励机制和外部激励机制。内部激励的对象是创新管理者和创新主体（研发人员和创新成果转化相关人员）；外部激励的对象是企业，主要指政府、立法机构或其他激励主体通过创新政策制定、改善创新环境、提供创新资源、传递创新信息等对企业进行的创新激励。创新的特点和规律决定了创新激励不同于其他激励，创新激励包括经济性激励（货币激励、股权激励），精神激励（职业规划、决策权、表彰），以及多种激励的组合。

### 一、创新激励的主体

创新激励的主体是提供创新激励的一方，可以是股东、企业家、创新管理者、政府、风险投资，也可以是企业的客户、供应商或企业内部用户等，例如股东为创新主体提供股权激励，企业家或创新管理者带领、激励科研团队。国家层面的创新激励政策对于企业创新发展十分重要。风险投资，特别是企业风险投资[①]为高新技术产业发展提供了资金，推动了技术

---

① 企业风险投资（Corporate Venture Capital，CVC）指非金融类企业设立风险投资基金，通过所属机构在企业内部进行的风险投资。

创新。内部用户也可以是创新激励的主体。通过来自用户的激励,企业能够实现正反馈机制和自增强机制,打破边际收益递减的"魔咒",实现边际收益递增。通过此类创新激励主体,企业能够降低成本、提高产品质量、增加市场份额等,进而增加销售收入、利润等财务指标。

## 二、创新激励的客体

企业的创新活动是一项系统性工程。创新激励的客体指激励的对象。创新激励机制具有层次性。以企业为激励对象,外部主体需要从股权制度、创新政策、创新资源和条件等方面进行激励;以内部员工为激励对象,则既要从物质需要方面进行激励,也要从精神及情感需求方面进行激励。从企业层面出发,不是每一个企业员工都要拥有股权,而是要让每一个员工都可以创造自己的股权,针对创新贡献或可能做出创新贡献的员工及创新主体进行创新激励(张瑞敏,2011)。创新激励的客体不仅包括企业内部参与制定、实施创新的管理人员、研发人员,以及对创新做出贡献的人员,还包括那些不在企业组织之内,但是基于创新协同活动与企业存在关联的其他创新主体。创新激励的客体也是创新的主体。

创新管理者对创新的认知、风险偏好、收益分成和责任承担等对企业创新投资决策会产生重要影响。由于创新从投入到产出的过程具有高成本、长期性和不确定性等特征,其本身的风险较大。出于对职业规划、投资风险、声誉担忧等的考虑,管理层可能更加倾向于进行风险规避的短视行为。上述因素的共同作用导致企业创新投入不足。如何对创新管理者进行激励,成为决定企业创新活动能否顺利开展的关键因素之一。Hill 和 Snell(1989)指出,新产品研发和创新产出要求管理者承担风险,因此需要通过治理安排,使管理者的风险偏好与股东的利益一致。企业通过投入资源来增加未来长期盈利能力。股东可能追求企业的长期成长,但当管理层的收益与其承担的风险不对等时,他们可能缺乏足够的动力实现长期利润目标。激励管理者追求长期利润最大化的原则是使管理者的收益与企业的长期利润直接相关，中长期激励是企业实现价值最大化的优先选择。

对创新管理者的激励包括激励水平与激励结构两部分内容。激励水平重点关注激励的程度和采取的方式。除股权激励与薪酬激励外，控制权激励、晋升激励等均对企业内部技术创新活动的开展产生影响。由于公司治理机制的不同，无论是在股权激励计划的选择还是在制度方案的设计中，可能不仅存在激励效应，还具有福利效应。相较而言，有些企业的股权激励方案，其福利效应更为明显，这些情况在国有控股公司中表现较为突出（吕长江 等，2011）。激励结构主要从激励方案的具体内容，诸如细分类别、短期与中长期激励的均衡、业绩考核等角度进行考察。例如，对中国上市公司进行的较长期权行权时间的限制，有助于激励管理者追求长期目标而非短期目标，进而有助于企业创新活动的开展。进一步地，实施股票期权类激励方案的企业，激励方案有效期越长，所获发明专利数量的增加越明显。

杜邦公司在建立预算控制体系时，考虑了创新因素。公司管理层认为，创新在获得成功时，也可能成为一种真正的威胁。这是因为，这个时候既需要有适合企业快速成长的控制系统，即能够展示出哪种努力和投资是成功之所在，又需要有能够阻止过度扩张的系统。在杜邦的这一控制体系中不包括创新考核，在创新上所运用的资本，不包含在该业务单元资本回报之内，即创新投入不包含在该业务单元的费用预算之内。只有在新产品投入市场并进行商业化销售两年或两年以上时，创新投入才被归并到该业务单元的预算中。这种方法既保证了该业务单元的管理者不会由于创新投入或创新风险会威胁收益和绩效而抵制创新，也保证了创新费用和投资能够得到合理控制。持续经营活动的预算和创新活动的预算，不仅应该分开，而且应采取不同的处理方式。对于创新发展最有害的，莫过于确定一个"每年利润增长9%"的目标。在创新的前3—5年里（有时可能更长），利润可能并不会增长，甚至没有什么利润。在以后的5—10年里，利润的增长率可能达到每年40%或者更高。这要求创新管理者在没有常规预算和会计核算的情况下开展创新活动，预算和会计信息应可靠地反映投资成果。

研发人员是企业创新活动的主体。如何最大化地调动研发人员从事创新活动的积极性，是影响科技型企业核心竞争优势构建的关键。一方面，针对核心研发人员开展的创新激励，同样可采取诸如股权激励、锦标赛激励等方式，作用机制包括提升员工的风险承担水平、增加绩效收入等多个方面。相较于管理层持股，员工持股对于创新产出的促进作用更为明显，并且员工持股计划的制度设计更加侧重于"利益绑定"功能，能够通过提升员工在创新过程中的个人努力、团队协作和稳定性，进而提高创新效率（孟庆斌 等，2019）。另一方面，以企业内部管理层与员工之间薪酬差距来衡量的锦标赛激励与企业创新呈倒U形关系。当薪酬差距较小时，扩大管理层与员工之间的薪酬差距显著提升了企业创新；但在薪酬差距较大的情况下，进一步扩大薪酬差距则会增加员工的不公平感，进而抑制企业创新（孔东民 等，2017）。

重视并鼓励科技人才在公司允许的适当范围内追求并实现学术价值，也能极大调动其创新积极性。以世界上最大的综合性动力与设备制造商——美国通用电气（General Electrical Company，GE）为例，GE高度重视基础研究活动的开展，强调优秀的科技人才是进行基础研究的根本。在20世纪初，GE建立了谷仓实验室，欧文·朗缪尔（Irving Langmuir）是实验室成员之一。他十分热爱科学研究，早在哥伦比亚大学学习之时，就曾明确自己的意愿：未来要自由地从事研究。GE为欧文科研事业的成功开展提供了广阔的平台，自1909年，他为GE的研究实验室工作了41年，所取得的丰硕成果覆盖技术研发实践与基础科学理论。其中最为重要的，当属获得1932年诺贝尔化学奖的对表面化学所进行的研究，欧文成为第一个来自工业界的诺贝尔奖得主。与此同时，他还当选了美国科学促进会主席，成为美国国家科学院院士和英国皇家学会的外籍会员。通过搭建学术界与产业界的沟通桥梁，企业能够有效地将科学研究的基础功能和技术开发需求联系起来，推动企业技术创新绩效的提升。

企业还可通过与外部的创新主体，例如高等院校、科研机构等建立联系，构建协同创新网络，以达到有效利用外部资源促进企业创新活动开展的目的。有鉴于此，如何最大化地激发网络中相关主体的创新活力，并为企业所用，也是企业管理层需要考虑的重要问题。

英国罗尔斯·罗伊斯公司（简称罗罗公司）就是一个典型案例，其采取的技术创新激励策略主要包括四个方面：

一是对象选择机制。罗罗公司具有全世界公认的雄厚技术创新实力，但其自身很少从事基础理论方面的研究工作，而是依赖与世界顶级大学、技术创新中心等外部创新主体建立协同创新体系。参照美国国防部2005年发布的信息，罗罗公司对自身研发活动的开展进行了明确区分：针对技术成熟度在1—4级的基础研究类工作，与大学协同进行；技术成熟度处于7—9级的产品开发由企业自身完成；而对于技术成熟度处于5—6级的"竞争前技术"或"共性技术"，则通过与诸如英国政府建立的世界级技术创新中心英国"弹射中心"（UK Catapult Centers）、美国"制造业美国"（Manufacturing USA）和中国制造业创新中心等开展合作来完成。

二是合作机制。在20世纪初期，罗罗公司基于其与大学开展合作的发展实践，通过不断进行总结与反思后发现，在推动公司创新发展过程中至少存在以下两个方面的突出问题：其一，合作行为偏短期化。当时，罗罗公司与大学的合作关系大多依靠私人关系而建立，二者的关注重点往往停留在短期利益层面，相互之间尚未形成长期的关系保证。具体表现为，公司难以为与之合作的大学技术团队提供基于未来的长期资金保证，大学研究团队也无法确保在实验设备、人力资源等方面对公司项目进行优先投入。其二，合作渠道过度分散化。罗罗公司当时与英国各大学的学院（系）和研究团队所建立的合作渠道超过80个，加重了罗罗公司对大学技术创新合作网络的管理难度，导致资源投入重复严重。鉴于此，罗罗公司在对与各大学的合作效果逐一进行评估后决定：中止与若干大学的继续合作，通过将资源集中到部分顶尖高校与研究团队当中，逐步建立规范化的大学技术中心网络。为确保资金有效使用，罗罗公司将其所提供的固定资金严格落实到每一位教授。首先由公司在需要的领域挑选出满足条件的教授与研究带头人，再通过进一步列出的详细技术目标，询问教授是否具有参加意向，在双方均同意并达成一致意见的条件下完成合作协议。上述机制使得罗罗公司能够有针对性地开展创新，并促进双方逐渐形成长期的、稳定的、深层次的战略合作关系。

三是淘汰机制。为激励大学开展技术创新工作，罗罗公司一般会与其签订5年的滚动合同，并基于5年的合同期给予大学研究中心固定的技术投入，续签事宜将视中心的运行与产出情况来决定。罗罗公司与大学之间基于技术中心展开的合作并不是一劳永逸的，存在一定的淘汰比例，例如，从公开信息来看，罗罗公司与苏塞克斯大学、约克大学等建立的大学技术中心已经无迹可寻。

四是互补机制。针对不同项目，罗罗公司会有计划、有安排地选择相应的大学技术中心开展研发工作。并且，由于不同的大学技术中心往往各有所长，对于某些较为复杂的项目，可能不只需要一个大学技术中心提供研发协助。在上述情况下，罗罗公司往往会依据各中心的技术优势，开展多方合作，以达到各司其职、各尽所能的良好状态，充分发挥出各自的互补作用。例如，为研制瑞达900发动机前掠宽弦风机叶片，罗罗公司至少同时协调了包括南安普顿大学、剑桥大学、伦敦帝国理工学院、牛津大学、诺丁汉大学等在内的五所大学的技术中心。

## 三、针对创新不确定性的激励机制

创新主体需要承担创新不确定性的风险，因此也应获得风险收益。在社会分工清晰、科学技术复杂的时代，创新过程往往面临较大的不确定性。如何缓解创新过程中科学技术突破、创新成果转化、创新成本控制等难题，是创新激励应重点考虑的。对于创新过程中面临的失败，激励主体应当给予更多的容忍，建立起长期有效的激励机制，合理分配创新资源，以取得长期成功。富有创新精神的企业文化，会促使创新主体愿意接受风险与挑战，开放的创新生态系统有助于创新。例如，IBM公司实行了独特的创新激励制度，取得创新成果的员工可以获得"IBM会员资格"，公司为其下一轮创新活动提供5年的试错时间和相应的资金支持。国家、企业应当秉承"容忍短期失败，鼓励长期成功"的方针建立创新激励机制，以此提高创新主体的自主研发积极性，进而降低创新的不确定性。国家对科技型企业的产品和服务采取政府采购、风险投资、创业投资引导基金等帮扶方式，有利于减少市场不确定性对企业创新的影响。政府可以采取区域优先政策培育科技创新，例如北京中关村、上海高新区、深圳高新区等，以激励企业的研发创新活动。

根据期望理论，行为人重视的激励机制主要包括内在激励机制和外在激励机制两种形式。内在激励机制主要产生于每一个人的内心，并不需要他人的介入。当一个人成功地完成了一项工作时，他就会有一种发自内心的成就感，有一种人生价值得以实现的满足感。一个发展成功的企业应该通过员工的工作设计、企业文化或是管理者的风格为每个员工创造体验内在激励机制的条件。外在激励机制主要指企业或个人给予创新者的一种激励，不仅包括表扬、奖章等精神奖励，还包括绩效薪酬等物质奖励。无论是企业的内在激励机制还是外在激励机制，对于企业的发展都同样重要。无论是在企业的经营管理还是在企业的某一项研究开发与技术创新活动中，两种激励机制都需要协同作用，才能促进企业的发展。

激励机制需要与股东利益绑定。例如，华为公司建立获取分享制，获取分享制是相对于授予制的。授予制，是自上而下进行业绩评价和利益分配的制度，容易滋生以领导为中心、下级迎合领导来获取利益的组织行为。华为公司的研发管理有过三次重大改变：1987—1997年，是华为公司创业的前10年。在此期间，华为与中国许多其他企业一样，对研发部门采用了职能式管理，分为中央研发、中试（中间阶段的试验）和生产三大部门，无项目管理，无可行的计划，无产品数据管理，无版本管理，无技术管理，无企业标准。1998—2011 年，华为公司进入弱矩阵管理阶段。依旧保持中央研发、中试和生产三大部门，试行由项目经理负责产品的中央研发、中试和生产的项目经理制，华为公司在研发人员激励方面创新性地采用了获取分享制：一线部门根据业绩分享奖励，后台支持部门通过为一线部门提供服务分享奖金。上层设计表现为员工持股计划，将股票期权分享给员工使其享有剩余索取权、投票表决权，使员工与公司利益共享、风险共担，将公司变成员工的第二个家。为激励研发人员专心进行技术攻关，华为公司将研发人员的晋升通道一分为二，分为技术通道和管理通道，这使得很多技术专家的地位并不比经理的地位低。同时，华为公司实现前后台业绩挂钩，完善后台对前台的支持制度，提高前后台岗位配合能力；提高薪酬弹性，将员工价值实现与企业贡献紧密联系起来，使得激励相容；推动自下而上的物质激励，鼓励对基层业务单位的物质激励。2012 年至今，华为公司进入强矩阵组织形态阶段，运用企业管理平台、技术平台和运作支持平台，全面优化项目管理。2014 年，任正非指出，应落实获取分享制，优化员工的分配结构，保证每位员工都能分享公司成长的收益，激励员工奋勇向前。

## 四、针对创新长期性特征的中长期激励机制

突破性创新是一个长期的过程，因此需要进行中长期激励。研发资金的持续投入与人力资源的合理配置是实现创新目标的关键因素。长期的创新过程要求合理分配研发资金，包括投入资金在短期、中期、长期项目之间的分配，也包括在总部与子公司之间的分配。将创新主体的风险与收益平衡，使其实现与企业收益共享、风险共担。相比一般的投资项目，突破性创新需要创新主体付出更大的努力，注入更多的精力。创新管理者与企

业股东之间的利益诉求在特定情形中存在较大差异，创新管理者可能关注企业短期利益或个人短期收益，忽视了企业长期发展，影响研究开发与技术创新决策的科学性。有些创新管理者在面临较大的压力时，为了回避研究开发与技术创新活动的风险，更倾向于外购技术或知识产权，但长期下去可能会使企业缺乏核心竞争力。因此，企业需要建立长期激励机制，以协调目标和利益不一致的问题，避免逆向选择和道德风险，实现激励相容。对创新主体实行中长期激励，给予其一定的股权激励，并使其承担相应的风险，有利于化解他们与股东的利益分歧，实现长期发展目标。

产权激励包括技术入股和股权激励。技术入股是技术员工以其知识、方法、技术能力、特殊设备等作为资本投入企业，从而取得该企业股权的一种行为。股权激励包括股票期权、限制性股票、股票增值权、虚拟股票等。

股票期权于20世纪70年代发展起来，到了90年代，美国科技型公司普遍使用这种激励方法。股票期权指企业给予员工在一定时间内用事先约定的价格和数量购买公司普通股票的权利，激励对象只有在工作年限或业绩达到约定的目标时才能享受出售股票的权利。这个权利可以被授予者使用，也可以被放弃。买方在支付了一定的期权费（权利金）后，获得一种选择权，即取得在合同规定的到期日或到期日以前按协议价买入或卖出一定数量相关股票的权利，属于中长期激励。在合同期内，股票期权不可转让，也不能获得股息，公司员工的个人利益与公司股价紧密地联系起来。股票期权是被激励群体购买本公司股票的一种选择权。上市公司股权激励机制中的股票期权，不同于一般的期权，主要表现在：股权激励机制中的股票期权作为公司奖励管理者或核心员工的一种方法，不可转让交易，只有执行或不执行两种选择，激励对象是否行使该权利，由持有者自行决定。

限制性股票指公司按照预先确定的条件（个人贡献、公司业绩等）授予激励对象一定数量的本公司股票，激励对象只有在工作年限或业绩目标符合股权激励计划规定条件时，才可出售这些股票。限制主要体现在两个方面：一是获得条件，二是出售条件。

股票增值权指公司授予激励对象的一种权利，被激励群体对股票不拥有所有权，也不能参与分红，当公司股票价格或业绩上升时，激励对象可通过行权获得相应数量的股价升值收益，激励对象不用为行权付出现金，行权后获得现金或等值的公司股票或"现金+股票"的组合。股票增值权通常与认购权配合使用，期末公司股票增值部分＝期末股票市价—约定价格。由于获得者并未实际支付购买股票的费用，因此可避免避险行为的发生。股票增值方案简单易行，被激励者不拥有所有权及衍生的表决权和配股权，没有股权稀释等问题，能够将员工利益与公司价值长期挂钩。

虚拟股票指公司授予激励对象一种虚拟的股票，如果能够实现公司的绩效目标，激励对象可以据此获得分红，但没有所有权和表决权，不能转让和出售，在激励对象离开公司时失效。海信集团建立了独具特色的岗位股权激励机制，类似虚拟股票，但又有所不同，即"股依岗定，离岗退股，循环激励"。持股范围仅针对在岗骨干员工，即对企业经营业绩和持续发展有直接或较大影响的经营管理人员、研发人员和业务骨干等，不是平均主义、"大锅饭"。骨干员工获得股权激励的股份需要个人出资购买，且采用增资扩股方式时，需聘请第三方专业机构开展专项审计评估，并以评估价作为增资价格。员工股权只能在公司内部进行有序、合理、按规则的流动，员工只拥有股份的所有权和收益权，没有支配权，股权不得抵押、继承和任意买卖，降职、免职、离职、退休时必须转让股权或降低持股标准，以保证股权永远激励在岗员工，避免员工股权固化。股权投资风险自担，所有骨干员工入股与国有股、法人股收益共享、风险共担。研发人员的股权激励既有岗位激励，又有创新激励。对于达到岗位激励标准的员工，按照岗位激励进行有偿认购。对于研发创新，按照研发绩效进行技术估值，有成果的员工可以无偿获得股权；如果研发成果可以商业化，则成立创业公司，按照贡献无偿授予研发人员股权。

海信集团制定的股权激励管理办法,规定了分配范围、额度、流转、分红等具体操作细节,所有控股子公司骨干员工持股总数原则上不超过总股本的30%。为了避免当公司陷入经营下滑时持有公司股权的骨干员工流失,也避免经营下滑期间公司大量回购股份导致现金流恶化,从而影响公司的正常生产经营,损害公司和股东利益,海信集团规定经营下滑期因个人原因退股,退股价格按照净资产的一定比例确定。对退休员工的激励,则根据积分建立退休员工激励待遇等级标准,符合条件的退休员工可以保留一定比例的股权,以此避免短期行为与透支企业未来的行为。对于离任股东,为了避免这些股东故意采取脱离持股范围或降低持股层级的方式集中套现,从而给公司和其他股东造成损失、给公司经营增加难度甚至造成重大隐患的情况,规定了由于个人原因退出,股权收益的一定比例需作为离任押金,锁定若干时期。核心员工和经理层持有的股权均称为E股。根据公司管理制度,经理层具有任免骨干员工的权利,有可能将那些与其存在不同意见的员工排挤出骨干员工范围,使其不再成为E股股东,进而使E股股份被少数人持有,这将严重背离岗位激励股份的初衷,不利于企业长期稳定发展。对此海信集团成立E股股份理事会,制定并固化相关股份管理制度,以保障公司的激励性股份永远用于激励在岗的骨干员工,避免经理层将E股股份集中到自己手中。

世界一流的高科技企业都实施了以股权激励为重要手段的中长期激励机制。企业价值成长和行业特点决定了中长期激励的不同需求,科技型企业实施较高比例的中长期激励可以实现知识资本与货币资本的有效结合。高科技企业需要投入较多的研发资金,使短期利润减少,研发投入形成的技术创新则可以为未来提供持续的盈余,因此在高科技企业的盈余构成中,长期盈余所占比重较大(程伟 等,2012)。中国上市公司的股权激励主要以股票期权和限制性股票为主,其他激励方式相对较少。

## 五、针对创新高成本特点的激励机制

由于创新的成本较高,在企业层面,要重视精神激励和股权激励,用较低的成本获得创新所需的资源投入。高科技企业在创办初期往往面临现金短缺的状况,现金激励条件不足,采用股票期权激励的比例大于其他行业。许多企业形成了自己的发展模式,但是在研发与技术创新项目的投资管理层面仍然保留传统思维,这会产生两个弊端:研发投入不足;或者盲目进行研发投资,缺乏有效的激励机制。一旦研究的项目失败或短期内看不到希望,企业就会减少创新投入。企业需要建立一套有效的激励评价机制,考核研发的进程节点,评价每个节点的绩效,以数据和事实为依据,管控研发成本、提高创新绩效。研发与创新的主体是人,要注重改善研发人员的工作环境,提升研发人员的中长期激励比例。国家和政府应完善知识产权保护制度,提高和保障创新主体的创新收益,合理配置创新资源,优化财税政策支持和创新激励以抵补企业的创新损失。

在技术研发成本管控方面,三个方面需要重点考虑:一是研发费用当期列报。研发是企业的重要业务,其效益可能不会在当期体现,再加上投入大,一次列报全部研发费用,会导致损益表的结果不好看,最好能够分期摊销。但是会计准则认为,研发投入的效益未必会实现,研究费用需要在当期列报,开发费用可视具体情形处理。例如中国《企业会计准则第6号——无形资产》规定,对于企业内部研究开发项目,研究阶段的有关支出,应当在发生时全部费用化,计入当期管理费用;无法区分研究阶段和开发阶段的支出,应当在发生时费用化,计入当期损益;如果企业能够证明开发支出符合无形资产的相关确认条件,则可将其确认为无形资产,之后进行分期摊销。会计准则规定的研发费用处理,特别是研究阶段的支出,会导致当期会计报表利润下降,可能会降低企业研发投入的意愿。企业管理者要谨慎考虑,不要为了短期利益(好看的利润表和费用的降低)而大幅度削减研发费用。二是控制成本和费用，要去掉"脂肪"而不是砍掉"肌肉"。台积电公司的管理者认为，研发费用中有很大部分是企业的"肌肉"，代表企业未来核心竞争力。三是研发费用转嫁。研发费用转嫁指把研发成果作为产品进行交易，即将成本转嫁给客户。尤其是专门为特定客户进行研发时，可以由客户承担这些研发费用。如此一来，如果研发成功，未来能够量产，企业可以将研发成本分摊在销售成本中；如果研发不成功，企业也不必承担高额的研发成本。激励主体和创新管理者应考虑以上情况，实现研发成本节约。

企业同时应关注裁员对企业整体绩效产生的后续影响。当企业不景气时，企业经常通过裁员降低成本。管理学中有多种激励理论，目标通常是提升员工的工作意愿。当公司经营出现危机时，本来气氛已经不太好了，如果又碰上裁员，对员工的工作意愿会产生较严重的负面影响，甚至会在裁员之后持续影响在职员工的工作情绪，降低组织的整体绩效。裁员会导致连锁反应，因为裁员之后，离职员工原有的工作可能会分配给留下来的比较有能力的人，这些人将会承担更多的工作。不景气的公司没有办法给予他们更多的报酬，这种情况下，裁员对这些有能力的人反而是一种惩罚，甚至会导致有能力的员工的离职潮，对企业不利。建立的创新团队通常要经过四个时期：建立期、风暴期、规范期、绩效期。在建立期，员工彼此不熟悉，逐步进入工作状态；一段时间后，员工彼此熟悉，会产生摩擦、争执、冲突，于是进入了风暴期；等到员工彼此充分了解之后，可以互相体谅，逐渐形成工作默契，就进入了规范期；最后，形成共同的价值观、文化认同，以及努力的目标，可以创造出"1+1＞2"的效果，进入绩效期。创新团队建立是需要时间的。一个团队不管是新增成员，还是裁减成员都是需要重新进行团队建设的。在工作绩效方面，会因为重新调整而有所减损，裁员虽然会降低成本，但是对绩效也会产生负面影响，应引起企业的注意。

## 六、针对创新阻力的激励机制

在创新资源分配程序上，有主营业务的公司通常会对突破性创新的机会和可能性进行量化，将新产品的创新纳入可测度的应用中去，放置到现有市场上与渐进性创新进行比较。在现有市场上，突破性创新不仅投入大，而且可能面临失败的风险。企业可以进行内部创业，建立一个围绕技术创新的、新的独立机构，把实现创新技术商业化的任务分配给这个小规模的独立机构，确保其得到创新资源支持。这个独立机构不与现有的主营业务进行资源竞争，不受目前主流客户的影响，快捷地面对潜在用户做出反应。这个小型的独立机构不影响现有的主流业务，也不能支撑主营业务的增长，但具有重要的潜在发展机会。企业现有的流程、价值观是符合当前主流产品的，但可能无法与未来的新用户相匹配。思维惯性、组织惯性和业务惯性导致成熟期的企业通常难以改变现状，因此企业需要持续分析现有的潜能和管理缺陷，关注市场趋势，了解用户需要。

## 七、针对信息不对称的激励机制

信息不对称指信息交易各方拥有的信息不同。创新信息不对称可以分为四类：创新信息源占有不对称、获得创新信息时间不对称、创新信息本身不对称、处理创新信息能力不对称。先进的大数据技术可以有效满足项目预测的需要，可以缓解信息不对称，但受客观条件的限制，信息在社会组织中的分布总是不平衡的，信息不对称现象普遍存在。科研机构是技术信息资源的提供者和拥有者，在科技信息资源的占有方面比其他组织具有优势。信息并不是无成本和完全的，而且信息本身可能存在问题，例如有效信息量不足、信息陷阱、获取信息的成本过高等。创新过程中的信息不对称问题是导致创新不确定性的一个重要因素。具体到创新决策方面，表现为创新主体与其他主体之间、创新主体之间的信息不对称、信息分布的不均衡。信息不对称可能引起认知差异或机会主义行为，进而可能导致创新失败。

企业应积极关注创新信息，对创新资源进行整合、研发，开发出属于自己的核心技术，以提高抗风险能力。例如，可以采用引进、消化、吸收、再创新的模式。在引进阶段，将创新资源更多地分配给开发新市场的人员。在消化、吸收、再创新阶段，将创新资源更多地分配给创新主体。当创新主体之间处理信息的能力不对称时，企业要从源头提高创新主体的信息处理能力，帮助企业研发人员加速了解创新信息并提高信息处理能力，例如注重对创新主体的培训，组织国内和国际交流，提高创新主体的知识储备、知识转移以及知识运用能力，从而降低信息不对称程度。在面临创新信息不对称的前提下，创新激励需要坚持"模仿、学习、逐步赶超"的准则，授予创新者更多的决策权。有效的激励机制应该对企业的研究开发与技术创新的过程而不是结果做出评价，外部强加的、固有僵化的激励机制将抑制创造力的发挥。

管理会计对企业的研究开发与技术创新的各个方面进行评价和计量，找出实际结果与期望结果之间的差异，然后采取有效的激励措施弥补该差异，从而提高企业的创新管理水平。研究开发过程中，要重视管理会计的运用。如果单纯使用财务会计指标，对企业的研究开发进行评价，容易造成企业的短视行为。例如，美国红帽（Red Hat）公司从事 IT 软件开发与服务业务，公司研发业务的信息不对称问题严重，创新决策来自研发团队成员，而非公司 CEO，如果 CEO 的决策存在偏误，员工有权纠正。对比三星（Samsung）公司与海尔公司的创新管理模式，它们的共同特点是注重将市场环境、创新激励、核心技术、组织模式及战略导向等进行融合，通过网络技术和信息技术，持续优化激励机制，提高企业创新绩效。

## 第三节 互动式创新激励案例

红帽公司是一家开源软件高新技术企业。这家软件公司被《福布斯》（*Forbes*）等杂志多次评为顶级创新公司和理想的工作场所。红帽公司的创新并非一个个偶然事件，而是成熟组织和流程孕育的成果，值得其他企业借鉴。红帽公司的开发模式始于开源社区，这里拥有众多技术提供者，这些技术提供者将好的创意变成了产品，确保成品经过反复检验，从而得到用户的信赖。红帽公司的商业模式是将开源社区项目产品化，使普通企业客户更方便地使用开源创新技术。作为全球领先的开源软件解决方案供应商，公司建立了创新文化、精英创新决策制度。

### 一、基本概况

红帽公司是一家开源解决方案供应商，是 Linux 操作系统的开发者，提供 Linux 操作系统服务。公司总部位于美国北卡罗来纳州的罗利市，共有 80 多个分公司。红帽公司为操作系统、存储、中间件、虚拟化和云计算提供关键任务的软件与服务。红帽的开放源码模式提供虚拟和云端环境的企业运算解决方案，以帮助企业降低成本并提升效率、稳定性与安全性。公司为全球客户提供技术支持、培训和咨询服务。产品涉及五大技术领域：云计算、存储、虚拟化、中间件、操作系统。从 1993 年开始销售 Linux 和 Unix 软件及附件，已经运营了 20 多年的红帽公司是全球最大的开源云平台公司，业务覆盖整个开源 Linux 系统的企业级开发，通过兼并与收购，形成软件开发、技术服务及咨询等业务类型，并进入软件可视化以及技术云计算产品领域。2018年10月，IBM公司以340亿美元收购红帽公司，此次收购为IBM打开了混合云的入口，并购之后，红帽公司维持了原来的激励模式。

## 二、开放式创新决策

决策者个人的认知具有一定的局限性，这可能导致决策本身存在偏差，从而浪费创新团队的时间与精力。如果决策者注重经济价值，就会倾向于对包括市场营销、生产和利润问题在内的实质情况进行决策；如果关注外部环境，就会倾向于用市场竞争的观点来考虑问题。决策者个人不可能擅长解决所有类型的问题，研发团队的成员掌握最前沿的创新信息，授予其创新决策权，有利于提高决策质量。红帽公司的研发业务决定了创新决策模式，其创新决策源自研发团队的全体成员，而非CEO。当CEO的决策存在偏差或错误时，员工具有纠正的权力和义务。

IBM收购红帽公司后，红帽公司新总裁兼CEO吉姆·怀特赫斯特（Jim Whitehurst）一上任，就请员工提交一份研究报告。然而几天过去了，吉姆并没有得到这份报告。吉姆询问工作进度，对方答复：您的这个建议不好，所以我们就没有开展这项工作。吉姆很不高兴，认为这件事影响了他的权威，考虑解雇责任人，但之后又被其他同事多次"不认可"。经过反思，吉姆认识到研究团队是正确的，并购之后，新的领导者并非指挥者，而应构建良好的工作环境，让员工自由发表意见，从而提升员工的参与度，形成知识共享的氛围，增强员工的组织认同感。创新决策中，红帽公司会在第一时间征集员工意见，任何人都可以表达意见，公司是成就明星、释放员工潜能的"助推器"，每一位员工都有可能成为专业领域的明星。权威是对权力的一种自愿的服从和支持，对权威的自愿服从也是对组织的认同。红帽公司实施的是精英认可制度，开源社区中并没有公司层级概念，开源项目中没有项目经理，项目的成功更多依靠技术领导者、开发人员以及社区贡献者的认同与努力，技术领导者通过自己长期在社区中做出的贡献建立话语权。精英认可制度下，同事不会在意你的头衔或资历，而会在意你的工作效率和创新思想。公司摒弃了传统的自上而下的决策流程，每个人都享有话语权，在工作过程中选出领导者，只有那些经历时间考验后依然能够赢得同事尊重和有影响力的精英才是领导者。员工对有影响力的人物都充满敬意，这种激励效果是无法依靠升职、加薪方式实现的。

## 三、自下而上的精英认可制度

权威是对权力的一种自愿的服从和支持。组织成员对权力安排的服从可能有被迫的成分，对权威的自愿服从则属于认同，权威可能导致领导者创新决策的偏误。红帽公司将权威定义为自下而上通过集体力量进行的权力簇拥与分配，即精英认可制度。开源社区中并没有公司层级概念，能够决定你地位的因素只有你在公司里的表现，以及跟随你思想的拥趸数量。红帽公司摒弃了传统自上而下的决策流程，取而代之的是通过集体力量分配权力的精英认可制度。在精英认可制度之下，每个人都享有话语权。精英认可制度之所以有效，并不是因为每个人都享有同等的机会，虽然每个人都享有平等的发言机会，但精英认可制度下会自然而然地选出领导者和具有影响力的人。红帽公司认为，只有那些经历时间考验后依然能够赢得同事尊重的精英才是真正驱动决策的人物，这与头衔和资历没有任何关系。无论在哪里办公，红帽公司的员工对有影响力的人物都充满敬意，这也是精英认可制度的精华。

## 四、依靠员工选拔创新人才

红帽公司的员工对自己的身份感到非常骄傲，因为他们认为自己开发的软件可以改变人们的生活。如何持续找到这些志同道合的员工？一是内部推荐。公司观察后发现传统的面试流程很难评估员工的工作契合度，而这恰恰是红帽公司的核心。为了招募到合适的人，红帽公司选择依靠自己的员工，发起了员工推荐计划项目，内部推荐在招新中的比例从29%升至50%以上。二是特别鼓励。为持续鼓励员工进行内部推荐，红帽公司建立了类似航空公司里程奖励计划的体系，制订了清晰的方案，即员工的积分由成功推荐的人数来决定并根据积分给予奖励。奖励方式包括纪念奖金、彩票、荣誉称号、服饰等。这个项目取得了成功，调动了公司内部的人才力量，为合作精神不断供给养料。

在招聘面试环节，公司希望通过了解应聘者如何评价之前就职公司的未来走向，来评价对方是否具备足够的好奇心、分析技能、战略思考能力等，并考察应聘者是否足够关心并愿意了解他所在的公司。如果应聘者能够了解公司的整个业务并清晰地阐明观点，则说明他对公司业务抱有热情与思考，意味着他与公司其他人有过沟通并建立起自己的关系网，带着这种视野来到公司，应聘者未来有潜力成为一名合格的团队合作者。通过内部推荐寻找志同道合的员工并建立充满热情的环境，公司还为员工设置了完善的培训系统，并根据员工的不同情况制订培训计划。公司建立了项目组，由参与人员共同推动，计划结束后还会邀请公司全球高管组成的评审团进行考评。红帽公司对人才入口十分重视，对人才培养也十分用心。这种以员工为中心、以团队为重点的激励制度是公司保持核心竞争力的关键。

## 五、员工互动奖励

红帽公司的离职率很低。在顶级工程型人才非常缺乏的科技人才市场上，红帽公司不仅拥有大量人才，而且相对于同行业其他科技型公司5%的行业平均人才流失率，红帽公司的人才流失率只有1.5%。这主要源于公司员工的组织认同，尤其对于研发团队而言，形成团队内部认同、互惠的组织氛围，对于激发创新效率具有重要的推动作用。公司经常对跨部门的合作项目进行奖励。当公司员工完成自己份内的任务之后，对于感兴趣的项目，可以提出一个好的想法，从而发动跨部门的合作。公司推行加分制度，通过不同部门之间的合作，员工个人可以根据其他合作人员的贡献来给予相应的分数，项目相关人员最后可以根据分数来获得相应的奖品。公司在决定员工绩效时，会让经理与员工一起商量员工的未来规划，包括是否学习新内容、成长目标等。在保证公司目标实现的前提下，员工可选择感兴趣的工作内容。

长久以来，红帽公司依靠同事之间的相互认可来促进精英认可制度的发展，对个人的贡献施以奖励，不论头衔或资历，公司员工在每个季度都会有相同额度的分数用于奖励其他同事，收到奖励的员工可用积分兑换奖品。公司员工借此机会肯定那些帮助过自己的同事或做出额外贡献的同事。这种互惠的氛围可以促进同事间的合作。奖励部门之间的合作不仅可以激励员工，还可以促进同事之间的合作，提醒员工合作的重要性。员工的工作效率受到态度的影响，而态度多由外部环境决定，员工根据组织的恩惠与激励来决定其自身的态度，这种感恩将表现为更好的工作态度、更高的团队沟通效率等。

影响原创型团队的发展要素主要包括：薪资加级率，即往上一层职级所带来的薪资增加幅度，如果一次升迁加薪过多，员工可能会更积极地通过办公室政治获得升迁；管理幅度，管理幅度越大，公司越扁平；权益占比，即股权与工作成果的关联性，收益率越高，员工就越愿意投入时间在工作中；组织适应度，员工会比较工作绩效和职场政治关系，分辨何者对升迁更重要。例如，调整管理幅度，如果将管理人数从5—7人上调为10—15人，组织控制会更松散，但员工会有更大的发挥空间。在谷歌（Google）公司，研究团队的每一名工程总监管理大约30人，目的就是希望以此促进同事之间的反馈，鼓励互动式创新，而不是压制他人以取得升迁机会。组织要重新考虑薪资和奖金的分配比例，减少齐头式平等的收入分配；还要善于运用非经济性激励，例如，给予员工自主选择工作任务的权利等。

# 第二章 创新激励的发展

创新管理与治理要适应创新发展。创新激励变革可以提高创新效率、实现创新收益最大化。在创新偶然发生的初期阶段，创新激励主要针对发明者和创造者。随着实验室的大量创建，创新成果增多，创新激励强调成果的规范化管理与激励，如建立专利保护制度、创新成果奖励制度。研究实体（如科研机构、公司、大学）内部直接从事研发创新活动的科技人员、与创新密切相关的管理人员以及外部其他创新主体等多方的参加与配合，使创新激励对象更加多元化。在网络环境中，价值共创、商业生态等受到关注。网络环境下的创新更强调协同创新、创新互补、价值共创、网络效应，创新合作体之间的激励更为重要。

## 第一节 创新激励的兴起

创新激励不仅根植于社会生产实践的发展过程之中,而且会受到所处时代背景的影响。科技创新是社会生产力发展的重要标志,后者与生产关系的演变紧密相关。从原始社会至封建社会解体,这一时期创新活动的发生普遍需要重要契机,技术创新成果的产生多具偶然性。基于特定创新活动开展激励的方式较为简单,包括内在激励、外在激励等。内在激励强调个体自身具有科技创新并付诸行动的意愿;外在激励的激励主体来自外部,并可能在目标设定、成果奖励等重要环节发挥作用。

### 一、基于实验室的创新与专利保护制度

18世纪以来,由于新航路的开辟以及随之而来的殖民地开拓,英国等工业化国家的销售市场迅速扩大,市场与工场手工业生产之间的矛盾加大。为了提高生产效率、赚取更多利润,资本家们开始重视技术改进和创新激励,工业革命由此兴起。其中,詹姆斯·瓦特(James Watt)改良蒸汽机被视为工业革命的重要标志。随着蒸汽机在工业领域的广泛应用,人类也由此进入了崭新的"蒸汽机时代"(19世纪初至70年代)。工业革命实现了人类生产方式由手工劳动向机械化生产的重大转变。作为驱动工业革命发展的重要因素,科学技术自身也在不断演变。美国著名新闻评论家沃尔特·李普曼(Walter Lippmann)曾形象地对发明的形式演变展开描述:从最早的时代起,就有机器被发明出来,它们极为重要,如轮子、帆船、风车和水车。但是,在近代,人们已发明了发明的方法,并发现了发现的

方法。(Lippmann, 1929)

在早期,发明往往是个人努力的结果。而随着工业的不断发展,不仅大批专门从事工业研究的实验室得以成立,而且实验室里还装备着昂贵的仪器设备,配备了众多针对某一特定问题开展系统研究的、训练有素的科学家和工程师,以进行专业化的发明与创新。专利保护制度的建立和创新激励强度的加大,使发明和创新的效率提高了。爱迪生一生的研究发明共2000余项,仅在美国注册的专利数就超过了1000项,涉及留声机、电灯、电力系统、有声电影等诸多领域。在由美国权威杂志《大西洋月刊》(*The Atlantic*)评选的"影响美国的100位人物"中,爱迪生位居前10位。爱迪生时代的实验室发明和创新,既有内在激励因素,也有外在激励因素,例如用户提供的专利使用费就是外在激励因素。

如何针对实验室内科学家和工程师的创新成果实施规范化的制度管理,成为当时技术创新激励中亟待解决的重要问题。如何最大化激发科学家和工程师的创造积极性,以及如何针对已有成果进行产权与收益归属的清晰界定?答案是实施专利保护制度。专利制度的核心在于,通过对已有研究成果的产权进行清晰界定,实现收益归属明晰化,以尽量降低发明者利益受到损害的可能性。欧洲各国对相关新技术产品所赋予的特许生产令,是最早的专利形式。该种方式有助于吸引并留住大批技术人才,以加速区域经济发展。世界范围内可追溯的最早的成文的专利法,是1474年威尼斯共和国颁布的《发明人法》,其中规定:任何人在本城市制造了以前未曾制造过的、新而精巧的机械装置,且该装置经改进能够方便人们使用和操作,则应向市政机关登记;本城市其他任何人在10年内没有得到发明人的许可,不得制造与该装置相同或者相似的产品。自1624年英国颁布反映资产阶级利益的《垄断法》(被誉为"现代专利法之始")以后,英国的发明创造迅速增加。

1764年,英国兰开夏郡的纺织工詹姆斯·哈格里夫斯(James Hargreaves)偶然间注意到,纺纱机被踢倒后仍然会正常运转,只是原先横着的纱锭变成直立的了。由此，他发明了能够使用一个纺轮同时带动八个竖直排列纱锭正常运转的多锭手工纺纱机，将生产功效提高了八倍，并将其命名为珍妮机（Spinning Jenny）。詹姆斯·哈格里夫斯并未立即申请到该项发明的专利，因此无法大批量制造并出售珍妮机，仅能够自己利用珍妮机生产针织用纱获利。但是，对于那些未能使用珍妮机生产的纺纱业主而言，由于产量较低，加之销售价格下跌，所以棉纱也无法卖出好价钱；久而久之，引起了这些纺纱业主的诸多不满，怒气冲冲的纺纱业主们不仅冲到哈格里夫斯的家里砸坏了所有的珍妮机成品，还把哈格里夫斯夫妇赶出了小镇。1768年，哈格里夫斯获得了专利，并开始推广、普及珍妮机的使用。到1788年，英国已有两万多台珍妮机了，专利保护制度促进了英国纺织业的发展。

1883年，包括法国、巴西、荷兰等在内的国家共同签署了专利保护领域的第一个世界性多边条约——《保护工业产权巴黎公约》（*Paris Convention for the Protection of Industry Property*），统一规定了对专利权、商标权等工业产权进行保护的基本原则、基本标准以及具体的运作程序。上述专利保护制度的产生与发展，极大地推动了工业革命时期技术创新研发成果的应用与普及。尤其在1800—1888年，大多数工业化国家都相继完成了本国专利法的制定与颁布，并且随着技术创新与发展逐渐突破国境限制，国际合作成为主流，各国对于本国专利的域外保护变得更加重视。

中国的专利制度多年来不断完善，设定的专利包括三种类型：发明、实用新型和外观设计。发明专利指对产品、方法或者其改进所提出的新的技术方案。实用新型专利指对产品的形状、构造或者其结合所提出的适于实用的新的技术方案。外观设计专利指对产品的形状、图案或其结合以及色彩与形状、图案的结合所做出的富有美感并适于工业应用的新设计。《专利法》的实施，促进了知识产权保护和创新发展。

## 二、国家科技奖励政策与创新奖励基金

在专利保护制度之外,许多国家设立了科技发明与创新奖励制度。例如,中国于 1957 年设立国家自然科学奖,一等奖获得者为钱学森、华罗庚、吴文俊,随后建立了国家科技奖励制度。此外,也有个人设立创新奖励基金。1895 年,硝化甘油炸药发明人——阿尔弗雷德·贝恩哈德·诺贝尔(Alfred Bernhard Nobel)以 3100 万瑞典克朗设立了诺贝尔基金,以基金利息作为科学发明发现的奖金,旨在褒奖那些为人类做出突出贡献的人。最初,诺贝尔奖的奖励领域包括物理、化学、生理学或医学、文学、和平五个方面。1968 年,瑞典国家银行为庆祝成立 300 周年,捐赠了大额资金给诺贝尔基金,并由此增设了"瑞典国家银行纪念诺贝尔经济科学奖",即诺贝尔经济学奖。为保证评选的公正性,各奖项按照领域特点,分别由瑞典皇家科学院、瑞典皇家卡罗林医学院、挪威议会、瑞典文学院等不同机构开展评选工作。各授奖单位内部通过单设诺贝尔委员会,以承担具体的评选工作。并且,组委会成员执行三年一届的动态管理模式。除战时中断外,每年的 12 月 10 日都会分别在瑞典首都斯德哥尔摩与挪威首都奥斯陆举行颁奖仪式。

诺贝尔奖代表了科学界的至高荣誉,极大地激励了全世界范围内人们从事科学研究的积极性。典型案例如居里(Curie)家族所创造的"科学王朝"。居里夫妇经常在一起研究放射性物质。1898 年,他们发现了矿石总放射性要比其中所含铀的放射性更强的现象,据此进行逻辑推断:沥青铀矿石中必定还含有某种未知的放射成分。在此基础上,他们通过继续研究,相继发现了新元素钋和镭;三年后,又成功分离出氯化镭,并测出镭的原子量是 226。基于上述研究,1903 年,居里夫妇与安东尼·亨利·贝克勒尔(Antoine Henri Becquerel)共同获得了诺贝尔物理学奖。八年后,玛丽·居里(Marie Curie)再次荣获诺贝尔化学奖。居里夫妇对于科学研究的坚持

与成功也延续到了他们的下一代人,其长女伊雷娜·约里奥 – 居里(Irène Joliot-Curie)很早就成为母亲实验室中的助手,并在此过程中,结识了青年科学家让·弗雷德里克·约里奥 – 居里(Jean Frédéric Joliot-Curie),两人在居里夫妇所开创的放射性研究工作领域继续深入研究,凭借在人工放射性方面的发现,于 1935 年共同获得了诺贝尔化学奖。各个国家的科技奖励政策与创新奖励基金对于创新发挥了重要的激励作用。

## 三、企业层面的创新激励

企业创新激励措施主要分为经济性激励(货币薪酬激励、股权激励等)和精神激励(职业规划激励、表彰等)。创新活动的特点决定了创新激励有别于其他激励。早期企业层面的创新激励,以股东提供的激励为主,激励对象是企业内部的创新主体。18 世纪以来,随着西方各国工业革命的相继推进,大机器出现并被普遍采用,这为规模化提高劳动生产效率提供了可能性。生产逐渐趋于社会化,到 19 世纪三四十年代,在诸如英国、德国等资本主义国家中,工厂制度已经普遍建立起来了。旨在构建核心竞争优势的企业技术创新活动不再仅仅是实验室研发人员的任务,如何基于企业整体利益设定并实施技术创新战略是董事会、CEO 等管理人员需要思考的问题。为实现优势资源互补,企业积极与产业链上的供应商,甚至与同行业的其他企业合作,并与拥有优势资源或技术的高等院校、科研机构等主体构建技术合作创新网络。如何从企业层面对内部从事技术创新相关工作的管理人员、核心技术人员以及外部合作主体分别开展激励,进而提高创新效率,并促进技术创新产出及相应的成果转化,成为创新激励理论与实践领域有待探究的重要问题。

管理激励理论包括内容型激励理论、过程型激励理论、行为改造理论和综合激励理论(马晶,2006)。管理激励理论认为,个体的行为源于其内在的动机,需求是激发内在动机的驱动力。ERG 理论将人的需求分为生存（Existence）、相互关系（Relatedness）、成长（Growth）三种重要需要（Alderfer，1969），是对马斯洛需求层次理论的进一步发展。ERG理论指明了个体的需求内容，知识型员工能力较强，对组织的依赖性低，更看重自身的成长，其需求结构与一般员工存在较大差异。例如，薪酬激励对所有员工都是一种重要的激励，但知识型员工更加重视自我成长、工作自主权和业务成就感，最重视成长需求，其生存需求居于次要位置。

股权是创新激励的重要手段。20世纪50年代，医药行业的辉瑞公司（Pfizer Inc.）首先在其薪酬体系中加入了股权激励，并取得了良好的效果，此后许多公司纷纷模仿。20世纪70年代以来，欧美国家科技型企业普遍推行股票期权、限制性股票等激励手段，鼓励管理层投资研究与开发项目。企业的创新管理者成为重要的创新主体，CEO等专门负责公司经营管理的人员在创新战略设定与实施环节发挥着关键作用。经过几十年的实践，股权激励得到普遍认可，《财富》"世界500强"企业中大部分实施了股权激励。通过股票期权的激励机制，管理层与股东的利益得到统一，并通过"金手铐"绑定，进而有利于创新决策。2005年12月31日，中国证监会首次发布《上市公司股权激励管理办法（试行）》，对上市公司实施股权激励的内容做出了明确规定。2008年3月至9月，证监会连续发布三个《股权激励有关事项备忘录》，对股权激励的具体事项展开补充阐释。2016年，《上市公司股权激励管理办法》正式公布，标志着中国股票期权制度在实践探索中逐渐走向成熟和规范。

企业的利益相关者也需要创新激励，利益相关者包括企业内部用户、企业的客户与供应商、国家和地方政府等。由于创新资源是有限的，在兼顾创新成本与风险的同时，企业会联合外部其他主体共同开展技术创新活动，基于此，企业层面开展创新激励的对象范围进一步扩大。进入新时代，创新的激励机制也在变革，客户或供应商也可以成为激励的主体。

海尔集团公司（以下简称海尔）进行开放创新，整合全球创新资源，成为开放创新的领先企业。2007年，海尔引入开放创新体系，建设开放创新平台HOPE，经过十几年的发展，HOPE平台已成为国际领先的技术创新开放平台，建立了拥有超过380万家机构的开放创新网络体系，使海尔外部资源获取能力实现数百倍的提升，每年输出创意6000余个，成功解决了技术难题并孵化创新项目200多个，新产品开发周期缩短50%以上，实现年创新营业收入500多亿元，年均收益增速达20%。这使海尔成为营业收入排名全球前列的家电标杆企业。海尔进行内部创业，成立合作的小微企业，根据贡献度，海尔占股20%—80%，其他股份由创新者或合作者分享。海尔建立了"人单合一"制度，员工和用户被联结在一起，用户成为激励的主体。"人单合一"的核心就是追求人的价值的最大化。

## 四、中国企业创新激励的变化

中国企业早期以货币薪酬激励为主，股权激励起步较晚。1999年年初，上海市工业系统试行期权激励制度，激励对象主要是董事长和竞争上岗的总裁或总经理。1999年通过的《中共中央关于国有企业改革和发展若干重大问题的决定》提出开展经营者持有股权的试点工作。北京市当年选择了10家企业作为股权激励的首批试点单位。深圳、武汉、济南、厦门等地的一些国有企业积极尝试期权计划。一些在中国香港上市的高科技公司，如四通、联想、方正等公司，均向其高级管理人员授予了股票期权。2003年，国务院国资委通过了《中央企业负责人经营业绩考核暂行办法》，将央企高管的考核分为年度业绩考核和经营期间业绩考核，考核指标分为基本指标和分类指标两大类。绩效考核结果作为企业负责人任免的"晴雨表"，该办法于2006年、2009年和2012年分别进行了三次修订，各项考核指标不断完善。从2006年首次修订开始，分类指标制定中明确要求考虑包括企业技术创新投入和企业技术创新能力在内的相关因素。2009年的第二次修订把经济增加值纳入年度业绩考核的基本指标中。经济增加值反映了扣减资本成本之后的企业盈利能力，在经济增加值计算过程中，考虑到技术创新的成果具有长周期性,将研发投入作为会计调整项目,调增经济增加值。余明桂等(2016)以 2009 年《中央企业负责人经营业绩考核暂行办法(2009 年修正本)》的公布为自然实验,采用双重差分法进行检验,发现相对于不受该项制度影响的民营企业来说,央企对该政策反应敏感,在政策实施之后创新水平显著提升。

2006 年,中国证监会发布的《上市公司股权激励管理办法(试行)》正式得以实施,对上市公司的股权激励进行了规范,为开展股权激励提供了制度保障。2006 年 2 月,财政部颁布了新版的企业会计准则,其中《企业会计准则第 11 号——股利支付》对股权激励对象的范围、股票来源、激励额度、申报程序等内容进行了细致规定,从而给出了公司实施股权激励的会计处理依据。2008 年,证监会先后颁布《股权激励有关事项备忘录》1 号、2 号、3 号,对股权激励问题进行了明确和规范。2009 年,中国创业板的开通为高新技术企业、高成长性企业提供了更加方便快捷的融资渠道,同时也为风险资本的规范退出提供了一个平台,保证了中国中小企业的健康可持续发展。2015 年,《中共中央 国务院关于深化体制机制改革加快实施创新驱动发展战略的若干意见》明确提出要加大针对科研人员的股权激励力度,尤其是对高技术、科技型企业,将给予所得税等方面的政策支持,充分调动科研人员创新的积极性。2016 年,国家在"十三五"规划中继续强调创新发展,明确提出把创新摆在国家发展全局的核心位置,深入实施创新驱动发展战略。中国证监会于 2016 年发布的《上市公司股权激励管理办法》规定,股权激励对象可以包括上市公司的董事、高级管理人员、核心技术人员或者核心业务人员,以及公司认为应当激励的对公司经营业绩和未来发展有直接影响的其他员工,但不应当包括独立董事和监事。外籍员工任中国上市公司董事、高级管理人员、核心技术人员或者核心业务人员的,也可以成为激励对象。

2018 年年末,中国主板、中小板和创业板共有 3561 家上市公司,其中 1407 家公司推出了 2294 个股权激励方案。创业板公司推出股权激励方案的比例最大，为 59.95%；其次为中小板公司，为 48.48%；主板有 27.23% 的上市公司推出了股权激励方案。2019 年，中国证监会发布《关于在上海证券交易所设立科创板并试点注册制的实施意见》，同年 3 月 1 日，证监会发布《科创板首次公开发行股票注册管理办法（试行）》。科创板的建立，为科技型企业的发展提供了市场机会。在国家政策的引导下，国内众多企业开始了股权创新激励的一系列尝试，股权激励标的物主要有限制性股票、股票期权和股票增值权。在 2005—2018 年的股权激励方案中，限制性股票的使用比例最大，有 1437 个预案，占比 63%；股票期权有 831 个预案，占比 36%；股票增值权有 26 个预案，占比 1%。股权激励主要集中于两个行业：制造业，以及信息传输、软件和信息技术服务业。这两个行业总共占实施股权激励公司总数的 79.10%，其中制造业有 943 家，占比 67.02%；信息传输、软件和信息技术服务业有 170 家，占比 12.08%。从二级细分行业来看，计算机、通信和其他电子设备制造业有 186 家，占 13.20%，如表 2-1 所示。高新技术企业更青睐于实施股权激励，原因在于，股权激励能够有效吸引和留住研发人才，能够调动员工的创新积极性。

表 2-1　上市公司二级行业股权激励状况（2005—2018）

| 二级行业 | 公司数量（家） | 占比（%） |
| --- | --- | --- |
| 计算机、通信和其他电子设备制造业 | 186 | 13.20 |
| 软件和信息技术服务业 | 130 | 9.23 |
| 电气机械及器材制造业 | 124 | 8.80 |
| 医药制造业 | 97 | 6.88 |
| 化学原料及化学制品制造业 | 82 | 5.82 |
| 专用设备制造业 | 80 | 5.68 |
| 合计 | 699 | 49.61 |

中国专利申请量已连续数年位居全球榜首。综合看来，中国属于专利申请大国，但还不属于绝对的专利强国，原因在于中国专利并不能完全有效地转化为企业效益，这其中的重要原因在于对技术员工知识禀赋的利用

存在偏差。企业需要重视专利产出和成果转化，合理运用激励方法，有针对性地利用技术员工的知识禀赋。从中国专利情况来看，个人申请专利占30%多，企业申请专利占50%多，国家要重视对个体独立创新的激励。华为公司创始人任正非先生指出，华为公司的专利申请量虽然排在全球第一，但华为现在尚停留在工程数学、物理算法等工程科学的创新层面，尚未真正进入基础理论自主研究领域。技术员工究竟应将精力放在对基础理论的探索，去寻求创新成果的转化优势，还是应把知识禀赋更多地用于工程算法、物理算法的改进，来实现更多技术性成果的产出？这个问题同样是中国制造业面临的问题。如何合理运用技术人员的知识禀赋，是中国制造业实现技术反超的关键。复星医药股份公司从成立开始，进行了持续的并购，并购之后，保留了标的企业的管理团队和研发团队，而且不断优化激励机制。例如，复兴医药股份公司于2013年在以色列注册设立Sisram公司，同年收购以色列Alma公司95%的股权。Alma公司具有自主设计、研发及生产能力，拥有多项创新及专利技术，已开发50多个不同型号的医疗美容器械及治疗系统。并购之后，复兴医药股份公司对子公司保持良好的创新激励，Sisram公司和Alma公司均得到快速发展。

细分产权激励、虚拟股权激励和股票期权激励，代表了三类人力资本激励模式。海尔集团在初创阶段，员工只拥有部分创业资源的使用权、处置权和收益权，具有异质性。在进行内部创业的产权激励时，海尔集团通过制度或合同进行资产或资源的分割和让渡，形成创业资源产权束或产权组织，内部创业者只拥有创业企业这种细分产权组织的股权。内部创业获得成功的人力资本所有者将在法律上拥有创业企业（已经注册成为公司）的部分股权。内部创业中获得的产权保护主要来自公司的正式或非正式制度，稳定性相对较低。内部创业机制中，在细分产权组织成为法人公司之前的成长阶段，企业对内部员工或人力资本所有者进行创业的产权激励不同于其他激励模式（见表2-2），这种产权激励机制影响了内部创业。

表 2-2　细分产权激励与其他激励模式的比较

| | 细分产权<br>（代表企业：海尔集团） | 股权或期权<br>（代表企业：美的公司） | 虚拟股权<br>（代表企业：华为公司） |
|---|---|---|---|
| 产权类型 | 资产的部分使用权、处置权、收益权，具有异质性 | 法理上的所有权、收益权、投票权等一系列权利 | 对应的收益权，没有法理上的所有权和投票权 |
| 产权来源 | 进行资产或资源分割和让渡（法律效力弱） | 对资产进行股份化（有法律效力） | 对资产进行股份化（无法律效力） |
| 产权特性 | 创业小微企业的经营权，具有异质性（法律效力弱） | 股份（有法律效力），没有异质性 | 虚拟股份（无法律效力），没有异质性 |
| 产权保护 | 产权的稳定或保护主要来自公司正式或非正式制度 | 受到法律法规保护 | 产权的保护主要来自公司正式或非正式制度 |
| 激励结果 | 获取创业收益，创业者拥有创业公司的部分股权 | 获取股权或分红（有法律效力） | 获取更多虚拟股权或分红（无法律效力） |

## 第二节　创新激励方式多元化

工业革命以来，科学技术创新在社会经济发展过程中的重要性持续上升，众多工厂均建立了专门的研究实验室开展技术创新活动，以满足自身发展需要。随着实验室内大量技术创新成果的问世，如何对其开展规范化管理，成为该阶段创新激励发展迫切需要解决的问题。创新激励的制度化发展成为重点。创新激励的方式呈多元化发展，具体包括内在激励、外在激励、经济性激励、非经济性激励，以及国家创新政策激励等。同时，也可分为短期激励与中长期激励。对这些激励种类要进行合理组合，例如对员工的重要创新，要及时进行经济性激励和非经济性激励。

## 一、创新的内在激励

内在激励即个体行为并没有受到外界诸如奖励等手段的影响，而是具有自发性的，表现为个体愿意为其设定的目标努力的一种心理特征。这类个体往往具有勤于思考、善于总结、持之以恒等特征。早期产生的技术创新成果多以内在激励方式为主。例如，在春秋战国时期，兴盛发达的农业生产也带动了采矿业、冶炼业的发展。在生产劳动的过程中，人们不仅接触了磁铁矿，而且发现磁石具有吸引铁的重要性质。在《管子·地数》中即有记载："上有慈石者，其下有铜金。"利用磁石的指极性，人们成功制出了能够用于指示方向的司南，这是最早的指南针。东汉王充在《论衡·是应篇》中描述："司南之杓，投之于地（池），其柢指南。"到了宋代，指南针已在实际生产中具有诸多应用。出于探索新知识的兴趣，沈括在其著作《梦溪笔谈》中系统总结了当时生产实践中已有的指南针装置方法及优缺点，包括水浮法、指甲旋定法、碗唇旋定法以及缕旋法四种；记载了"以磁石磨针锋，则能指南"的人工授磁方法；最为重要的是，沈括先生提到"方家以磁石磨针锋，则能指南，然常微偏东，不全南也"，最早发现了磁偏角。

工匠精神是内在激励的重要表现。工匠精神是一种职业精神，基本内涵包括敬业、精益、专注、创新等方面的内容，是爱岗敬业的职业精神、精益求精的品质精神、协作共进的团队精神、追求卓越的创新精神，是从业者的一种职业价值取向和行为表现。爱岗敬业的职业精神是根本，精益求精的品质精神是核心，协作共进的团队精神是要义，追求卓越的创新精神是灵魂。在宋朝，宋仁宗庆历年间，雕版印刷术盛行。毕昇作为一名具有工匠精神的印刷铺工人，在长期的雕版工作中发现雕版存在诸多缺点：一本书印完了，除非再版，否则这些雕刻好文字的木板就没有什么用处了;并且刻板既浪费时间又浪费材料,一本书往往需要雕刻好几年,成本很高,导致书的价格很贵,刻好的书版由于数量比较多,存放起来非常不方便。另外,由于木板是一张整板,如果出现错字,很难改正。他一直在思考,如何才能够有效改善上述弊端,进而提高工效。一次偶然的机会,毕昇注意到,小孩在玩过家家时,会用泥做成锅、碗、凳等,并随心所欲地排来排去。他联想到如果用泥刻成单字印章,不就可以通过随意组合排列成文章了吗?由此,活字版印刷术诞生了。假如只印两三本书,是看不出活字印刷比雕版印刷方便多少的,但如果印成百上千本书就可以明显地比较出来了:活字印刷比雕版印刷更快,既能节省人力物力,还能提高质量。

有一类特殊的群体,他们追求自我价值的实现,不需要外在激励,他们会自发地进行创新活动,实现自我价值。例如,很多诺贝尔奖获得者有一个共性:进行科研的初衷并不是为了追名逐利,而是因为对科研事业的追求。英国科学家弗雷德里克·桑格(Frederick Sanger)获得过两次诺贝尔化学奖,却称自己是"普通人"。出于个人兴趣和对科研的热爱,他日复一日、年复一年地进行研究,并无多少外在激励。桑格拆解、测试、拼合氨基酸,对这个看不到尽头的"拼图游戏",一做就是十年。最终,桑格推翻了原本蛋白质是无序高分子的推论,证明了它是氨基酸的特定序列,推动了生命科学的发展,并获得了1958年的诺贝尔化学奖。之后,他继续研究DNA序列,这项任务要比蛋白质测序难度更大,面对挑战,桑格说:"科学家主要有三个能力——思考、交流和行动,第三个是我的强项。"为了专注于科研,他推掉所有的行政职务,科研占据了他生活的全部。从蛋白质测序后,经过近二十年的工作,这位自认并不聪明的科学家,开发出了一套高效的DNA测序方法,将其命名为"双脱氧链终止法"(桑格法),并获得1980年的诺贝尔化学奖。之后他主动提出退休,离开了实验室。英国女王为表彰桑格的突出贡献而授予其爵士爵位,但他谢绝封爵。

日本科学家中村修二(Shuji Nalamura)于2014年获得诺贝尔物理学

奖，他的著作《把喜欢的事当作工作来做》，描绘了自己渴望的社会——不过是"可以让人做自己喜欢之事，并且得以体面生存"而已。他的观点体现了创新内在动机的核心：让创新主体在可以体面生存的前提下做自己喜欢的事情。进行成就表彰，建立容错机制，使创新管理人员和科技创新人员敢于创新，在宽容、开放的环境中激发创新人员的创造力和主观能动性，宽容的创新文化是企业创新的土壤，有利于激发创新主体的内在动力。在外部环境一定的情况下，创新激励效果与个体激励效用直接相关。创新内在动机主要由个体的内部动因所引发。

还有一类群体，其创新的内在动机与工作任务的成败相关。成功导向型个体在工作任务完成时才会感到满足，更重要的是，在任务受挫时，对活动结果的期盼也会鼓励个体百折不挠，继续前进。过程导向型个体的满足感与工作任务的成败无关，他们享受工作过程的趣味性与挑战性。若创新主体属于内在动机型主体，应安排一些具备挑战性、创造性的工作；若创新主体属于外在动机型主体，应给予薪酬、晋升等物质奖励。相关研究发现，关注内在动机可以提升个体幸福感，而关注外在动机则会导致抑郁和焦虑（Vansteenkiste, et al., 2004）。对于内在动机型的创新主体，设计创新激励机制时应当注重科研工作的挑战性、趣味性以及创新主体的需求。

## 二、创新的外在激励

外在激励的主体可以是国家、地方政府、企业家、创新管理者、科技创新基金，也可以是企业的客户、供应商或其他合作伙伴。外在激励强调基于创新成果而给予创新者适当的奖励，包括物质激励、精神激励等。物质激励强调通过给予创新者工资、奖金等，使其得到物质上的满足，进而激发其努力生产、工作；而精神激励主要表现为对创新者劳动的认可，以及公平、公正、公开的晋升制度等，倡导从思想层面调动个体积极性、主动性和创造性。精神激励和物质激励紧密相关，互为补充。有的个体对内在激励因素比较偏爱，工作行为容易受到内在动机的驱使，这样的人格被称为内在激励偏好人格；有的个体对外在激励因素比较偏爱，工作行为容易受到外在动机的驱使，这样的人格被称为外在激励偏好人格。内在激励偏好越高，创新气氛对创新行为的影响越弱；内在激励偏好越弱，创新气氛对创新行为的影响越强（刘云，石金涛，2009）。

造纸术的改进正是外在激励的应用典范。东汉永元十四年（公元102年），汉和帝立邓绥为皇后。邓绥喜欢舞文弄墨，组织了一批饱学之士重新校订经书，然后抄成副本，颁发各地。结合当时的造纸水平，如何满足其对于纸张的巨大需求量，成为需要考虑的首要问题。《后汉书·蔡伦传》记载："自古书契多编以竹简，其用缣帛者谓之为纸。缣贵而简重，并不便于人。"所谓缣帛造纸，首先需要把煮好的蚕茧用棍子敲烂，铺在席子上，待成丝绵后取下，仅将留在席子上的那一层薄纤维晒干即可。这种丝纸可以用于书写文字，较之于竹简自然更为方便，但是，由于原材料是丝，不仅产量少，而且价钱昂贵，所以无法普及。蔡伦看到这一情况后，为获得皇家的好感，进行造纸术的研究；通过反复试验，成功制造出了既柔韧轻薄又价格低廉的纸。元兴元年（公元105年），蔡伦向汉和帝献纸，得到了皇帝的大加赞赏。后来，蔡伦被皇帝封为龙亭侯，食邑300户。在早期的经济社会中，外在激励促进了技术的发展。

## 三、经济性激励

经济性激励包括物质激励、股权激励。股权激励是一种特殊的激励手段，它不仅仅是物质激励，同时涵盖组织激励，是物质激励和组织激励相融合的综合激励方法，是企业对具有创新贡献和具有潜在创新价值的员工实行的特殊激励措施。股东和员工是两类不同的产权主体，分别对应着股权和人力资本。在各自的产权所有属性下，两类人群为了达成自身的目标产生了利益关联。股东拥有资本但可能缺乏经营管理能力和创新能力,员工具备技能但缺乏资本,股东与员工之间出现了产权交易动机。股权激励是调动科技创新人员工作积极性和实现企业创新可持续发展的重要推动力。"重赏之下必有勇夫",在企业重大创新项目的激励方面有时也是如此。2017年,中智咨询公司调查报告显示,在被调查的企业中,研发总监的短期激励在50万元以下的企业占45%;技术专家、资深研发技术人员短期激励在30万—50万元的比例为38%;中级研发人员短期激励在15万—30万元的比例为66%。对于技术人员招聘时的薪酬给付水平,35%的公司选择以原年薪的1.2倍给付,23%的公司选择与原年薪持平。例如,三一重工2012年11月发布的股权激励计划包括限制性股票方案和股票期权激励方案两种,其中股票期权激励方案的激励对象共2533人,包括公司董事、高层管理人员、中层管理人员和核心业务骨干(包括核心技术人员)。有些公司的股权激励方案规定,被激励对象业绩不达标时,公司有权将标的股票收回,或者以与被激励对象约定的价格回购股票。

## 四、非经济性激励

许多初创企业在创业之初入不敷出、资金紧张,难以给予创新主体很高的经济性激励,非经济性激励方式更为重要。企业家在创业之初,倾向于通过劳动、冒险、变革创新等方式来赢得市场竞争优势。企业关注创新主体的社会情感需要(温暖、信任、尊重等)和职业发展,对于激发组织成员内在动力很重要。创新过程经常出现信息不对称现象,授予创新者决策权,对于创新主体具有激励作用。在创新过程中,注重团队学习、行动学习,引入学习技术,提升创新主体的学习能力、创新能力,也具有激励作用。建立催化型领导机制,是团队学习成功的关键要素。例如,海尔会定期开展商业圆桌会,创新管理者能够及时讨论和学习创新发展相关主题,从而促进企业创新发展。

精神激励包括职业规划激励（晋升、科研条件支持）以及表彰等。晋升激励则将人员的工作业绩与晋升挂钩，将绩效与晋升、评先进等紧密联系在一起。晋升激励是一种重要的心理契约，晋升激励能够为员工带来货币收益和精神满足感。晋升激励在一定程度上与薪酬激励存在替代关系。尤其在企业经营风险大、监督难度及成本高、业绩评价难度大等情形下，晋升激励较薪酬激励可能具有更佳的激励效果。晋升机制能够发挥激励作用的条件是设置适当的层级收入差距，实行晋升绩效管理，使晋升与业绩紧密相关，实现能者居其位，从而协调股东和员工的利益，使管理者在研发投资中所承担的私人成本能够得到补偿、所获得的私人收益能够进行外部化，从而提升管理者进行研发投资的积极性和主动性（张兆国 等，2014）。

## 五、国家层面的创新激励

从宏观层面来讲，国家的创新政策、法律法规等同样会对科技人员和研发团队产生重要的激励作用。国家或地方政府提供的创新激励，有的针对个人（如科技进步奖），有的则针对企业（如研发补贴）。特别是国有企业，政策性负担较重，政府资源配置对于企业创新发展很重要。以下从国家层面创新资源配置与科技人员（团队）创新、国家层面创新制度建设与科技人员（团队）创新、国家层面创新文化建设与科技人员（团队）创新三方面进行介绍。

一是国家层面创新资源配置与科技人员（团队）创新。

科研经费为科技人才的发展提供了保障，充分的外部资源补贴对创新十分重要（Barney，1991；Klette et al.，1999）。从国外的科技创新资源配置来看，美国对资源配置具有"量足""领域广""受众群体多"等特点，这体现了美国国家层面对创新的高激励强度，这是美国成为科技大国的重要原因。美国的国家科研机构主要包括三个：国家科学基金会（National

Science Foundation，NSF），其预算占联邦科技经费预算的4%，占联邦政府支持科研机构基础研究经费的20%，且它的预算是逐年递增的；国家卫生研究院（National Institutes of Health，NIH），其预算由国会决定，该研究院主要负责探索医疗基础知识，用于预防疾病、延长人类寿命、诊断治疗各种疾病等；国家科学院（National Academy of Sciences，NAS），该科学院的款项并不是来自财政拨款，而是来自私营机构和各组织机构的项目研究经费。此外，美国还成立了各种基金会。政府部门推出诸多研究计划，其研究经费主要用于资助具有研究专长的科研人员。上述种种科研经费为美国提供了优良的科研环境，吸引了大批科研专家和科研团队为美国经济社会发展服务。

  中国的科技创新资源配置不断优化，已经形成全方面、多样性的创新激励政策工具，以及多主体、多元化、多层次的创新激励政策体系。《2019年政府工作报告》围绕制造业的高质量发展做出重要部署，推动制造业高质量发展，关键是培育制造业的研发与技术创新能力，而研发与技术创新能力的提高离不开完善合理的激励机制。《中国制造2025》明确提出，提高国家制造业创新能力，实施国家制造业创新中心建设，制造企业要从传统的规模扩张向质量提升、技术突破转变。产业的研究开发与技术创新成为国家战略的重要组成部分。国家出台了许多吸引科技人才的政策，例如"百人计划""海外高层次人才引进计划""国家高层次人才特殊支持计划"，支持力度相对较大。以"四青"为例："青千"是国家"青年千人计划"的简称，该项目由中央财政拨款，给予引进人才50万元的一次性奖励，科研补助经费100万—300万元，其他工作条件和生活待遇参照"千人计划"现有政策执行。"青拔"是国家"万人计划"中的青年拔尖人才的简称，其奖励金额根据研究领域不同而异，其中自然科学领域120万—240万元，3年为一个支持周期。"青长"是教育部"长江学者"奖励计划中的青年长江学者的简称，教育部每年给予10万元奖励，并要求所在单位保障各类资源的配套。"优青"是国家自然科学基金委设立的"优秀青年科学基金项目"的简称。中国科技创新资源配置还包括国家科技进步奖等奖项，这些科技资源的奖励与配置对于激励科技人员和研发团队具有重要作用。

政府为科技发展服务。由于现代科技对大型设备、仪器的依赖程度很高，加强科技基础设施建设已成为创新型国家发展科学事业的重要保障手段。从发达国家的经验来看，政府在科技资源的配置中起到了主导作用。例如，日本政府通过出台科技计划和政策，有计划地引导企业进行创新。德国以自由竞争为基础，政府进行适度宏观调控，实现科技进步。美国政府对科研成果的采购较多，且采购价格一般高于市场价格。芬兰作为自主创新大国，其政府采购充分发挥了扶植产业、引导需求、风险分担的重要作用，推进了高新技术产业自主创新。20世纪90年代以来，俄罗斯的科研经费大幅度减少，对科技创新产生了负作用，为了保证科研工作的顺利进行，近年来俄罗斯政府增加了科研经费的投入，并且实行国家订货制。

二是国家层面创新制度建设与科技人员（团队）创新。

国家层面科技创新制度建设对于科技人员（团队）的创新有重要影响。美国在吸引世界各地的优秀人才方面具有悠久的历史传统。美国政府通过一系列政策，如移民政策、留学生政策等，吸引和留住科技人员，这也是美国高科技人才遥遥领先其他国家的重要原因。20世纪90年代之后，信息技术将科技革命推到一个新的发展高度。为了适应经济发展的需要，解决高科技人才所面临的竞争与短缺问题，美国国会在1990年通过新的《1990年移民法》，规定杰出人才、具有高学位或特殊能力的专业人士、技术劳工专业人员及美国境内缺乏的劳工分别享有一、二、三类职业移民优先权。还特别规定，每年的技术移民配额数还可以加上上一年亲属移民未用尽的配额数，并且上一级优先权没有用完的配额可供下一级继续使用。美国不断修订《移民法》，增加技术移民配额和比例，展现出其对国外科技人才的渴望。同时《移民法》对技术移民的规定非常细致，限制性条件也不断增加，反映了美国对技术移民的素质要求的提高。美国为尽可能留住技术人才，还实行了18种非职业移民签证政策，涉及科技领域、工程领域和教育领域等。美国政府和许多大学配套实施了一系列资助外国留学生的奖学金计划，这些留学生奖学金计划为诸多赴美留学的优秀学生提供了留在美国的机会，使这些高材生成为美国高科技人才的储备军。美国拥有150多个科技园区，位居世界榜首。众多科技园区的建立吸引了大批科技人才，为美国经济发展注入了智力支持，高科技人才又为高科技产业的发展提供了帮助。

资本市场建设与发展对于技术创新十分重要，典型的科技企业诞生的过程是创始人成立公司，随后股权投资基金进入，再经过多轮融资后上市。以脸书（Facebook）为例，它由哈佛大学学生马克·扎克伯格（Mark Zuckerberg）创立于2004年2月，初期创立的目的是帮助大家在网上认识学校的其他成员。最开始在网站注册的仅限于哈佛大学的学生，随后注册范围扩大到波士顿地区的其他高校成员，之后全球大学生都可以注册，最后对所有互联网用户开放。随着脸书的发展，不断有股权投资基金进入。最早是在2004年9月，Paypal创始人皮特·泰尔（Reter Thiel）对其投资了50万美元，对应公司估值为500万美元。到高盛公司等进行第十轮投资时，公司估值已经升至500亿美元。2012年，脸书在纳斯达克上市。在优胜劣汰的激烈竞争之下，美国的科技企业纷纷投入巨额资金进行研发创新，亚马逊（Amazon）在2017年的研发费用为226亿美元，占其营收比例的12.7%；FAAMG在2017年的研发费用为638.8亿美元。美国资本市场对于科技企业的成长作用巨大，为这些企业提供了充裕的资本。

三是国家层面创新文化建设与科技人员（团队）创新。

营造良好的创新文化对于国家层面的创新激励具有积极作用，有利于创新可持续发展。首先，要包容失败、崇尚创新。例如，美国具备健全的科技创新体制，通过对科技人才的职业保障和健全的退出机制来鼓励技术人才创新。英国前首相安东尼·布莱尔（Anthony Blair）在2002年发表了有关科学至关重要的讲话，阐述了英国政府"用创新赢得世界"的战略考量。德国不断激发国民的创新热情，通过持续不断的科技创新使自然资源贫瘠的德国走在科技强国之列。其次，要有良好的学术氛围。美国于1915年成立了美国大学教授协会，该协会提出保护学术自由的声明，学术自由的原则包括终身教授制、严格的同行评议制度等。再次，要有健全的科技人员进入和退出机制。建立合理的进入和退出机制能够提高用人单位和科技人员的创新效率，并且通过宽松的科技人才引进机制来吸引全球科技人才。最后要重视年轻人的培养。德国为了避免过于严格的职位晋升制度导致年轻的科技人才远走他乡，于2001年实行了"年轻教授计划"，鼓励青年人才成长。

## 第三节 基于价值创造的创新激励案例

海尔公司创立于1984年，是一家全球领先的服务商。在持续创业创新过程中，海尔公司始终坚持"人的价值第一"的发展主线。海尔公司以其时代性、普适性和社会性实现了跨行业、跨文化的融合与复制，以用户体验为中心，从一个资不抵债、濒临倒闭的小厂发展为大型企业，建立了引领物联网时代的生态系统。海尔公司2005年全球营收为1009亿元，2018年全球营收为2661亿元，实现14%的年复合增长率，成为一家综合性的科技型企业集团。在海尔公司的创业平台，孵化和孕育着2000多家小微企业，其中100多家小微企业年营收上亿元。海尔公司拥有雄厚的制造、研发、营销及资源整合能力，构建了鼓励创新、支持探索的制度机制和文化氛围。海尔公司提出了"人单合一"的双赢管理模式，通过创新、创业，不断提升公司的竞争力，并建立了企业风险投资机制，提供了很强的创新激励。

## 一、企业内部孵化与创新发展

通过制度创新打破边际收益递减的关键，是让组织中的每一个人都对结果负责，并将其演变为一种自驱动、自优化、自增强的组织形式。创新文化的培育和渗透并不是一蹴而就的，需要经历探索和内化的过程。企业应建立规范的制度，形成良好的激励机制，从而减轻创新员工的顾虑，提高创新项目的成功率。海尔公司收购了日本三洋家电、美国通用电气公司家电事业部（GEA）、意大利 Candy 等国外品牌，其中 GEA 是一家百年老店，有一整套管理经验。在并购之前，公司享受期权激励的有 10 人左右；并购之后，公司有几千人可以享受增值收益。美国家电市场一直在缩小，但被并购后 GEA 实现了连续 7 个季度的增长，且增长率在两位数以上。

从 2013 年开始，海尔公司在自主经营体和利益共同体的基础上，进一步深化"人单合一"的双赢管理模式，建立以用户为中心的共创共赢生态圈，让员工从被雇佣者、执行者转变为创业者和动态合伙人。在海尔公司的生态系统中，未来只有三类人，即平台主、小微主、创客。平台主建立创业平台，不是领导，任务是提供创业服务。小微主是海尔创业小微的负责人，员工变成了创业者，创业者达到一定的业绩目标后可以拥有一定比例的股份。有志于创新创业活动的员工，可以自由开展专职或兼职工作，进退自如地开展内部创新创业活动。海尔公司快速、高效地为内部创业者提供各类支持，冲破了创新的资源瓶颈。海尔公司对创业小微有优先回购权，并且能保证较强的控制力。与普通股东不同，创业小微一定要在海尔公司的平台上运行，与海尔公司协同发展，达到用户最佳体验的目标，确保海尔公司的组织体系健全有效，形成良性的创业生态体系。随着知识和技术的积累，小微主的经营管理能力增强，需要更大的权利和激励。海尔公司建立了创客所有制，以自创股份取代了委托代理激励机制——股份不是分配得到的，而是由自己创造的。

海尔公司采用股权对赌的方式进行激励，推动了母公司与新创企业的合作双赢，在融资过程中吸引风险投资。通过股权对赌、股权配比，进行资本共建，资金分别来自海尔公司、风险投资、创业者。风险投资通常要求新公司独立运作，不希望母公司干预太多。创业者及其团队从母公司离职，签订独立协议，与母公司和风险投资基金一起，以现金和价值贡献衡量股权比例。创业者的利益与新公司绑定，凝聚力很强。孵化项目脱离母体独立运营后，新创企业得以形成，母公司以股东形式继续为新创企业提供资金和平台支持，以及其他外包服务。

## 二、用户驱动的创新

海尔公司在 2019 年提出"链群共赢进化生态"，链群即创业小微及创业小微合作方共同创造用户体验迭代的一种生态链。海尔公司的 4000 多个创业小微及合作方，被称为生态链。4000 多个创业小微通过自己找用户、创造用户体验，形成一个生态系统。组织体系中，小微要和社群融合，不断迭代，通过用户驱动创新。例如，海尔云熙洗衣机迭代了 6 次，每一代都比上一代销量提升，收入增加，并且彻底颠覆了过去家电行业一年两次的研发频率，研发周期最快的只有两个月，用户有需要就迭代。

海尔公司提出了"创造性破坏、创造性重组、创造性引领"，建立了三大体系，即目标体系、组织体系、激励体系。目标体系是战略方向，组织体系是如何实施战略，激励体系是驱动力。以前，工厂关起门来围绕关键绩效指标（Key Performance Indicator，KPI）进行薪酬激励，既没有整体价值，也没有用户价值；现在企业通过"人单合一"的模式把员工与用户的利益联结在一起。传统的关键绩效指标考核有两个问题：一是缺乏整体价值，各个部门只忠于自己部门的利益，因而不会产生"1+1>2"的效果；二是缺乏用户价值。经过改革，海尔链群的目标体系是用户体验自驱的，链群的组织体系是去中心化的自治组织。自驱体系实现用户零距离、体验零延误、流程零签字。例如,开发新产品不需要申请,而要与用户充分沟通,决策者认为用户有需求、有盈利,就可以去开发,但风险自担,增值分享。通过这些举措,海尔公司实现了同舟共济,企业与员工一荣俱荣,一损俱损。

## 三、创新激励体系建设与优化

在激励体系中,2005年9月,海尔公司正式提出"人单合一"双赢管理模式,建立"人单合一"机制。"人"指员工;"单"指用户价值;"合一"指员工直接面对用户,创造并分享价值,实现员工价值与所创造的用户价值的合一。其核心是追求人的价值最大化,将创客价值和创造的用户价值合一。创造了用户价值,你就有价值;没有创造用户价值,你就没有价值。在"人单合一"双赢管理模式下,企业不再是只有一个CEO的科层组织,而是"每个人都是自己的CEO"。"人单合一"成为海尔创业者和创业项目创造价值的机制保障。"人单合一"双赢管理模式在海尔经过了三个阶段:2005—2013年,实施的是自主经营体模式;2013—2014年,实施的是利益共同体模式,员工可以作为合伙人加入并最终成为股东,如果无法取得预期成果,则要离开;2014年至今,实施的是创业小微模式。"人单合一"的核心是"人人都是CEO",每个人都可以经营一个"小企业",它把员工从传统的科层制中解放出来,组成直面市场和用户的若干创业者。对员工来说,最大的幸福是最大限度发挥自己的能力,彰显个人价值(张瑞敏,2011)。

# 第三章　创新激励的匹配

　　激励机制指激励主体实行的一系列激励方法或手段。企业在兼顾短期绩效目标、长期战略目标的情况下，还要考虑创新激励的方式，以及开发式创新、探索式创新或渐进性创新、突破性创新的激励的配置，将创新管理者与研发人员的激励进行匹配。处在成长阶段的企业，现金流压力通常比较大，负债融资比例高，需要降低激励成本。在不增加现金流出的情况下，适宜采用有较低激励成本的股票期权。在企业成熟期，企业经营业绩较为稳定，容易实施业绩考评，适宜采用限制性股票（业绩股权）的激励方式。

## 第一节 激励参照

激励参照是企业对激励对象进行绩效评价和激励时依据的参照标准。参照点是行为人在判断和选择过程中依据的标准。人们会根据参照点来判断某一特定结果是收益还是损失（Kahneman, et al., 1991; Hart, 1995; Hart and Moore, 2008; Fehr, et al., 2009），这会影响人们的态度和之后的决策行为。以前景理论（Prospect Theory）为代表的非期望效用理论体系给出了参照点的概念。丹尼尔·卡尼曼（Daniel Kahneman）与阿莫斯·特维斯基（Amos Tversky）提出行为人的有限理性导致其决策所依据的并不完全是决策方案的绝对效用估计值，行为人通常会以某个既有的中立基点为参照基准，并把决策效用视为实际损益量相对参照基准的偏离方向和偏离程度，该效应被称为参照点效应（Effect of Reference Point）。参照点是行为理论和前景理论解释企业行为的基础。行为人在进行决策时，通常以一个潜在的"满意值"作为参考标准。对于研发人员和科技人员的个体激励，应该参照人员的职位（垂直参照）、企业所处的阶段以及同行业的薪酬标准来实施有针对性的个体参照激励，从而使激励效用最大化。

### 一、职位参照

行为人在进行决策时，如果决策的可能结果高于参照点，行为人就会感到获利；反之，行为人则会认为遭受了损失。参照点不仅可以是预先设定的，也可以是事后确定的，企业的激励契约普遍存在参照依赖现象，并对其经营决策产生重要影响（Bizjak, et al., 2008；李维安 等，2010）。

需求层次理论的相关研究主要集中在以下两个方面：一是不同职位层级的激励研究；二是同一职位层级下的员工细化激励研究。无论从哪一方面，学界已达成的共识包括：由于不同员工学历、经历、学术背景、经济背景、工作内容等的不同，不同员工对激励的需求存在差异性，差异化激励成为新时代背景下薪酬体制设计的核心内容，其中职位参照成为差异化激励的重要组成部分。技术团队的职位可以大致分为基层技术人员、中层技术人员和高层技术人员。

基层技术人员的数量最多，主要负责通用技术的操作，流动性较强。研究发现，对基层技术人员予以更多的尊重和认可，对于提升创新效率具有重要影响。中层技术人员的收入相对较高，追求晋升和发展的动机较强，职位晋升是其重要的动力。高层技术人员是企业创新的核心，是企业最需要留住的一类群体，归属感是高层技术人员留任与否的关键条件。通过分析技术团队的差异化需求，进而制定有针对性的激励方案和措施，有利于提高企业激励有效性。职位参照激励是企业尊重技术人员的体现，也是合理分工的保障，是实现激励公平性、匹配性的重要激励方式。具体来说，企业可以根据内部其他员工的绩效来评价某个员工的绩效，即强制分布法（Force Distribution Method）。采用强制分布法的前提是员工的业绩存在较大差异，有相对公认的标准来对被评价者的业绩进行分层，且能够分清绩效层次。

## 二、现状参照

现状参照，即进行纵向对比，分为历史参照和绩效参照。历史参照指企业应该根据以往对技术人员的激励水平来参照性地制定现阶段技术人员的薪酬水平。绩效参照指企业应当根据企业当前的绩效水平来参照性地制定现阶段技术人员的薪酬水平，例如处于衰退阶段或成长阶段的企业，应分别考虑具体情况，参照性地设计技术人员的薪酬水平。历史参照的观测时间和地点很重要，不同企业、行业、地区之间存在着较大差异，这些差异随着时间而变化，市场力量与公司特征的动态变化决定了人员的薪酬水平的变化。受历史动态因素的影响，薪酬决策存在向上攀升的参照点效应。市场对技术人员的需求、技术人员的特征、外部薪酬参照点等共同影响着技术人员薪酬。参考以往的薪酬设置，结合物价、地域等因素，随着时间的推移，企业应该尽可能地逐步提升创新主体的薪酬水平。

在创新激励中，有的企业以业绩的历史情况为激励依据，进行纵向对比，例如以净利润或者净利润增长率等财务指标作为评价指标，或者以市场绩效为激励依据。利润和股价是企业业绩表现的主要形式，是企业基于历史业绩进行纵向参照的依据。会计基础（净利润）与市场基础（股价或顾客满意度、注册用户增长率/营业收入）在业绩评价中，受到学者们的关注。如果业绩标准中包含较多不可控因素，那么这个指标的噪声就较大。有的学者认为股价受外部动态环境的影响较大，会发生剧烈波动，因此股价中的噪声较多，而净利润相对纯洁。有的学者认为，评价指标的噪声大小不仅要看被评价者的不可控因素，还要看被评价者利用不为评价者所知的信息来影响指标值的程度。净利润容易受经理人操控，如经理人通过会计政策调整、研发费用操控等方式来调节净利润。因此，采用会计基础来衡量经理人的业绩水平，并以此来设定薪酬，容易导致经理人私利动机下的短视行为（不注重市场开拓、研发、商誉等），不利于企业的长期发展。而市场基础更好地反映了企业的长期发展态势。

会计基础的优点在于其可以定量化，便于操作；缺点表现在其数量指标不能反映企业的全貌，例如同样数值的指标在不同行业、不同企业、不同发展阶段的意义是不一样的，同样的利润指标对于处于初创期和衰退期的企业具有截然不同的含义。市场基础的确定带有随意性，不可定量化使它们无法直接作为确定激励的依据。企业的最终目标是利润，过于看重市场基础可能会使员工偏离企业的实际经营目标。股价和净利润不同程度地反映了经营成果，可通过调整以股价为基础的报酬和以净利润为基础的报酬的比例来控制经营者决策时考虑期间的长度。如主要以股价为基础的报酬会产生一个较长的决策考虑期，主要以净利润为基础的薪酬会产生一个相对较短的决策考虑期（Bushman and Indjejikian，1993）。仅根据市场基础指标（如顾客满意度）进行激励，会导致成本上升、盲目扩大市场，从而使利润下滑。而且单以定性指标也无法形成有效评价，无法为激励提供可操作的基础。因此仅仅倚重会计基础指标是不够的，要结合市场基础指标。通过将会计基础指标和市场基础指标都纳入激励的参照依据，利用搭配比例来调整薪酬设计，可实现有效激励。评价者为了实现不同的目的，如产品国际化、新产品和新技术开发等，可进行关键绩效指标设计，重点关注业务范围、客户满意度等指标，并降低对会计基础指标的倚重程度。

  会计基础和市场基础的矛盾主要体现在三个方面：一是长期与短期之争，与仅反映前期成果的利润指标相比，顾客满意度、产品市场占有率更好地反映了企业的长期市场价值，结合企业当下的生命周期阶段更有助于预测企业的成长性。二是在可操作程度与准确性之间的权衡，定量化的会计基础易操作，但在有些情况下会失之偏颇，结合市场基础可能更为准确，不过可操作性却会打折扣。定性的评价使它不能服务于业绩评价的直接目的——决定被评价者的薪酬数额。三是体现了企业战略重点的不同，利润最大化的战略导向强调会计基础，市场占有率和客户满意度的战略导向则要求倚重市场基础。企业在不同阶段的目标不一样，业绩评价指标也应当随之改变，选择会计基础还是市场基础，应当根据企业的发展阶段和发展状况而定，这一特点尤其表现在高新技术行业当中。从表3-1可以看出，企业在不同的发展阶段会对会计基础与市场基础有不同的偏重。

表 3-1　会计基础与市场基础的选择

| 企业发展阶段 | 常用业绩评价标准 |
| --- | --- |
| 概念阶段 | 注册用户增长率 |
| 商业模式未成熟阶段 | 市场占有率、收入增长率 |
| 业务发展阶段 | EBIT（息税前利润）、现金流增长率 |
| 商业模式成熟阶段 | 净利润增长率 |

对于处于成长期的企业而言，出于竞争压力和赶超动机，通常以历史数据为参照点，将向上比较作为绩效满意值的参照。对于绩效增长阶段的企业而言，基于历史激励水平的向上比较参照更能够激发员工的创造性。企业应考虑绩效增长的幅度、技术人员的工作强度等指标，决定向上调整薪酬的幅度为多少，合理、公平地制定现状参照点，保证激励的公平性、合理性和匹配性。对于绩效参照而言，组织搜寻理论认为，绩效衰退形成的期望落差增加了组织决策信息的搜寻动机和范围。生存参照指企业与以往业绩相比较而确定的当前阶段的目标，是一种绩效衰退下纵向的成长性参照。生存参照主要应用于绩效衰退的企业的目标设定，绩效衰退增加了企业的生存压力，但也同时为企业寻找新的增长点提供了动力。企业面临两种生存性战略选择：一是采取收缩战略，削减投资，优化业务流程。企业对科研人员的激励应尽可能地与历史激励水平相当，以免导致员工归属感的降低。二是采取转型战略，使企业从现有领域转向新的投资点，并剥离亏损业务。如果企业需要加大创新激励力度，开发新产品，提高新产品的市场竞争力，那么基于历史激励数据选择参照点进行薪酬设定更为合理。

市场基础对于研究开发与技术创新的评价十分重要。例如顾客满意度指标可以在将研究开发与技术创新项目的结果投放市场后，用消费者投诉数量来进行计量；对于市场份额的增加或减少，也可以用研究开发与技术创新项目投放市场后，该新产品的市场数据或老产品改进后的市场数据来进行衡量。在进行业绩评价时，应以数据为依据，否则不具有说服力，在具体的项目评价中，量化指标比定性指标更具有说服力。如果研究开发与技术创新项目没有可靠的外部比较参照，可以选用历史指标进行参照，如与去年的实际结果相比、与同期的历史水平相比、与历史上的最佳数值相比。由于研究开发与技术创新项目有时周期较长，可以将其进行阶段性划分，并将阶段性的结果作为短期的预期目标，在项目进行的过程中不断比较实际结果与当初预期目标之间的差异，并加以分析，然后对其进行修正改进。可以参照行业的标准值,也可以参照行业标杆或者跨行业寻找参照标准,将所新产品、改善的工艺与行业的先进水平或是最佳的实践经验相比较,提升研究开发与技术创新项目的可行性,完善激励机制。

## 三、行业参照

行业参照指企业依据所处行业研发人员和技术人员的薪酬水平来参照性地制定本企业的激励水平。行业参照具有环境动态性、不确定性、多维性等特征。在制定薪酬体系时,通常依据同行业的薪酬标准将企业内部某类人群的薪酬"锚定"在一个区间内。研发人员的薪酬分配差距加大,会出现员工士气低落的现象;分配差距缩小,会出现"大锅饭"的现象。不同行业对比会出现参照不平衡的现象,如互联网企业员工的薪酬普遍高于其他企业的研发人员。对于同行业竞争者而言,低于行业的平均薪酬水平会导致企业在劳动力市场上缺乏竞争力,还会降低本企业员工的积极性。参照点可以选择行业平均水平、行业领先企业的水平或企业内其他员工的水平。以行业平均水平作为基准来评价经营者的业绩的方法被称为相对业绩评价法。该方法认为,以本行业中其他企业的平均业绩为标准来设计激励机制,可以过滤行业中固有的系统性风险和共同风险,这种效果在行业中企业数量较多时更为有效。相对业绩评价的目的在于去掉噪声。以行业平均水平为基础的业绩评价指标更能够将动态环境的影响排除在外,准确衡量员工的努力程度。选择参照点的前提是参照点必须是合理的,相对业绩评价的前提条件是该企业处于行业的中间水平。如果忽视了企业所处发展阶段和企业自身的特点,就会失去企业战略的独特性。

当员工与同行业其他绩效工资较低企业的员工相对比时,会认为其他企业的员工不需要付出太多努力也可以获得相当的收入,从而丧失公平感，因此绩效工资应该选择合理的强度（贺伟，龙立荣，2011）。市场参照和经济全球化是中国企业激励制度改革的重要推动力量，外资企业和民营企业为专业人才引入了市场化导向的激励制度，国内外优秀企业的薪酬标准对本企业薪酬水平的设计提供了参照点，如美国优秀企业的薪酬标准会将外部市场作为激励参照。从中国企业薪酬体系的变迁来看，从计划经济时的平均工资体系至今，行业参照一直是企业制定薪酬标准的主要依据。随着中国经济转型、创新驱动发展的推进，中国科技企业研发人员和技术人员的薪酬待遇在不断提高。国际研发人员和技术人员市场为中国企业薪酬决策提供了参照点，这是20世纪90年代以来中国技术人员薪酬迅速攀升的一个重要因素。

企业创新激励，按照激励对象可以分为三类：第一类是对以高管团队（包括执行董事长）为核心的创新管理者的激励。创新管理者激励是创新激励机制设计的核心，也是解决风险偏好差异导致的代理问题的关键。由于一部分"董监高"（董事、监事、高级管理人员等）没有亲力亲为地参与具体的创新工作，因此并不是所有的"董监高"人员都是创新管理者。第二类是对研发人员（核心科技人员）的激励。创新产出的主体是专业的研发人员，作为企业创新重要的人力资本，对研发人员的激励是创新激励的重要内容。第三类是对创新成果转化人员的激励，涉及创新成果转化过程中的具体员工。随着知识共享和流动性的增强，管理者与研发人员之间的激励参照如何设计，不同创新主体之间的激励平衡关系如何处理，是创新激励中的关键问题。创新激励具有差异化特点：一是创新管理者之间的激励差异化，二是创新管理者、研发人员的激励差异化。常见的创新激励差异化理论有两种：一种是基于内部竞争的锦标赛理论，另一种是基于社会比较的公平理论。

## 第二节 创新激励如何匹配

创新激励应关注匹配，如开发式（渐进性）与探索式（突破性）创新激励的匹配；创新管理者之间激励的匹配；创新管理者与研发人员激励的匹配；研发团队内部核心员工激励的匹配；创新激励与其他业务激励的匹配；不同行业、企业不同发展阶段创新激励的匹配。能源行业的 Exxon Mobil 公司、Conoco Phillips 公司，电信行业的 AT&T 公司、Vodafone 公司、Verizon 公司等，都采用了业绩股权的激励方式。

### 一、开发式（渐进性）与探索式（突破性）创新激励的匹配

开发式创新强调在现有技术知识基础上，通过持续改进现有产品，来满足当前顾客与市场的需求，创新程度与难度较小。探索式创新强调不断追求新知识、开发新产品或服务，以满足潜在顾客与市场的需求，创新程度高、难度大。开发式创新有利于保持和提升企业短期收益，而探索式创新具有长期效益。开发式创新属于小微创新，成功率高，有利于员工创新积极性的提高和企业创新能力的保持，开发式创新创造的财务绩效可以为企业后续保持竞争优势提供支持。探索式创新有利于企业长期竞争优势的形成与增强，但是，探索式创新具有激进性和变革性的特点，短期内难以显著提升企业财务绩效。企业内部开发式创新和探索式创新不同的匹配情况会带来不同的创新绩效。与单一创新相比，双元创新是更加复杂的创新，它要求企业通过准确识别与合理配置自身资源，均衡两种创新，进而以最

优路径提升企业绩效、获得长久发展动力。Tushman 和 O'Reilly（1996）的研究表明，企业开展双元创新要比单一追求一种创新方式更有利于企业绩效的提升。

探索式和开发式创新与市场绩效之间存在正相关关系，而与财务绩效之间存在倒 U 形关系。在探索式创新弱于、强于还是大致等于开发式创新的坐标区域之中，技术创新与市场绩效、财务绩效之间都是正相关的（He, et al., 2004）。过分强调开发式创新，虽然会提高企业短期财务绩效，但其应对竞争环境变化的能力较弱，会导致企业难以适应顾客需求的变化，不利于其长期发展，企业可能会陷入"核心刚性"和"能力陷阱"，阻碍和抑制企业原始创新（Leonard-Barton, 1992）；过分强调探索性创新，会使企业无法获得必要的现金流，组织会陷入"创新陷阱""路径依赖"，出现"探索——投资——失败"的恶性循环（Volberda, et al., 2003）。这两种创新在资源、生产要素上是相互竞争的，在行为方式上也是各自划界的。保持两种技术创新的平衡对于改善企业绩效有重要意义，过多的探索式创新，或者过多的开发式创新，均会导致企业绩效下降，要保持盈利能力稳定，企业需要有效配置创新资源，不能将所有的创新资源投入某一种类型的创新之中，要实现双元创新的良性发展。当开发式创新水平较低时，增加探索式创新的投入，将带来更大的创新边际收益。当开发式创新水平较高时，增加探索式创新的投入带来的创新边际收益的增量是有限的，甚至是负向的，注重开发式创新的企业容易出现创新僵化现象。

随着市场竞争增强，开发式创新可能对企业绩效的贡献越来越小，因为市场中产品同质化情况加重，价格竞争成为重要的竞争策略。在竞争加剧的情况下，探索式创新对于企业绩效的正向影响越来越大。当探索式创新水平高于开发式创新水平时，加强开发式创新可以提高创新绩效；当开发式创新水平高于探索式创新水平时，加强探索式创新的水平也可以提高创新绩效。如果企业目前处于两种创新的不平衡状态，若同等力度地开展这两种不同类型的创新，则"强项"的自强化效应会使这种差距加大，最终会导致不平衡局面的加剧。如果及早补足"弱项",迅速进入平衡状态,则企业能够沿着平缓上升的"绵延山岭"趋向于绩效的最高峰(王凤彬 等,2012)。探索式创新和开发式创新的共同开展,有利于企业推动整体创新。这两类创新有不同的目标,创新激励需要区别对待,其激励机制有所不同,需要进行匹配,应采取中短期激励和中长期激励相结合,以及岗位激励与创新贡献激励相结合的创新激励方式。

## 二、创新管理者之间的激励匹配

创新管理者既包括企业家(董事长)、监事、高级科研管理人员,也包括研发项目管理人员,但并不是所有公司的董事、监事、高级管理人员都是创新管理者。创新管理者是以董事长或 CEO 等高级管理人员为核心的,还包括与创新管理直接关联的人员,如执行董事、企业科研管理人员(分管研发的副总经理、总工程师及副职、总设计师及副职、研发部门主管及副职、研发项目主管及项目经理)等,他们要具有创新管理的特定素养。对创新管理者要进行中长期激励,不直接从事创新管理的人员,不宜纳入创新管理者这个范畴。澳大利亚证券交易所公司治理委员会于 2010 年出台的《公司治理原则和建议》(Corporate Governance Principles and Recommendations)认为,非执行董事一般情况下不能获取期权等报酬,原因是可能引起决策偏差和丧失客观性;2016 年中国证监会通过的《上市公司股权激励管理办法》,明确要求股权激励对象不应包括独立董事和监事。

创新管理者在公司内部整合人力、财力和物力资源的过程是公司创新活动的核心,创新成果实现与否取决于公司管理者是否投资创新项目(Belloc,2012)。薪酬差距是影响创新管理者薪酬公平感知的主要因素,CEO 与非 CEO 创新管理者之间、非 CEO 创新管理者之间,如果存在不合理的激励差距,则会影响创新激励效果。调整激励差距、合理确定薪酬结构并非易事,需要进行激励参照。下面从不角度分析薪酬差距的影响。

一是 CEO 与非 CEO 创新管理者之间薪酬差距产生的后果。由于高权距的现象普遍存在，公司的非 CEO 高管与 CEO 在组织地位、薪酬水平等方面的可比性较低。CEO 具有特定的组织地位，承担了特别的责任，对其能力也有特别的要求。虽然 CEO 与其他创新管理者可能不具有可比性，但是 CEO 与非 CEO 创新管理者之间的薪酬差距（垂直薪酬差距）的激励效应仍然受到关注。团队协作需求高、技术复杂性强的企业，管理团队内部薪酬差距与企业成长性的负向关系更强。社会比较理论认为，薪酬差距的加大会导致员工不公平感增加，薪酬满意度下降，产品和服务质量下降，团队凝聚力缺失，离职现象增加，并削弱成员的归属感与组织认同感，甚至引起成员之间的冲突（Wade and Chandratat，1990；Akerlof and Yellen，1990；张正堂，2007；夏宁，董艳，2014；孔东民 等，2017）。

二是非 CEO 创新管理者之间的薪酬差距对创新激励产生影响。非 CEO 创新管理者的专业能力具有相似性，有动机关注其薪酬的公平性。非 CEO 管理者参与创新管理，是创新管理团队的重要组成部分，负责落实、执行创新计划，是公司的中坚力量。非 CEO 创新管理者人数较多，对协同合作的要求高，团队整体合作很重要。针对非 CEO 创新管理者，要进行合理的激励匹配，以提高创新管理团队的工作效率。选择组织地位相近、能力相近、具有组织认同感的创新管理者进行薪酬比较，能够将团队激励的关注点从 CEO 拓展到其他管理者。在薪酬结构设计中，要关注分配的公平性。创新管理者薪酬差距的扩大会让组织地位、业务能力无实质差异的非 CEO 管理者产生不公平感。管理团队的上下层级、水平薪酬差距均是等级制度的表现，需要不断地提高薪酬结构设计的有效性。

三是国有企业与非国有企业创新管理者薪酬差距产生的影响。

国有企业和非国有企业的制度背景存在差异。国有企业存在货币薪酬、经理人市场管制等约束，薪酬和晋升与业绩表现不能对等，而且由于历史遗留的平均主义思想，容易出现相互推诿、扯皮的现象。非国有企业也有平均主义思想，但薪酬差距引起的不公平感、相互推诿的状况在强烈的竞争关系中表现较弱。相比非国有企业，国有企业管理者薪酬差距对企业业绩的负向影响更为显著（黎文靖 等，2014）。例如，我们所调研的一家国有企业面向社会公开选聘总经理、副总经理，参考市场同类人员薪酬水平，制定有吸引力的薪酬方案，全部薪酬由固定薪酬、浮动薪酬、福利和奖金四部分构成，市场招聘的总经理实行年薪制，年薪为200万元，副总经理年薪为190万元；该国有企业的董事长实施限薪政策，董事长年薪不超过50万元，部门和中层管理人员年薪不超过6万元。企业对创新管理者的激励差异大，这种薪酬结构的激励效果如何，值得检验。可以观察到的是该企业个别管理者的薪酬很高；部门和中层作为创新的重要管理者，其薪酬缺乏竞争力，容易产生不公平感，从而降低提升绩效的动力。

## 三、创新管理者与核心员工之间的创新激励匹配

创新管理者和研发人员是企业创新的主体，针对这两大主体的激励尤为重要。企业的创新动力不仅来自高层管理人员，还来自作为企业竞争优势重要来源的核心员工。核心员工指企业关键知识和技能的拥有者。具有较高的专业技术能力，或者具有本行业丰富的从业经验和杰出的经营管理才能，在创造企业价值、提升企业核心能力的关键活动中绩效显著，对企业的可持续发展影响重大，同时具有不可替代作用的员工，是企业的稀缺资源。研发人员也属于核心员工。在企业的"股东—高管—核心员工"结构中，核心员工是链条的中心环节，核心员工的努力程度将直接影响企业经营目标和股东价值目标的实现。核心员工的定义，源于意大利经济学家维尔弗雷多·帕累托（Vilfredo Pareto）提出的"80/20"原则，该原则认为组织中的核心员工数大致占20%—30%，在这20%—30%的人群中，有80%—90%的人具有核心技术和管理技能，并创造了企业80%以上的利润。"管理层—员工"激励差异是激励结构的重要维度，是企业制定激励方案的重要内容之一。

管理层与研发人员的工作内容、性质不同，其薪酬差异应该兼顾公平性与竞争性。公平性在于能够使员工产生组织认同感，竞争性在于能够充分调动员工竞争意识下的积极性。关于"管理层—员工"薪酬差异的研究主要基于锦标赛理论和行为理论。锦标赛理论认为，薪酬差距能够作为一种额外奖励来调动员工的积极性，当预期所获奖励超过投入成本时，员工就有动机谋求晋升获取更高的薪酬，锦标赛理论代表了薪酬差距对员工产出产生的正效应。员工关注自己收入的绝对数量，同时会关注周围人群的收入，当其他人群的收入显著超过自己时，会出现公平感的丧失，对组织目标关心度和凝聚力下降。关于"管理层—员工"薪酬差距效用的研究结论尚有争议，高管与员工的薪酬激励不同步，会导致员工丧失工作积极性，员工对自己以往的工作表现和成果产出会表现出自信，并希望得到组织的认同（Meyer，1975）。高管拥有较大的权力，在薪酬政策制定时处于有利地位，会导致薪酬激励作用并不明显，高管与员工薪酬变动同步性是关乎企业运作效率的重要问题。

对代理理论模型的思考促成了创新激励差异化研究的开展。由于创新往往是一种团队工作，对于创新激励差异化的研究重点从垂直薪酬差距向水平差距转移。相对薪酬水平比绝对薪酬水平对创新行为的影响更大，在设计激励方案时，必须从多主体的角度出发，考虑不同创新主体之间的激励差异，从而引导创新主体做出最大的努力，提高企业的创新绩效。Roberts（2010）的研究表明，单纯的锦标赛策略可能产生挤出效应，削弱经理层的内在动机，结果反而不如弱激励有效。兼顾公平、缩小高管团队的激励差异，更有助于提升创新效率。但普通员工相较于管理者有着更强的流动性，特别是对于有创新才能的员工来说，激励差距的缩小可能会使其离职，从而导致企业的创新能力下降。对于创新管理者、研发人员和创新实践者之间创新激励的差异化，大量研究都肯定了锦标赛策略的作用，但差异需要控制在一定范围之内，差异过大会增加员工的不公平感，对企业创新有负向作用。程新生等（2012）认为薪酬差距目标设定是激励的重要环节，应兼顾竞争性和公平性才能提高企业的创新产出。企业的创新激励往往具有攀比效应。在一些企业中，高管薪酬的过快增长会产生示范效应，带来企业高管薪酬的轮番上升，从而使企业高管薪酬与员工薪酬间的差距不断扩大。尽管锦标赛策略在企业内部的创新激励差异化中不能得到一致的结论，但在涉及外部差异时，无论是创新管理者还是研发人员，对于外部薪酬差距的反映几乎是一致的：当低于同类企业平均值时会引起不公平感，产生焦躁情绪，降低组织的凝聚力和员工的满意度。

从中国的情况来看，2009年，人力资源和社会保障部会同中央组织部、原监察部、财政部、审计署、国资委等单位，下发了《关于进一步规范中央企业负责人薪酬管理的指导意见》，进一步对中央企业负责人薪酬管理做出了规范。2015年实施的《中央管理企业负责人薪酬制度改革方案》，对行政任命的央企高管人员以及部分垄断性的高收入行业的央企负责人薪酬水平实行限高，以此来抑制央企高管获得畸高薪酬，缩小央企内部分配差距，使得央企高管人员薪酬增幅低于企业职工平均工资增幅。方军雄（2011）研究发现，中国上市公司高管与员工的薪酬业绩敏感性存在"尺蠖效应"：当公司增加薪酬时，高管薪酬的增加幅度大于普通员工薪酬的增加幅度；而当需要减薪时，高管没有被减薪或者其减薪幅度低于普通员工。程新生等（2012）发现，董事长成熟度在高管与员工薪酬差距效应中的调节作用明显。黎文靖和胡玉明（2012）研究发现，国有企业高管与员工的薪酬差距对提升企业绩效有促进作用，研究结果支持锦标赛理论。夏宁和董艳（2014）发现，高管与员工薪酬差距拉大，会使员工产生怠工行为，但企业规模的扩大会弱化该效应，支持行为理论。陈冬华等（2015）认为，管理层和技术人员薪酬设计的公平性对企业效率具有重要影响，高管和员工薪酬同步性是薪酬机制合理性的体现，高管与技术员工的差距越大，对企业创新的负向作用可能越明显。陈效东（2017）研究发现，核心员工持股的创新激励效应显著高于高管人员股权激励，且核心员工持股计划能够显著缩小其与高管之间的薪酬差距，降低核心技术人员的心理代理成本，成为激励核心技术人员的有效途径。姜英兵和史艺然（2018）认为，相比于高管与员工激励强度差异较小的股权激励，差异较大的股权激励对于创新产出的促进作用更为显著，薪酬差距下的心理反馈更多地支持锦标赛理论而非行为理论。以上研究表明，有关薪酬差距效应的研究结论并不一致，创新管理者与核心员工之间的创新激励需要合理匹配。

## 四、研发团队内部的激励匹配

心理学家斯塔西·亚当斯（Stacy Adams）于20世纪60年代提出了公平理论，该理论认为员工会将自己的收入水平与周围工作条件相同的人群相比较，当员工认为周围人群收入偏高时，会感到公平感的丧失，这会影响员工的工作动机，使员工产生倦怠甚至破坏性行为。员工对自身薪酬进行横向比较和历史比较之后，当感知到收入合理时，会产生公平感、认同感和归属感，身心愉快。历史比较指员工将收入同自己在历史上某一时期的收入进行纵向比较。员工的工作积极性受到周围人群收入比较的影响，这种比较有可能决定员工的工作投入（工作时间、知识分享、信息沟通等），进而影响组织内部的工作效率。当员工认为自己的付出没有带来等比例的回报时，会感到公平感丧失，产生不满情绪，进而改变自己的投入或改变自己的产出、改变自己的认知，或者选择离职，无论哪种情况，都不利于企业。对经理人或员工进行创新激励时，要选择适当的激励参照点。

创新团队薪酬差距导致的绩效问题是一个有争议的话题，薪酬差距对企业知识资源的开发既有积极的影响，也有消极的影响。部分研究强调，创新团队薪酬差距过大对创新绩效有积极影响。这种差距具有区分作用，一是提高企业劳动力素质；二是奖励作用，提高员工努力程度。随着薪酬差距的扩大，产出型员工会留在其认为薪水丰厚的公司，非产出型员工则会由于认为自己薪水过低而辞职。总体而言，较大的薪酬差距可以通过提高员工素质和吸引更多优秀的员工来改善创新绩效。排序理论认为，较大的薪酬差距可以吸引和留住高质量的研发人员,增加企业员工知识的总和,研发人员的薪酬水平与创新之间的关系将体现这种积极效应,较大的薪酬差距可以吸引明星研究员(Rothaermel and Hess,2007)。研发人员素质的提高将导致员工薪酬水平的提高,其薪酬水平与创新之间存在正相关关系。

有些学者强调,创新团队薪酬差距过大对企业绩效有负面影响。一是会引发员工行为失调,低收入员工会认为不公平,并做出消极反应,例如不付出努力;二是会损害员工的关系质量,员工选择不帮助同事,加剧员工之间的竞争局势,并会阻碍员工的协作与合作(Pfeffer and Langton,1993),对创新极为不利。有的研究考虑环境因素,认为薪酬制度对企业绩效的影响因工作和组织环境而异,员工对薪酬体系的反应在不同环境下会有所不同,进而对创新绩效产生不同的影响;员工行为对绩效的影响取决于行为与组织环境的关联程度(Gomez-Mejia and Balkin,1992)。薪酬差距过大会对员工网络和企业知识管理系统中的知识发展产生负面影响,员工可能不愿意与他人分享知识或为公司知识管理体系做出贡献,担心这样做可能会降低他们的知识优势,最终导致他们相对于同事的薪酬降低。人事变更率增加可能会阻碍嵌入公司内部员工网络中的知识发展,因为公司更难使员工之间保持相互理解。薪酬差距对员工利用企业知识资源进行创新的动机同样存在积极和消极影响。虽然大的薪酬差距使公司能够吸引明星研究人员,但明星研究人员和非明星研究人员之间的巨大薪酬差距会使后者感到自己的贡献没有得到充分的重视,从而降低后者的工作热情,进而影响明星研究人员的创新。

由于难以确定个人层级的贡献(分配给员工的专利数量 vs. 研发人员的标准化工作量),薪酬差距难以反映个人绩效。人们厌恶损失,因为他们对潜在损失的反应比对潜在收益的反应更强烈(Kahneman and Tversky,1979)。基于损失厌恶理论,员工对薪酬差距的反应因他们对公司未来薪酬预算的预期不同而不同。当员工预期公司的薪酬预算会缩减时,他们也会预期未来的薪酬会减少（即出现损失），在这种情况下，由于薪酬差距过大，员工之间的竞争将变得更加激烈。为了保持目前的收入，员工可能会变得更加自私，与他人分享知识的动机降低，产生负向行为的可能性会更大。当员工预期薪酬预算会增加时，个人未来的薪酬也会增加（即收益增加），员工对较大的薪酬差距敏感度降低，负向行为会变少。当员工认为公司有更大的成长机会时，他们对公司未来的业绩更乐观，因为公司通常有更好的支付能力，员工预期他们的薪酬预算会增大。当员工认为公司的成长机会有限时，他们认为公司业绩的改善有限，未来薪酬提高的可能性较低。公司宽松的财务状况可以缓解研发人员薪酬差距与创新之间的负向关系，薪酬差距对创新的负面影响将减弱。

激励参照的设计应该使研发团队内部各创新主体产生认同感。目前学者对创新的分析过程采取了简化的方法，即认为员工是在独立地进行创新。然而，创新依赖于员工之间的互动和交流，专业背景各异的员工在一起合作，更有利于创新，员工在计划内和计划外活动中的互动方式值得研究（Hellmann and Thiele, 2011）。企业内部的个体不是单纯的个体，而是组织的一部分，组织成员的认同成为提升组织凝聚力的前提条件。组织认同是组织内部成员对组织归属感的感知过程，体现了员工个体与组织团体在价值观上的一致性、在利益得失上的公平性。创新主体认同性动机的关键在于成员感、归属感和公平感。研发团队内部激励应兼具匹配性、公平性、针对性，既要针对个体激励，又要兼顾组织的公平性、匹配性，这是组织成员形成认同性动机的关键。激励认同是组织内部积极互助的重要原因，然而组织内部存在攀比心理。

社会比较理论认为，员工通过与周围人群的参照对比，来感知自身的工作努力程度是否与企业的报酬等价。当组织内部的个体感知到同类人的边际收益高于自己时，或者自身的努力程度与报酬收入比例高于周围参照人群时，会产生公平感的丧失，进而影响其行为，表现为对组织内部团结氛围的破坏、工作积极性的降低、对上级的不满等，进而个体会通过降低知识分享、减少工作投入等方式来找回公平感。许多创新想法最初来自一线生产工人和技术人员，因此提升一线人员的工作积极性、创造性将会显著影响企业的创新效率，这些员工的组织认同感和归属感源自激励机制的设计。基于组织认同的绩效计量可以使组织内部团队氛围更和谐。以绩效为基础的报酬合同可以通过两个途径影响生产力：一是提高员工的努力程度；二是吸引员工选择适合自己能力的报酬方案。

薪酬体制相似的企业为什么会有不同的团队效率和绩效产出？激励研发团队是管理中的一项重要任务。在团队内部，既要考虑激励的公平性，保证团队内部的认同，又要拉开差距促使团队内部进行竞争。组织认同是一个基于个体员工心理认知的概念，它表现为员工对周围人群的感知、情感依附，这种组织认同能够使员工工作、沟通愉快，提高组织的运作效率，减少沟通障碍，减少员工的倦怠、散漫，增加员工的角色外行为，最终带来企业创新绩效的提高。团队薪酬设计的匹配性、公平性是合理的薪酬机制应具备的特点。对于研发团队内部而言，对各个创新主体的激励匹配性应该考虑员工心理感知的公平性。团队内部过高的薪酬差距会降低创新效率，研发团队内部相对均衡的薪酬设计更有利于创新产出。可以从组织公平的两个维度——程序公平与分配公平出发，讨论研发团队感知的公平感对于企业创新的影响。研发团队感知的程序公平与分配公平都将对企业创新投入产生正向影响，但高水平的程序公平与渐进性创新绩效正相关，而高水平的分配公平与突破性创新绩效正相关。研发团队主管的领导方式对公平与创新之间的关系具有调节作用。在变革型领导方式下，程序公平对于研发投入的促进作用更大；在交易型领导方式下，分配公平对于研发投入的促进作用更大。在变革型领导方式下，程序公平与渐进性创新绩效的正相关关系将会减弱；而在交易型领导方式下，分配公平与突破性创新绩效的正相关关系将会减弱（刘衡，李西垚，2010）。

锦标赛理论则认为，在组织内部拉开激励差距，可以提升创新绩效。原因在于内部竞赛会使团队成员产生激烈的竞争，从而有利于提高员工的积极性（Lazear and Rosen，1981）。锦标赛理论认为，薪酬差距有助于提高员工竞争意识，从而将组织中的晋升和报酬视为赢得竞赛的奖励，但在每一轮竞赛中，只有表现优异的员工才能够得到回报，而表现一般的员工没有回报，参赛者必须积极努力才能获得高额报酬。设立薪酬等级制度来激发员工创造力，上一层级的报酬金额能够对下一层级的员工产生激励作用，每一层级的员工都会努力工作争取更高层级的报酬。由于创新具有高风险、长期性、不确定性、高沉没成本等特点，团队内部薪酬锦标赛的产出排序竞争能够帮助技术人员规避共同风险。

在层级薪酬的激励下，团队成员为了改善业绩会制定更具风险的决策。此时，企业应该参照性地设计研发团队内部薪酬激励制度，在不丧失公平性的基础上，适当拉开个别技术员工的薪酬差距，使之产生竞争性心理感知，从而增强其工作积极性，提高创新产出。应该注意的是，这种参照性的锦标赛薪酬制度应该注重参照点和参照人员的设计。基于工作背景的参照点是团队内部研发人员、技术人员对周围人员薪酬差距认同的基础，也是锦标赛体制下提升技术团队创造性产出的保障。科技创新团队发生冲突未必是坏事，如果能够有效地转化和利用建设性冲突，则能够更好地为科技创新团队的价值活动服务。对于科技创新团队建设性冲突的研究往往只着眼于生产活动中的某一环节，没有对科技创新团队的整个价值活动进行深入研究。如何提升科技创新团队成员的工作满意度、激发他们的工作积极性和创造性是科技创新团队必须重视的问题。在科技创新团队运营和发展过程中的冲突管理与价值链会相互补充，冲突管理是团队提升内部核心竞争力的重要手段，而价值链是团队创造新的商业价值以及持续竞争优势的思维方式。

## 五、不同行业、企业不同发展阶段的创新激励匹配

企业所处的行业特征、法律环境及企业价值追求、成长性、治理模

式等的不同，在中长期激励的具体方面也会存在差异，导致企业中长期激励占总薪酬的比例不同。不同的行业，其创新激励存在差异，创新激励与行业特点和发展相关。在企业成长期，长期激励占比较大。以高新技术企业为研究对象进行创新激励研究，得到的研究结论未必能够推广到其他行业。在企业生态环境中，要有弱者定位，企业永远是弱者，用户则是强者。企业做大了，一定会向相反的方向发展，没有哪一个大企业能够一直屹立不倒。把自己摆在弱者的位置上，反而可能强大起来。一定要视用户为强者，永远满足用户需求（张瑞敏，2019）。高度竞争性行业的企业，盈余构成中以长期盈余为主，企业通过技术创新和行业并购实现增长。如果出现超额利润，则会有其他企业加入竞争，使得企业间利润达到均衡。较高比例的中长期激励可以促使管理层持续强化技术与产业链的融合，增强企业市场议价能力以及供应链中的谈判优势，企业有动力投入资源（研发、营销、并购等），以提高获得长期盈余的能力。对于快速成长的企业，其决策时风险承受力强，为了推动企业快速发展，可采用股票期权和员工持股计划，例如，亚马逊公司90%以上的员工持有公司股份，这一激励制度增强了员工的主人翁精神。成长性较弱的企业股权激励以限制性股票为主。对于处在高速成长期的企业，股票期权比限制性股票的激励更为有效。

在实现创新激励与其他业务激励的匹配时，渐进性创新激励与营销等业务的激励更容易匹配，而突破性创新与其他业务活动的激励匹配难度较大。企业营销与研发管理之间的不匹配，使得技术创新效率大受影响（肖文，林高榜，2014）。在高新技术行业、互联网行业中，长期的股权激励在薪酬激励中的占比最高，例如苹果公司和亚马逊公司，中长期盈余成为其价值构成的主体，企业通过中长期激励保证战略能够有效实施。苹果公司CEO的薪酬大部分是股权激励，乔布斯任职期间只领取1美元的象征性薪酬，其余部分则是股权激励，蒂姆·库克（Tim Cook）任CEO之后，董事会授予其100万份限制性股票作为晋升和留任的奖励。亚马逊公司的

CEO是公司最大的股东，没有额外的股权激励，但是其他高管和外部董事的长期股权激励比例分别高达97%和100%。索尼公司对以CEO为首的管理层实行经理股票期权（Executive Stock Option，ESO）计划。在传统制造业企业，固定资产所占比重较大，短期盈余能力相对稳定，研发投入相对较少，盈余构成中，长期盈余所占比重较小，中长期激励比例较低（程伟等，2012）。

限制性股票要求持有人在达到预先约定的条件（如任职期限）后才能获得股票，这种方式更适合处于成熟期或者成长性较弱的企业。例如，传统的能源类企业虽然可能属于科技型企业，但其股权激励比例不高。公司推行尊重人才、尊重价值创造的企业文化，保留和激励公司科技领军人才和核心管理骨干，使公司中高层管理团队与公司的中长期发展形成利益共同体，提升全体员工对公司未来发展的凝聚力和向心力，进而提振资本市场对公司发展的信心，配合公司发展战略，实现公司净利润每年10%以上的增长率。例如，CQL公司的激励对象是公司高管层、核心技术骨干和管理骨干，拟授予人数298人，占公司2019年年末在册员工总数的2%，后续激励对象人数将根据人员实际情况做动态调整。激励工具是限制性股票，股票来源是定向发行公司A股普通股票。

## 六、企业内部不同业务板块之间的激励匹配

企业需要处理好不同事业部（子公司或分公司）、不同业务板块之间的激励关系问题，例如营销与研发创新激励的关系。以中国医药行业为例，有些企业难以通过创新研发获利，导致研发投入减少，此时这些企业通常会选择通过加大营销投入拓展市场，提高销售收入，增加短期收入。企业这样做的原因在于，营销成本相对研发成本更低，且能更快获得收益。有效的广告宣传给消费者留下良好印象，进而使消费者对产品建立好感，促进销售。例如，根据公司年报，步长制药有限公司2018年的销售费用高

达 80.36 亿元，占同期营业收入的 58.1%，其中的 93% 投入市场营销、学术推广和企业咨询方面，存在"重营销、轻研发"的问题。营销活动和研发活动均为企业创造价值，研发支出和广告支出都会增加企业的销售额和企业价值，两者共同提升企业创新价值。医药行业研发支出占营业收入的比例平均为 1%—2%，发达国家同类企业的平均水平是 15%—18%（林建宁，2011）。研发投入水平较低制约了中国医药产业的发展。广告和研发支出都是提升企业竞争力的手段，有学者认为两者具有替代关系（Brekke and Straume，2009；Askenazy，et al.，2016）。广告活动对研发活动具有挤出效应。增加广告投入，减少研发支出，在短期内提高了企业的营业利润，但在长期，企业的竞争力和营业利润会下降，管理者需要处理好营销方面的激励与创新激励的关系。

## 第三节 创新发展过程的中长期激励案例

一些企业在创立之初时实施了中长期激励计划，并不断优化。华为公司成立于 1987 年，是一家生产和销售通信设备的民营通信科技公司。自成立以来，华为从一家名不见经传的用户交换机的销售代理公司成长为销售收入超过千亿美元的全球最大的电子通信设备公司。作为全球领先的信息与通信技术解决方案供应商，华为在通信网络、计算机技术、智能终端和云服务等领域为客户提供有竞争力的、安全可信赖的产品、解决方案与服务，坚持稳健经营、持续创新，与合作伙伴一起建立"互生、共生、再生"的产业链和共赢繁荣的商业生态体系，致力于构建万物互联的智能世界。本节以华为公司为例，介绍创新发展过程中的中长期激励。

## 一、创新管理

华为公司在1998年推行《华为基本法》，公司从"人治"向制度化管理转变，这主要体现在控制与授权、企业内部的法治与德治方面。在控制与授权方面，华为对于中高层管理人员进行务虚管理，对基层管理者实行务实管理。在务虚管理中，主要采用委员会制度，尽可能通过民主方式解决问题，确保重大决策的准确性。在务实管理中，采用权威层级管理，要求员工踏实工作，实现产品质量和工艺的精益求精。管理流程强调对事负责，选用人才方面最看重的是责任心，将管理权授予最有责任心的人。华为一方面通过《华为基本法》，以制度的形式确立治理方式，为公司长期发展和国际化扩张奠定基础；另一方面，华为公司坚持将诚信作为最基本的准则，把品德作为选拔管理层的第一位标准。

在业务高速增长之际，华为面临组织架构落后、供应链管理不合理等问题。华为当时的成功就像一个泡沫，创始人任正非担心一旦管理出现问题，这个泡沫就会突然破裂。多年前，任正非带队对美国IBM公司进行考察，看到了IBM的集成管理模式，任正非认为如果将这种集成管理模式引入华为，可以将华为的研发、市场、供应链和财务等组成一个完整的架构体系，会大大提高华为的管理运作效率。于是，华为向IBM学习先进的管理体系，实现了华为公司管理体系的重要变革，从跟随者变成为探索者。华为注重双元创新，在早期，公司主要进行开发式创新，发展到一定阶段之后，投入重金进行探索式创新。

在关键技术和产业价值方面，华为一方面积极构建产业联盟、商业联盟，扩大产业空间，共建适配各行业客户需求的解决方案；另一方面，积极推动创新，构建开放生态。华为坚持产学研合作共赢，在全球各地培养信息与通信技术人才，自2010年以来，华为的联合创新中心已经超过36个，全球研究院超过14个，有50多个国家重点实验室。华为坚持每年将

10%以上的销售收入用于研究开发新技术、新产品。例如，2018年华为公司年报显示，研发费用支出达1015亿元人民币，占营业收入的14.1%，同比增长13.2%。2009—2019年，华为公司研发投入累计超过4850亿元人民币，累计获得授权专利超过8万个。从世界知识产权组织2019年3月发布的关于专利申请的相关数据来看，2018年度该组织收到的专利申请有50.5%来自亚洲地区，而其中华为公司的年度申请数量高达5405件，位居全球榜首。

华为吸收了中国传统文化的价值观念，将个人的奋斗同国家的发展结合在一起，赋予员工强烈的使命感和荣誉感，创造了基于支持和信任的控制与授权，以及基于共同文化价值观和规范指导下的法治与德治。通过对标世界一流企业，华为寻找和改进自己在管理、技术等方面的不足，不断吸引优秀人才和学习先进管理经验，加大技术研发投入，追求在一定利润水平上的成长的最大化。华为公司摒弃个人英雄主义，推崇集体奋斗，形成以合作为主的氛围，并构筑了一个宽松的环境，让员工努力奋斗，争夺市场先机。面对企业快速扩张所出现的问题，华为采取了批判与反思的做法，鼓励员工开展批判与自我批判，并通过多种渠道广开言路，实现员工之间、员工与管理层之间正式沟通与非正式沟通并存的局面。

## 二、中长期的股权激励

从华为公司成立起，任正非就启动了员工创新激励计划。创立初期，华为公司的股权结构是员工100%持股，任正非本人仅持有华为公司1.01%的股份。2003年起，公司创立员工控股平台——华为控股工会，作为公司最高权力结构。2018年，华为公司持股人数为96768人，年龄多在30—40岁，参与人仅为在职员工，没有任何政府、机构持有华为公司股权。华为成为人类商业史上未上市公司中员工持股人数最多的企业。员工持股制度使企业与员工从雇佣关系走向合作关系，能够最大限度地激发员工潜能。华为坚持以客户为中心，打造具有极致体验的科技产品，持续为客户创造价值。同时，华为坚持"积极、多元、开放"的人才培养观念，使具有使命感、责任感、战略洞察力和决断力并且富有管控能力以及自我牺牲精神的员工走向管理岗位。"学习、创新、战斗"的华为公司文化影响着每一位员工。任正非经常在集体会议中告诫员工，要做到"干一行，爱一行，专一行"，进入华为公司工作，要做到摒弃杂念，全身心地投入工作。

华为公司建立了获取分享制，这是相对于授予制而言的。授予制，指自上而下地进行业绩评价和利益分配，容易滋生以领导为中心、下级迎合领导来获取利益的风气。华为的研发团队组织结构发生过两次重大调整。1987—1997年的第一阶段，是华为创业的前10年，与中国许多传统企业一样，华为对研发部门采用职能式管理，分为中央研发、中试和生产三大部门，无项目管理，无可行的计划，无产品数据管理，无版本管理，无技术管理，无企业标准。1998—2011年是第二阶段，在此阶段华为进入弱矩阵管理阶段。华为仍然保持中央研发、中试和生产三大部门，同时开始实施项目经理制，由项目经理负责产品的中央研发、中试和生产。

## 三、非经济性激励

华为公司在创立初期，由于资金有限，公司的办公地点选在一个简陋的居民楼里面，但在这样的环境中，公司创始人任正非给员工"插上了理想的翅膀"。许多元老级的技术员工都是被任正非"吹牛皮"吸引来的，其中最为生动的例子就是郭平和郑宝用。郭平曾是一名大学教师，早期的华为公司技术员工严重不足，经常请一些高校教师到公司兼职，郭平第一次参观华为就被任正非的宏伟蓝图所吸引，他辞去高校教师的工作，加入前途未知的华为，成为华为自主研发项目的项目经理。郭平对于华为公司打开产品市场并没有起到决定性的作用，但郭平劝说自己的学生郑宝用加盟华为公司，而后者对华为的发展起到了决定性的作用。郑宝用直接被任命为总工程师。郑宝用的加盟对于华为公司自主研制 HJD48 小型模拟空分式交换机，以及打开市场起到了至关重要的作用。这两个人加盟华为公司，归功于任正非的非物质激励。任正非经常和员工聊天，一起吃夜宵。任正非的每次讲话，都让员工热血沸腾，这是支撑华为公司走出困境的动力。

华为公司在给予研发人员高物质激励的同时，还分别从以下方面对员工进行非物质激励：第一，工作认可。华为对于工作表现突出的技术人员予以证书奖励、通报表扬等精神奖励，并在各部门评选明星员工来激发技术人员的工作积极性。第二，为技术人员的发展提供平台。给予技术人员一定的项目自主决策权，通过对其工作绩效的认可，为技术员工提供公平的晋升机会，制定灵活的工作时间制度以及适合个人发展的职业生涯规划，并且实行技术人员轮岗制度，对工作内容实行绩效管理政策，让能力强、工作积极性高的员工承担更大的责任来满足技术员工的晋升愿望。第三，华为非常注重上下级的深度沟通，并且关心员工健康，会通过生日问候、节日祝福等细节来为技术人员营造舒适的工作环境。华为正是通过非物质激励与物质激励的结合，提高技术人员的工作积极性。

2014 年 9 月 23 日，任正非在华为公司内部激励导向和激励原则汇报会上发表讲话，指出要落实获取分享制，管理好员工的分配结构，关注公司的每个角落，让人人都能分享到公司成长的收益；非物质激励应该让多数人变成先进，让大家看到机会，拼命去努力。任正非指出，要攻下战略机会点，不仅要靠物质激励，更重要的是要培养战略系统思维。有了适合的组织结构和良好的激励机制，华为对研发人员的管理契合了"横山法则"[①]，让每一位员工自觉主动地完成创新工作。终于，华为公司超越爱立信公司成为通信行业的全球老大。华为公司的成功表明，企业只有有了正

---

① 横山法则由日本社会学家横山宁夫提出，认为自发的才是最有效的，激励员工自发工作最有效的方法不是强制，而是触发个人内在的自发控制。促进员工自我管理的方法，就是处处从员工利益出发，为他们解决实际问题，给他们提供发展自己的机会，尊重他们，营造愉快的工作氛围。

向的文化导向和公平的绩效激励体系，才能真正实现：快乐工作来自贡献与成就，只有价值创造才能收获幸福，让奋斗者感到希望，让懒惰者、落后者自然淘汰，通过奋斗提升幸福感。

## 四、对知识禀赋进行激励

华为公司对其员工的创新价值提供了很高的物质奖励。2016年，美国知名科技博客Business Insider根据全球各大企业2015—2016年的年薪总额，评选出全球薪酬排名前20企业，其中华为以94.4万元人民币的人均薪酬位列第17位，是唯一一家上榜的中国公司。华为公司设立了"知本主义"规则，在公司近20万名员工中，90%以上的员工具有本科以上学历，70%以上的员工具有硕士、博士或博士后学历。高学历技术员工众多、知识密集、高端技术人才密集是华为公司的人才结构特色之一。从华为公司2018年的财务数据来看，华为公司该年度的销售收入总额为7212亿元人民币，净利润为593亿元人民币，研发投入达到1015亿元人民币。公司高额的研发投入中，有超过50%的资金用于研发人员的工资，如此高额的物质激励是华为公司激发员工知识禀赋的关键。企业价值链分为价值创造、价值评价和价值分配三个部分。企业最终创造出的价值分为两个部分：一部分是给内部员工的；另一部分是给股东的。如果蛋糕总体大小不变，这两者之间的分配就会形成一种矛盾：员工分多了，股东就分少了；股东分多了，那员工自然就分少了。华为坚信，要想从源头解决价值分配的矛盾，首先要解决价值创造的问题。价值分配一定要有利于企业的价值创造，只有创造出更多的价值之后，再来进行价值分配，才会进入良性发展。也就是说，高薪酬要产出高效益，高效益要成就高薪酬，二者才会形成良性互动。

华为公司认为，可分配的价值包括工资、奖金、安全退休金、医疗保障、股权、红利等。

基本工资根据员工的职位、学历确定档次，但学历在其中的影响非常有限，尤其是当员工工作1—2年后，收入基本上就与学历没有关系了。从社会上招聘的有工作经验的员工实行协议工资制，一般比应届毕业生高20%。在岗位正式工作半年左右开始加薪，加薪幅度主要依据个人表现、所在部门以及公司当时的盈利情况而定。研发、市场、客户服务等生产部门属于在投入上首先保证的部门，这些部门的加薪幅度普遍高于行政、后勤、财务等服务部门。

员工福利全部货币化。交通补贴、膳食补助每月直接发给员工，医疗补贴除办理社保医疗卡外，也汇入个人门诊账户。货币福利分两大类。一是补贴，包括交通补贴和出差补贴。由于工卡可以在公司餐厅就餐及在基地的所有服务设施（超市、理发厅、健身场所等）消费，因此交通补贴实际上用途广泛。交通补贴每月都直接发到员工的工卡里，不得取现。每年年底高于一定金额或员工离职时可以一次性取现，扣20%的个人所得税。出差补贴分国内出差补贴和海外出差补贴。根据职位、出差地的艰苦程度、危险性等标准计算，标准乘以实际出差的天数，就是出差补贴金额，一般在出差回来后报销时领取。二是社保基金。公司替员工交纳的社会保险基金，按照每月基本工资的15%划拨，员工离职时可一次性提取，扣20%的个人所得税。加班费等于员工的月基本工资除以每月法定工作日乘以加班天数。年终奖根据员工的贡献、表现、职务等颁发，工作满一年，一般员工的年终奖在1万—3万元。一般来说，市场系统、研发系统骨干的年终奖最高，秘书、生产线上的工人等做重复性工作的员工最少。

华为集团的内部股票分红是员工工资和奖金之外的第三种激励手段。员工的持股原则是"入股自愿，股权平等，收益共享，风险共担"。员工在入职1—2年后，公司根据其职位、表现、工作业绩等分配给其一定数额的内部股票，员工一般用自己的奖金购买内部股票。在华为高速发展时期，内部股票分红高达70%，不过这种红利大多又转化为新的股权，因此，在离职前，员工实际可支配的现金并不多。华为的内部股票在员工在职期间不可转让，员工离职时，公司根据一定的比率回购，员工一次性兑现。

任正非先生多次提出，他最欣赏的是"阿甘精神"。"阿甘精神"的核心是目标坚定、专注执着、默默奉献、埋头苦干。所以，华为给员工的好处就是"苦"，没有其他。而在这份"苦"之后，是个人的成就感、是收入的改善。公司的待遇体系是以贡献为准绳的，贡献和目标结果并不是完全可视的，结果包括长期的、短期的，直接的、间接的，战略性的、虚的、无形的。华为按照员工的责任与贡献来确定任职资格，按照的任职资格确定员工的职能工资。奖金分配完全与部门的关键绩效指标和个人绩效挂钩，退休金等福利的分配以工作态度的考评结果为依据，医疗保险按级别和贡献拉开差距。

华为将所有员工分为三类：普通劳动者、一般奋斗者、卓有成效的奋斗者。普通劳动者指职级 12 级以下的员工，以及未申请奋斗者或者放弃奋斗者资格的员工。一般奋斗者与卓有成效的奋斗者的主要区别在于绩效，华为将绩效分为 A、B+、B、C、D 等级。A 和 B+ 级的员工，一般会被定义为卓有成效的奋斗者；B、C、D 级的员工，属于一般奋斗者。基于上述分类，华为在价值分配上向奋斗者倾斜。华为的人力资源机制和评价体系的核心理念就是识别奋斗者。价值分配以奋斗者为导向，以奋斗者为激励目标。为了鼓励研发人员沉下心在技术的道路上做专做精，华为将研发人才的晋升通道分为技术通道和管理通道，这样很多技术专家的地位并不比管理者低。华为强化后台对前台一线的支持力度，加强前后台岗位配合和流程效率提升。从 2012 年至今，华为进入强矩阵的组织形态，通过建立企业管理平台、技术平台和运作支持平台，全面推行项目管理，建立许多跨部门的矩阵组织，通过产品生命周期的管理来实现业务目标。

# 第四章 研发人员的激励

研发人员是企业创新的实践者。技术创新和研发的特殊性使对研发人员的管理成为一个重要问题，对该类人群的激励是企业创新发展的重要内容。企业应分析研发人员的知识禀赋，激发研发人员知识禀赋所能达到的效果，提高员工的组织认同感和归属感。企业获得了高质量的知识型员工，还要考虑如何充分利用这些员工的知识，建立适当的激励机制，鼓励员工创新。例如，华为公司建立了获取分享制，海尔集团建立了创客激励机制，腾讯公司建立了游戏化激励机制。企业不应该只关注员工的体力和智力，还应关注员工创造的价值，应该基于员工创造的价值设计薪酬体系。

# 第一节 对研发人员知识禀赋的激励

研发人员和技术人员的知识禀赋对于企业发展起到了重要作用,如何充分挖掘研发人员的知识禀赋,是科技型企业应重点考虑的事情。这里所说的知识主要指有商业价值的知识,这些知识可能是一些经验或诀窍,也可能是员工的一些认知、想法和操作技能。禀赋指个体拥有的智力、体魄、性格、能力等特质或天赋。大量研究表明,学历、职业背景、工作经历等都会影响技术人员对创新的辨别、分析、评价和操作,进而影响其创新实践。企业通过管理其知识资源实现创新。知识资源包括员工个人拥有的知识、嵌入员工网络中的知识(如由员工群体共享的知识),以及在知识管理系统中汇编的知识(如数据库、说明书)。有效开发和利用这些知识资源可以提高企业的创新绩效(Subramaniam and Youndt,2005)。研发人员的贡献以独立贡献为主,企业在短期内识别人才较难,且研发人员的流动性较大。

## 一、知识禀赋的物质激励

马斯洛需求理论将人类的需求层次从低到高分为五种,分别是生理需求、安全需求、社交需求、尊重需求和自我实现需求。激励效应与创新型员工选择雇主的过程之间存在相互作用的关系。对于科技企业的员工而言,物质激励与非物质激励同等重要。研发人员和技术人员具有较高的知识禀赋,企业应该给予更高的物质激励(相比于非创新型员工),这会使研发人员产生积极工作的动力。激励契约对于那些事先被充分理解和可以测度的任务是可行的,而创新所涉及的任务有些是无法提前预料的。非计划活动如何与为计划活动设计的最优激励相互作用?员工与企业对员工创新成果的占有比例是一项关键指标。当公司占有员工创新成果的大部分价值时,员工可能不愿意进行创新,在这种情况下,公司应减少对计划活动的激励,以便为创新提供足够的空间。如果员工能够占有创新成果的大部分价值,情况就会发生转变,在这种情况下,公司采用更高的绩效奖励会让员工专注于分配给他们的核心任务(Hellmann and Thiele,2011)。

短期激励以年终奖或绩效奖为主,中长期激励以利润分享、股票期权为主。对于企业的研究开发与技术创新激励,可以将企业的每一个研究项目根据其不同的特点,划分为若干作业活动,并设立不同的成本中心,对企业的创新活动进行考核,并根据考核的结果,反馈研究开发与技术创新的设置是否合理。创新激励最早以激励研发人员为主要目标,并非所有企业都有独立的研发部门。研发人员部分存在于高管团队,是创新管理团队的一员;部分作为技术员工分散于生产部门。鲁桐和党印(2014)认为,在技术密集型行业中,核心技术人员的期权激励对创新有显著的正向影响。田轩和孟清扬(2018)在研究股权激励对中国企业创新的影响时发现,股权激励在拥有核心技术人员的企业中效果更显著。廖中举和程华(2014)发现,一次性货币化奖励、科研条件扶持、提供学习培训机会等措施有助于提升技术人员的创新积极性,但提拔晋升措施会显著降低技术人员的满意度。大多数公司近年来改变了创新过程,用部门实验室取代了集中的研发实验室,使得一线技术人员在企业中成为越来越重要的创新者。

知识密集型劳动力市场往往存在信息不对称,企业对于研发人员等知识型员工的能力难以恰当识别,且快速变化的科学技术本质使得企业很难正确地理解和评估员工的人力资本是否适合当前的市场。员工的流动性加大,熟练员工、技术员工的替换率上升将严重增加企业的创新成本。员工股票期权通常有较长的到期日,有助于企业留住员工,并有效地引导员工关注企业的长期成功,鼓励员工在创新方面进行长期人力资本投资。

Bova 等（2014）发现持有自己公司股票的员工有很强的降低公司风险的动机，因为他们是风险厌恶的，且人力资本与公司财富密切相关。对员工的期权激励具有群体性，员工个人难以对期权价值产生实质性影响，可能导致"搭便车"现象，对员工的期权激励可能是无效的激励。与之相反，Hochberg 和 Laura（2010）发现，员工股票期权所产生的绩效薪酬敏感性，加强了普通员工之间的相互监督与合作，期权的重新定价能够降低员工离职率。

创新性质或类型不同，对应的薪酬制度也有所不同。旨在进行渐进的、连续的、小幅度的渐进性创新（利用式创新）的激励机制，与旨在进行非连续性的突破性创新（探索式创新）的激励机制不同，企业需要考虑创新发展的特点，建立不同的激励机制。对于突破性创新，需要进行中长期的激励，员工持股计划能通过降低代理成本、提高企业风险承担能力来促进企业创新。员工股票期权作为一种由员工共同努力确定价值的群体激励方案，可以增强员工之间的合作，使员工之间相互监督，鼓励创新者之间的信息共享和社会学习，从而取得更大的创新绩效。员工股票期权对企业创新存在积极影响，当员工对创新更重要时，当员工之间的"搭便车"现象较少时，当期权被授予大多数员工时，当期权的平均到期日较长时，当员工持股水平较低时，这种积极效应更明显。员工股票期权主要通过对员工的风险承担激励来促进创新，而不是通过股票期权产生的绩效激励创新。Chang 等（2015）发现股票期权具有非对称收益结构，不仅在创新成功、股价上涨时给予员工收益的上行潜力，在创新失败、股价下跌时也能够确保员工收益有限的下行损失，有助于将员工财富与股票回报波动性进行关联，激励员工在创新过程中承担更多的风险，从而促进企业创新。核心员工具有稀缺性、知识独占性及管理的不可控性三个特征，合理的薪酬机制是激发员工积极工作的动力，是留住优秀员工的重要基础。

## 二、知识禀赋的非物质激励

在创新管理实践中,个别企业倚重物质激励而忽视非物质激励。企业需要根据员工的需求结构特点,将物质激励(工资福利、奖金、股权等)与非物质激励(晋升、决策授权、荣誉等)相结合,来实现员工不同层次的需求。研发人员具有较高的知识禀赋,对创新型员工的激励,仅仅使用物质激励是不够的,应同时使用物质激励与非物质激励,凝聚团队合力。激励理论认为,个体的行为源于其内在的动机,有针对性地满足技术员工的需求,将会大大增加其知识分享行为。在物质激励与非物质激励的平衡性方面,企业应在调查员工物质激励需求的基础上,构建企业内部薪酬体系,根据企业现状和员工结构特点有针对性地制定薪酬激励机制,通过激励组织文化建设,形成高效的组织激励氛围,提高员工组织认同感。

由于研发人员的知识更新快,因此提供教育和学习机会很重要。研发的特殊性导致对研发人员的管理成为一个难题。研发人员工作过程难以量化评估,弹性工作时间安排很重要。知识型员工能力较强,对组织的依赖性低,重视成长需求,需求结构与一般员工存在较大差异。知识经济时代,知识型员工在企业中的地位与作用发生了深刻变化,命令式、支配式的管理方式越发不能有效约束知识型员工(Drucker,1998)。有效的激励是依靠协调方式促使知识型员工自愿交流和主动承诺,引导、激发他们的知识创造和共享。知识的难以模仿、隐性等特征,使企业与员工之间存在信息不对称,企业很难监督和评价知识型员工的知识活动,并由此带来代理问题,增加企业设计激励机制的难度(Nickerson and Zenger,2004)。

例如,宝洁公司更倾向于在企业内部选择人才,通过教育培训、轮岗、工作任命等方式来选择内部的优秀人才。宝洁公司内部设置了专门应用于内部晋升的员工职业发展体系,上级主管或资深员工可以成为下级员工的职业辅导人。职业辅导人在新员工试用期结束后,会与该员工谈话,在使用测评工具对员工特长、技能和职业倾向进行调查后，根据员工的兴趣、爱好、资质、技能、擅长领域、背景、任职经历等特点来明确员工的职业发展规划、设立未来职业目标、制订发展计划。内部选才有利于鼓舞士气，提高员工的工作热情，也有利于提高用人的准确性、可靠性，因此成为绝大多数一流公司激励员工的法宝。通用电气、IBM、惠普等大型跨国公司，都倾向于采用内部晋升的方式来激励人才，提升员工积极性和归属感。

实现自我价值是激励核心员工的重要方式。通过与核心员工进行交流，企业给予核心员工一定的决策权，鼓励核心员工参与企业的经营管理。随着现代企业管理层级的大幅缩减，扁平化的组织结构使各层级的职责感、使命感更强，这使得一些具有自主性的技术人员对一些项目的管理认知比管理人员更专业。决策权的下放，能够使核心员工产生更高的工作热情。作为员工实现自我成就感的实体，企业应该为核心技术人员创造更多的展现创造力的机会，帮助其实现事业追求。企业应充分授权，建立开放式的沟通渠道，让核心员工参与对企业的管理。参与管理指让下级员工参与企业的决策过程以及相关管理工作，让下级员工与企业的高层管理者处于平等的地位，共同研究和讨论企业的重大问题。参与管理可以拓宽员工的工作认知边界，从而产生强烈的责任感；同时，参与管理为核心员工提供了让上级领导充分认识自己的机会。核心员工因为能够参与商讨与自己有关的问题而受到激励。

进行职业规划、重视对人才的培训投入是企业重视人才的重要表现。通过培训，企业不仅提高了员工素质，还使员工更容易产生组织认同感和对企业文化的深刻认知，从而将自我深度融入企业当中。员工越来越意识到不经过严格和系统的培训很难得到上级的认可和职位的晋升，企业中的核心员工充分认识到要想在竞争中不被淘汰，就必须提高自己的技能。企业也明白不加大培训投入就不可能提高员工素质，重视培训投入才能留得住核心员工。为员工提供其需要的培训是很多成功企业激励核心员工的重要方式，如惠普公司允许自己的员工脱产攻读更高的学位，并且报销学费，同时为了让员工学到更多的专业知识，惠普公司还举办各类课程供员工学习，通过提升员工的基本技能，使他们具有更高的知识素养和服务价值。

## 三、研发人员的激励效果

研发人员的中长期激励受到关注。研究者基于中国上市高科技企业，研究员工股权激励与创新产出的关系，发现实施股权激励的企业，创新产出显著提升，且创新产出与激励比例显著正相关。较长有效期的股票期权更能促进创新产出，特别是发明专利；授予范围较广的股票期权能促进创新产出。研究者区分了股票期权和限制性股票模式的要素之后发现，股权激励差距越大，越能促进创新产出，且与激励模式无关。员工股权激励授予范围在两种激励模式下作用相反：范围较大的股票期权更能促进创新产出，而范围较小的限制性股票有利于创新产出。业绩考核适度严格，能促进创新产出，但过于严格会抑制创新（郭蕾 等，2019）。

期望理论认为，行为幅度制度通过改变组织奖励（组织奖励的方式和额度）与个人绩效之间的关系来实现激励目标。过大的或过小的行为幅度都会影响激励的效果，行为幅度制度可以有效刺激员工努力工作，提升激励效果。但是，依据社会比较理论，个体会不断使用关于他人观点和能力的信息来评估自己的观点和能力，创新主体间能力差异化会引起个体薪酬差异化，薪酬差距过大可能会导致员工内心公平感丧失从而降低创新产出（公平理论），薪酬差距过小可能会降低创新主体的创新动机而不利于创新产出（锦标赛理论）。员工持股计划在许多公司实施，成为构建股东与经营者利益共享机制、完善公司治理、增强企业活力、提高员工凝聚力和提升企业核心竞争力的重要措施。与没有对核心员工实施股权激励的企业相比，实行核心员工股权激励的企业的创新产出有显著提升（姜英兵，于雅萍，2017；2018）。

员工持股计划可以将员工的利益与企业的利益绑定，提升创新活动中的个人努力程度、团队协作程度和员工稳定性，进而提高创新绩效。基于员工特征的拓展研究发现，当企业技术员工中的硕士及以上学历员工占比较高时，员工薪酬水平较高或者管理层和员工薪酬差距较小时，实施员工持股计划对创新产出的促进作用更强。基于员工持股计划制度设计的拓展研究发现，员工持股计划的持股比例与创新产出显著正相关，且该影响主要来自员工持股部分，而非管理层持股部分；当员工持股计划为非杠杆型，且购买折价高、持股锁定期长时，其对创新产出的促进作用更强；随着员工持股计划参与人数的增加，员工可能会出现"搭便车"行为，不利于企业创新（孟庆斌 等，2019）。股权激励能够显著正向影响企业创新绩效，并且与管理层股权激励相比，核心员工股权激励对创新绩效的提升作用更明显；研发投入作为管理层股权激励与创新绩效之间的中介变量，其中介效应占总效应的比例为42%；在核心员工股权激励与创新绩效之间，研发投入起到显著的正向调节作用（赵息，林德林，2019）。

腾讯公司是一家互联网企业，公司特别关注员工个人能力的成长，并对此投入大量的资源，经过多年的发展和实践，优化出一套行之有效的"游戏化激励体系"。面对用户新需求、新技术、新业务模式的不断挑战，公司从原来以产品为导向的业务系统升级为事业群制，重点布局社交、游戏、网媒、无线、电商和搜索六大业务，组织单元更加专注和聚焦，能快速响应用户需求。公司的"游戏化激励体系"为每一位员工提供一条看得见的上升通道。按职业定位和专业通道划分为TPMS通道，其中：T是技术通道，P是产品/项目通道，M是市场通道，S是专业职能通道。腾讯公司为员工设置多元化的细分通道，为每个专业领域的员工提供清晰的职业发展路径，保证了公平性。公司还不断根据岗位和技术的市场变化，设置不同类型的上升通道，与时俱进地给每位员工设定清晰的职业定位和职业规划。为了提升研发人员的自主性，腾讯公司故意弱化内部员工的级别与薪酬的相关性，使业务绩效在员工整体收入中占的比重较大，这样员工晋升后，薪资增加的比例非常低。

公司强矩阵式的独立业务单元有可能忽略员工的成长，而晋级体系可以弥补这块短板。因为业务绩效与薪酬水平的相关度高，注重收入的员工可以通过提升业务能力和业绩表现来获得高薪酬。在这样的激励和晋升体系下，员工成长不再完全依靠领导。事业部制让每个研发团队成员清晰了解团队目标和个人角色，游戏化激励让年轻的研发人员对个人成长拥有更多自主性，使得公司各种新游戏、新应用层出不穷。游戏化激励的实质是运用游戏化思维和游戏元素，在工作机制游戏化的约束下，给予员工一定的主动权，在实时反馈的机制下完成工作，建立游戏社交关系，带给员工积极的工作体验，提升员工职业满意度和个人绩效水平。自我决定理论研究个体行为的自我激励或自我决定程度。该理论假设，人们在一生中必须持续满足三个基本的心理需求：自主、胜任和关系，以达到最佳的机能水平，不断体验个人的成长和幸福感。自我决定理论还关注人们参与活动的动机。游戏化激励通过满足自我决定理论的三种基本需求，驱动员工的内在动机，给予员工一定的自主权，提升员工的积极工作体验。

腾讯公司"打怪升级"的员工成长体系，为员工设置了技术、产品/项目、市场及专业职能四类，共计80多条晋升通道，充分考虑了不同专业技术领域的员工的自主需求。员工不用跨专业、跨等级，便可以在自己擅长的领域找到一条清晰的职业发展路径。在晋升道路上，员工可以充分发挥自己的特长和爱好，更容易获得工作胜任感，满足员工的胜任需求；"打怪升级"的员工成长体系，其实质是荣誉升级体系，员工的等级与管理职权不相关，与待遇弱相关，这样等级较高的员工，哪怕是资深专家，都不拥有任何特权，有助于员工之间形成平等互助的关系。这样丰富多样的晋升渠道，更容易满足员工的自主需求、胜任需求及关系需求，让工作本身变得有趣。在这样的工作环境中，企业关注员工成长，员工目标明确，清晰地知道游戏规则，并且能得到及时的反馈，可以主动选择、自愿参与，更容易驱动员工深层的内在动机。

在"打怪升级"式的员工成长体系中，满级是18级，被称为"十八层地狱"。"十八层地狱"设有六个等级：初做者、有经验者、骨干、专家、资深专家、权威。每个等级又分为三个小级：基础、普通、职业。每名员工都能根据当下自己的状态，进行准确定位。当员工准备升入下一等级时，若其技能水平略低于挑战水平，员工就会选择通过不断修炼，提高自身技能水平。当技能水平与新的挑战水平达成一致时，员工便晋级成功。每次晋升至少间隔一年，员工有充分的时间提升技能水平，任务虽有挑战性但又是可完成的。每一个等级的员工都能获得及时的反馈，然后准备升入下一等级，个人可以自主选择是否晋升以及何时晋升。

由于成长的环境相对优越，自我意识强，"触屏一代"对外在的奖励不再那么敏感，更看重工作的成就感和价值感，更在意个人的工作体验，他们对工作的需求呈现多样化。面对触屏一代员工的多样化需求，在网络载体充分易得、管理面临多样化挑战的今天，对游戏化管理的探索无疑是必要的。

但并不是所有的游戏化管理实践都是成功的，游戏化管理也会带来种种弊端。游戏化管理这一灵活、独特的管理模式需要"因材施管"。有效的游戏化管理在将工作进行游戏化设计的基础上，带来更高的管理绩效和员工满意度，无形之中让员工的工作动机实现由外向内的转变。有效的游戏化管理是让员工高效完成工作，让员工在工作过程中获得积极的体验。并不是所有的企业都适合游戏化管理，从管理模式上讲，游戏化管理往往需要进行组织结构变革，扁平化组织比金字塔组织更容易进行大的组织结构变革。因此，扁平化组织比金字塔组织更适合游戏化管理。从组织文化上讲，游戏化管理需要一个轻松互动的环境，自由平等的企业文化更适合游戏化管理。从行业特征上讲，游戏化管理比较适合工作依赖网络载体完成的行业，如互联网行业。当然，传统行业也可以根据自身的情况，有选择地进行游戏化管理。游戏化管理对管理者最大的吸引力是能充分调动员工的内在动机,让员工主动增加工作投入,并获得积极的工作体验。当然,游戏化管理也会给管理者带来一些弊端,如游戏化管理能否成功存在风险、游戏化管理可能会导致初期管理成本的增加、企业绩效由于管理变革可能发生一定波动等。总之,并不是所有的"触屏一代"都适合游戏化管理(孔茗 等,2019)。

## 第二节 创新环境和文化建设

让创新主体有权设想、有权尝试冒险、有权规划未来、有权获取利益,这种"精神+物质"的激励机制既满足了创新者追求成功的心理,也使其得到了可观的经济收益,是一种有效的组合式创新激励手段。将多种激励进行组合,能够显著提升创新激励效果。同时,企业也要辩证地认识创新激励——诱导因素是正向激励,行为规范因素是负向激励。许多企业建立了创新约束机制,对成员的行为进行组织同化,并对违反行为规范或达不到业绩要求的员工进行再培训或淘汰。根据协同理论,内部协作是团队建设、知识共享、企业资源整合的重要策略,员工之间广泛的协作可以促进多元化的知识流动,产生新的知识组合,进而促进创新。

### 一、建立知识分享氛围和机制

组织认同是个体的一种自我归类,指个体将自己融入组织这个群体,从而形成组织荣誉感。创新主体的知识分享、组织认同对于企业长远发展意义重大,因为新思想的产生往往涉及员工之间的合作(Collins and Smith,2006)。合理的激励是激发技术员工的知识禀赋进而促进员工知识分享的关键。员工的创新行为受到心理感知的影响，心理感知的表达需要合理的激励方式来激发（杨玉浩，龙君伟，2008）。员工的心理表达受到态度的影响，而态度多是由员工所处的外部环境决定的，员工根据组织给予的激励来决定其自身的态度，从而决定是否给予组织相应的感恩反馈。这种感恩反馈表现为组织认同感较高的员工将回报组织，他们表现出良好的工作态度、高效的沟通交流，员工通过努力工作来回报企业。员工的回报表现为知识、想法的积极表达，如知识共享和建言行为等（周浩，龙立荣，2012）。

企业可以依靠协调的方式促使知识型员工自愿地相互联结、主动承诺，引导、激发他们的知识创造和共享，通过研发团队内部交互需求，使团队内各级技术人员产生归属感、公平感。员工的关系需求已经成为知识型员工激励的重要内容，良好的员工关系有利于提升其知识共享和创造的积极性。反之，举例来说，我们调研的一个企业的研发部门加班情况严重，一些研发人员甚至在身体不适的情况下，月加班超过 160 个小时，企业人力资源管理部门每月月末还会评估员工的加班属于有效工时还是无效工时，这种约束机制对创新主体要求过于严格，长期实施可能反而会降低创新绩效，导致员工流失。工作挑战与创造性行为之间存在显著相关性，设计工作中的挑战是组织培养员工创新行为的重要机制，组织认同在激发创造性行为中扮演关键角色。工作环境具有挑战性，员工会对自己的组织产生强烈的认同感，进而转化为创造性的行为。有组织认同感的员工倾向于以一种让上级管理者印象深刻的方式表现出这种认同感，即组织认同能充分调节工作挑战和创造力之间的联系（Carmeli, et al., 2011）。

## 二、创新环境建设

创新研究中，有大量研究是关于理解工作环境是如何培养创造力的，这些研究关注工作环境的特征和组织认同对于增强员工工作中的创造性行为的重要性。例如，工作挑战对员工创造性行为的影响、组织认同在这种关系中所起的中介作用等。组织认同是员工承担额外角色的一个重要原因，工作挑战与组织认同之间有很强的关系，具有挑战性的工作会增强员工对组织的认同感，进而导致创造性行为。核心员工可能因其主管或合作伙伴能力不足，丧失发挥才能和获得成就的机会，工作热情受到影响，甚至选择辞职。激励机制应该包括奖励和惩罚两方面，奖励和惩罚是对立的。负向激励措施包括罚款、降职、通报批评、淘汰等。例如，通用电气推行的"淘汰10%业绩最差的员工"的措施，使通用电气的员工将巨大的工作压力转化为动力，驱使企业不断前进。激励机制应该避免"庸才流不出，人才进不来"的负向激励机制，避免表现不佳的员工留在企业。

学者们研究了激励和开放式创新对企业创新效率的影响，以及开放式创新对激励—创新效率的调节作用，发现长期激励和短期激励对企业创新效率都有显著的正向影响，长期激励的效果大于短期激励的效果；通过外部协同实现的开放式创新与创新效率呈倒U形关系，通过外部信息搜索的开放式创新与创新效率呈线性正相关关系。企业可以通过同时激励内部员工努力和通过开放式创新、利用外部思想和人才来提高创新绩效。开放式创新和激励内部员工努力之间存在替代效应。在开放式创新过程中，内部激励对创新效率的重要性降低；企业开放程度越高，激励的边际效用越小。这种替代效应对长期激励是显著的，但对短期激励不显著（Fu,2012）。

## 三、团队协作激励

团队激励的公平性和锦标赛理论都有其实践依据，应该结合企业的具体情况，开展团队协作激励。例如美国红帽公司鼓励部门之间进行合作创新。创新团队已成为科技创新的基础单元，结构合理的创新团队对科技成果的产出意义重大，一些项目只有通过团队合作才有可能完成。主要研发人员、辅助研发人员，以及在专利发明商业化中扮演关键角色（如市场营销）的其他员工群体，其关系要合理地平衡。突破性创新具有高复杂性、高风险性、高不确定性和深度互联性等特征，仅仅凭借单一的个体、团队因素很难实现，而从人—情境互动视角探讨突破性创新的研究有助于我们了解突破性创新产生的个体、团队和情境要求。内部驱动和认知能力是个体选择从事突破性创新活动和产生突破性想法的重要条件，知识交换与整合、内外部互动过程能够满足突破性创新的高资源需求，团队心理安全、目标一致性则有利于推动团队突破性创新的实施（顾远东 等，2019）。

渐进性创新也需要团队协作。例如，TDQ公司近期研发的重点是TA产品成本的降低。通过详细调查，TDQ公司发现，目前市场上一些企业的利润已经达到600元/吨，而TDQ公司的TA产品的利润仅为400元/吨。TDQ公司设立了创新项目研究团队，将TA产品的目标利润设定为600元/吨，用当前售价减去目标利润，即为目标成本。利用价值链分析法对该产品的整个生产过程及工艺进行改进，使产品的成本达到或低于目标成本。其财务核算的成本项目构成较复杂，包括：钢材盘条、混合粉（多种药粉经过配比生成，不同的药粉价格有所差异）、包装费、生产工人工资、制造费用（领用的五金件费用、车间机器的折旧、车间管理人员的工资、水费、电费、气费）。通过研发部门牵头的创新活动，TDQ公司发现降低成本的途径是改变混合粉中药粉的成分，使用较低价格的药粉达到同样的使用效果；同时，应提高生产效率，在同等的时间内生产出更多的产品，降低单位产品分摊的折旧，以降低成本。经过研发部门、采购部门、财务部门等相关人员的共同努力，TDQ公司实现成本管理目标，并将科研创新奖励的20%分配给了参与创新的其他职能人员，其余80%在研发人员之间分配，主要研发人员与辅助研发人员获奖比例为4∶1。

企业的知识存量通常来自几代研发人员积累的创造性努力。研究者在知识网络中的地位不仅由其创造性活动决定，而且在很大程度上由其他人的努力决定。当研发人员的知识要素的平均中心度较低时，其倾向于通过这些要素探索较少的组合机会，从而获得较少的新知识要素。主要表现为，一个中心度较低的知识要素往往与其他知识要素具有较低的组合潜力，研发人员对知识要素组合的科学、技术或商业价值的信心不足，很难说服公司及其研发人员分配资源来探索与重点知识要素相关的组合机会。例如，尽管 IBM 的研发人员开创了扫描隧道显微镜的技术，但由于缺乏证据证明其能够应用于表面科学领域——这是 IBM 的一个主要知识应用领域，因而公司限制了对探索该领域的资源供应。企业如果缺乏对知识要素的理解，并且在将其与其他要素结合方面经验不足时，便难以实现突破性创新（Wang, et al., 2014）。开发式创新的有效性，也是探索式创新的机会成本，在现存的知识要素中寻求组合机会可能会减少研究者用于探索新知识要素的时间、精力、注意力等资源，研究者可能陷入"能力陷阱"——过度进行开发式创新，很少进行探索式创新（Levinthal and March, 1993）。

企业知识网络中的结构洞解释了"能力陷阱"。在知识网络中，知识要素如果缺乏结构洞，即当前知识领域缺乏组合机会，则会激发人们对新知识要素的探索。将这些新知识要素转移到企业现有的知识库中，可能会改变企业的资源分配，从而引发权利争夺，并危及核心研发人员的地位（Barley, 1996）。因此，他（她）们可能为了保持在现有知识要素相关性方面拥有的既得利益，不愿意接受新的知识要素（Burkhardt and Brass, 1990）。研发人员的网络嵌入具有双重属性，研发人员不仅嵌入与其他研究者的协作网络中，还嵌入知识要素网络中，这两个网络是分离的。如果一个重点知识要素的知识域中没有结构洞，则表明研发人员对该领域知识要素的内容和相互关系有了很好的理解，这可能使重点研发人员能够有效地探索新知识要素。如果一个研发人员的知识要素在公司知识网络中有很多结构洞，则其倾向于更少地探索对公司现有知识存量有新意的知识要素。如果研发人员拥有大量的结构洞，网络联系大部分是断开的，则其在创新活动中能够享有更多的自主性。但是，研发人员可能会通过"搭便车"行为来降低在搜索和决策过程中的认知成本。

企业协作网络中如果有丰富的结构洞，则有利于研发人员获取新信息优势和自主性获益。新信息可能具有的优势在于，信息不同于知识要素，知识要素可能编码在专利、手册、组织程序中（March，1991），信息是动态的、可扩展的和短暂的。三大类信息与创新相关：第一类是在科学或技术界的分布较明确的信息，这些信息有助于确定应与谁联系以获取专业知识；第二类是可能涉及研究的最新发展和趋势的信息，例如研究前沿、热点科技问题，以及解决科技问题的新方法、程序和工具，这些信息可能创造新的知识要素；第三类是可能包含研发人员的能力及其相互关系的信息，例如谁有能力、谁值得信赖、谁了解哪些重要人员等信息，这些信息在寻求合作伙伴时是很重要的（Burt，2004）。具有丰富结构洞的研发人员能够比其他人更早地识别和抓住发明机会。

协作网络的中心度对创新有负向影响，平均中心度与探索式创新呈倒U形关系。研发人员知识要素的平均中心度的增加有助于加强研发人员对新知识要素的探索，主要表现为，随着知识要素中心度的增加，其组合潜力有上升的趋势（Yayavaram and Ahuja，2008）。随着知识要素中心度的增加，研发人员对新知识要素的探索与研究者知识要素的平均中心度之间的正向关系逐渐转为负向关系，因为一个知识要素与其他要素结合的潜力是有限的，一个核心知识要素最终可能达到其科学、技术或商业价值被耗尽的程度，搜索知识要素的更多组合的边际收益趋于减少，此时研发团体不再认为进一步的组合是富有成效的（Kim and Kogut，1996）。

从黑白照片、自动曝光到立即显影的彩色拍立得照片领域，宝丽来公司都处于世界领先地位。但由于未能跟上科技发展的步伐，2001年宝丽来公司申请破产保护。创新可分为P型创新和S型创新。P型创新追求的是更好的产品与技术突破，S型创新注重创新策略。企业要兼具以上两种创新，才能得以长期发展。宝丽来公司擅长的是P型创新，只专注于照片色彩和显影技术，该技术确实可以帮企业获得大量利润，但当环境发生剧变，譬如录像机和数码相机出现时，这种技术可能快速失去优势。企业为何偏重S型创新或P型创新？相对于企业文化，组织结构更可能影响个人

# 第四章 研发人员的激励

与团队的行为与决策。组织结构和奖励机制息息相关,关键在于诱因,包括薪资和股权收益。员工应研究出更好的产品,还是提升主管对自己的好感(公司政治)呢?在组织内部减少控制、增加奖励成果,员工就会有更大的创新弹性和动力。

要让组织维持创新,就要懂得隔开擅长不同任务的团队,并给予每个团队同样的重视,同时,要有懂两边"语言"的主管作为"润滑剂",联结彼此,避免贬低任何一方。区隔团队不容易做到,好的创意很脆弱,需要适时分隔,这些创意才有机会存活下来,竞争的两股力量势均力敌才能共存。企业不仅要懂得分隔团队,还要给予每个团队同样的重视,才能维持动态平衡。例如,乔布斯早期在苹果公司时,称赞组织内开发 Mcintosh 的团队为"海盗"或"艺术家",却称开发苹果 II 系列的团队为"普通海军",导致两个团队间产生敌意,开发苹果 II 系列的团队出走,Mcintosh 产品销售惨淡。多年后,乔布斯回到苹果公司时,对首席产品设计师乔纳·艾夫(Jony Ive)和营运官蒂姆·库克给予了同样的关注,公司得以发展。

## 第三节 TDQ 公司研发人员的激励

TDQ 公司是一家股份制公司,公司以金属加工制造为主业,是一家典型的制造业企业。其前身是始建于 1957 年的国有企业,1997 年因债务负担沉重和管理落后等原因濒临破产,1998 年进行重组,民营股份占 70%,国有股份占 30%。重组后的董事长是经营管理专家,公司实行总经理聘任制。重组后,TDQ 公司连续入围"中国民营企业制造业 500 强",连续多年入围"中国机械工业百强企业"。截至 2019 年年底,TDQ 公司拥有员工 3188 人,按照专业构成分类,研发人员为 190 人,财务及后勤人员为 252

人，车间生产工人为 2697 人。年投入研发经费为 1.2 亿元。公司十分重视技术进步和产品升级，重视研究开发与技术创新激励，主要以渐进性创新项目为主，少数领域涉及突破性创新。

## 一、创新激励的背景

TDQ 公司所在行业的产品结构正在持续优化，但是结构不平衡的状况依然存在。一是中低端产品的产能过剩，竞争激烈；二是市场对于高端产品的需求在提高，但高端产品仍然需要大量进口。随着竞争的加剧，自主研发受到了行业内各个企业的重视，它们都在积极地加大产品的研发投入，强化产品创新。随着中国工业自动化水平的提高，在智能化的环境中，高效的作业技术受到了制造行业的广泛重视。在保证产品质量的前提下，TDQ 公司关注高效的流程与作业技术。在 TDQ 公司所在行业中，传统产品的比例预计将进一步下降至 25% 以下，而适用于高效流程与作业的高端产品将会得到进一步发展，由此将带来行业结构变化并加快转型升级步伐。对于行业内各个企业来说，研究开发与技术创新迫在眉睫。2019 年，TDQ 公司有研发人员 190 人，分为技术中心小组（负责前期研发）和检测中心小组（负责各项结果的检测，包括原材料检测，成品检测，各种试用及实验的事前、事中及事后检测）。在人员构成上，设总工程师 1 人，技术中心部长 1 人，副部长 1 人，组长 10 人，检测中心部长 1 人。

2015 年，公司所属的技术研发中心被国家科技部门认定为"国家级企业技术中心"。2007—2017 年，31 个项目获天津市科技成果奖，获授权专利 24 项。为了促进企业技术创新工作，将科技成果及时转化为生产力，调动科技人员的积极性，加快公司新产品开发项目的速度，更好地落实老产品改进、生产制造工艺提高、设备更新等，TDQ 公司设立了创新奖励办法。为了使研发人员拥有一个良好的创新氛围，TDQ 公司精心设计了轻松愉悦的工作氛围。TDQ 公司建立了专门的技术中心大楼，有现代化的仪器和设备，每个研发人员都有自己独立的研发空间。由于研发人员的工作内容不固定，并且需要连续试验、搜集外部信息，所以只要研发人员能够在规定的时间内完成工作任务，公司实行弹性制的工作时间和工作地点，用柔性的劳动时间和地点代替刚性的考勤。在对研发人员的具体考核上，公司更强调工作成果，而不去规定具体的时间。TDQ公司为了促进技术创新，针对技术创新的评价设置了从收入确认、费用确认，到利润核算为一体的技术创新绩效评价体系。同时，为了考核管理层，公司从财务的角度对各项创新指标进行评价。TDQ公司的重要经济指标如表4-1所示。

表4-1 TDQ公司主要经济指标（2015—2019）

| 指标 | 2019年 | 2018年 | 2017年 | 2016年 | 2015年 |
| --- | --- | --- | --- | --- | --- |
| 总销量（万吨） | 88.24 | 82.02 | 77.66 | 73.73 | 70.68 |
| 主营业务收入（万元） | 439723.56 | 427612.78 | 327623.56 | 310723.45 | 298913.25 |
| 营业利润（万元） | 24511.95 | 24680.70 | 20581.31 | 18672.52 | 15564.31 |
| 利润总额（万元） | 15234.17 | 13689.30 | 11831.82 | 12089.76 | 13099.39 |
| 主营业务毛利率（%） | 11.30 | 11.32 | 11.58 | 12.23 | 12.28 |
| 利润率（%） | 3.46 | 3.20 | 3.61 | 3.89 | 4.38 |

四川大西洋焊接材料股份有限公司（简称大西洋）与TDQ公司同在一个行业。大西洋的研发投入从2015年的9681万元上升到2019年的14024万元，但研发投入占营业收入的比例逐年下降。从研发人员数量来看，2015—2019年大西洋的研发人员一直在290人左右，无明显变化。随着公司智能化、自动化的改进，一线的操作人员逐步减少，研发人员占公司总人数的比例略有增长。大西洋2015—2019年的研发投入情况见表4-2。

表4-2 大西洋研发投入情况（2015—2019）

| 指标 | 2019年 | 2018年 | 2017年 | 2016年 | 2015年 |
| --- | --- | --- | --- | --- | --- |
| 费用化研发投入（万元） | 14024 | 12980.55 | 9536.12 | 9540.63 | 9681.16 |
| 资本化研发投入（万元） | 557.55 | 34.07 | 2215.04 | 0 | 0 |
| 研发投入合计（万元） | 14024 | 13014.62 | 11751.16 | 9540.63 | 9681.16 |

（续表）

| 指标 | 2019年 | 2018年 | 2017年 | 2016年 | 2015年 |
| --- | --- | --- | --- | --- | --- |
| 研发投入占营业收入比例（%） | 5.03 | 5.06 | 5.57 | 5.67 | 5.72 |
| 研发人数（人） | 292 | 289 | 291 | 294 | 299 |
| 研发人员占总人数比例（%） | 14.64 | 14.72 | 14.66 | 13.75 | 13.79 |
| 研发投入资本化比（%） | 3.98 | 0.26 | 18.85 | 0 | 0 |
| 净资产收益率（%） | 3.88 | 3.51 | 2.8 | 2.66 | 3.7 |
| 发明专利授权数量（个） | 7 | 8 | 9 | 9 | 15 |

表4-3是2015—2019年TDQ公司的研发投入情况，从中可以看出，TDQ公司的研发投入呈上升趋势，从2015年的9677.68万元上升到2019年的12742.36万元，且研发人数略有上升。研发投入占营业收入比例从2015年的3.24%，逐年下降到2019年的2.90%。

表4-3 TDQ公司研发投入情况（2015—2019）

| 指标 | 2019年 | 2018年 | 2017年 | 2016年 | 2015年 |
| --- | --- | --- | --- | --- | --- |
| 费用化研发投入（万元） | 12742.36 | 12856.89 | 10197.63 | 9876.68 | 9676.68 |
| 资本化研发投入（万元） | 0 | 0 | 0 | 0 | 0 |
| 研发投入合计（万元） | 12742.36 | 12856.89 | 10197.63 | 9876.68 | 9676.68 |
| 研发投入占营业收入比例（%） | 2.90 | 3.01 | 3.11 | 3.18 | 3.24 |
| 研发人数（人） | 190 | 182 | 180 | 176 | 171 |
| 研发人员占总人数比例（%） | 8.98 | 9.38 | 9.02 | 8.93 | 9.06 |
| 研发投入资本化比 | 0 | 0 | 0 | 0 | 0 |

## 二、TDQ公司基于KPI的技术创新绩效评价

TDQ公司为了促进技术创新，为各项考核制定了统一的标准，对项目研发投入、产出和效益进行考核，从技术创新保障、技术创新投入、技术创新产出、技术创新实现的经济效益四个方面进行考核。技术创新立项时，需要由技术研发部门提出立项申请，上报公司且通过后，由财务部门负责

最终的立项。每个技术创新项目都要有完整的立项报告，包含创新项目名称、目的、预算等内容。在技术创新费用的统计与核算过程中，技术创新中研发费用消耗的人工工时，包含研发人员的人工工时和参与该项目其他人员的人工工时，人工成本按照单位小时计算；生产设备工时，按照设备实际的工作时间统计，该设备的单位能耗按照该生产线当月总耗电量/约当总产量（对应规格的产品数量乘以对应的比例系数）计算，再据此计算出设备的能耗成本；研发耗用材料，按照库房管理人员提供的与该研发项目配套的物资明细乘以加权平均单位计算。

每月 25 日是研发项目成本核算的结账日，结账日之后的数据算作次月数据，以此类推。月底时，财务部门按照车间统计提供的数据，依据产品的制造工艺，按照完全成本法，分项目计算出制造过程中产生的研发费用，对于未生产完毕的研发产品，按照约当产量分摊发生的成本。对于各类研发项目的成本统计，按照研发项目归类汇总后，分类进行统计。TDQ 公司的产品以批量化的生产为主，在确定项目的收入时，以品种为单位，分类进行统计。每月 25 日至次月 25 日，核算该类产品的当月收入，以当月收入减去对应月份的成本和该产品需要分摊的其他固定性的管理等费用后作为该项目产品的当月利润。研发人员的激励奖励，通常以自然年为单位，年底时，将该研发项目每月产生的利润相加，再乘以对应的比例系数，作为技术人员的奖励激励提成。针对 TDQ 公司各部门提供的数据，2017—2019 年 TDQ 公司关键绩效指标的完成情况见表 4-4。

表 4-4　TDQ 公司 KPI 绩效评价（2017—2019）

| 维度 | 指标 | 2019 年 | 2018 年 | 2017 年 |
| --- | --- | --- | --- | --- |
| 技术创新保障维度 | 权益比率（负债总额/净资产，%） | 33.92 | 36.91 | 51.01 |
| | 资产负债率（%） | 24.81 | 27.51 | 33.78 |
| 技术创新投入维度 | 无形资产比率（%） | 10.96 | 10.65 | 10.99 |
| 技术创新绩效维度 | 净资产收益率（%） | 13.58 | 11.59 | 12.46 |
| | 销售净利率（%） | 6.42 | 5.79 | 7.17 |
| | 收入增长率（%） | 2.83 | 30.52 | 5.44 |

(续表)

| 维度 | 指标 | 2019年 | 2018年 | 2017年 |
|---|---|---|---|---|
| 新品研发项目 | 重点领域产品开发（个） | 14 | 14 | 15 |
| 专利授权 | 新增发明专利数量（个） | 5 | 4 | 4 |
|  | 新增实用新型专利数量（个） | 5 | 5 | 6 |

  TDQ公司针对上述KPI绩效评价采取打分制，满分为100分。对于考核的部门以及人员根据上述考核的结果进行薪资提成和奖金发放，考核结果也是以后升职调岗的重要参考依据。公司KPI考核过程如下：选取可比公司公开披露的近3年财务数据，按照设定的考核标准进行计算，取平均值加以修正后作为TDQ公司绩效考核的目标值；根据TDQ公司当年业绩完成情况，财务部门统计复核测算后将数据和目标值相比对；将完成百分比值乘以每个评分标准的权重得到最终分值；最后将得到的3年分值合并后计算平均分值，得到KPI考核的均值。TDQ公司近3年的指标结果如下：在技术创新保障维度，TDQ公司2017—2019年的权益比率为51.01%、36.91%、33.92%，呈逐年下降趋势；资产负债率为33.78%、27.51%、24.81%，呈逐年降低趋势，公司偿债能力增强，资本结构得到优化。在技术创新投入维度，TDQ公司2017—2019年无形资产占总资产的比率基本维持稳定。在技术创新绩效维度，通过TDQ公司技术创新产出比率分析，2017—2019年间，净资产收益率从12.46%上升到13.58%，销售净利率较为稳定，企业收益能力在不断提升。公司偿债能力和净资产收益率逐年上升，可以为公司后续创新投入提供有力保障。虽然TDQ公司销售规模和利润总额高于大西洋公司，但是毛利率相对较低。TDQ公司主要考虑短期收益，有可能影响长期收益能力。

  研发项目费用化或资本化的口径不同，会导致公司整体盈利指标发生很大变动。会计指标只是对所发生业务的事后分析，不能在前期就深入项目中，因此企业需要对项目整体情况进行评价，关注短期业绩，更要重视长期考核。在TDQ公司中，研发费用主要采取费用化的方式进行核算，造成企业的研发收入与支出在会计期间上不匹配。若将全部的研发费用进行费用化处理，则研发费用全部计入当期损益，会导致当期利润大幅下滑，影响当年利润，进而对高层管理人员的考核产生较大的影响，降低管理者研发投入的积极性。如果将企业的研发支出按照会计准则予以资本化，并且在以后会计年度进行摊销，则能够使营业收入和研发支出在会计期间上相匹配，成本费用更加平滑，利润波动更小，从而促进公司管理层对于研发活动投资的积极性。TDQ公司在项目的每个阶段都组织了不同的部门进行评审，财务部门的参与度较低，且由于其对技术了解不够深入，按照提供的最终结果进行核算，未能对研发费用的资本化做出较为正确的判断，研发费用的项目归集方法需要完善。TDQ公司虽然单独建立了研发费用的核算制度，但研发费用的归集与实际的研发活动并不匹配。一个研发人员通常会同时参与多个研发项目，一台设备会同时被不同的研发项目使用，而TDQ公司对于发生的费用，无法准确归集。按照当月的产量将发生的成本费用在不同的研发项目之间进行分配，对于内部研发人员的激励，使用价值较小，研发费用会逐年增加。TDQ公司当前"大锅炖"的分配方式，会影响研发人员的绩效，对于有能力的研发人员，无法起到激励作用。TDQ公司需要构建更科学的管理体系来提高研发费用核算的准确性，再利用核算结果进行绩效评价，从而提高技术创新激励效果。

## 三、建立学习型组织、奖励创新主体

为增加研发人员的知识储备，TDQ公司与多家高等院校建立了合作关系，充分发挥高等院校在基础研究或前沿探索中的作用。TDQ公司定期组织研发人员到学校学习，进一步丰富研发人员知识体系，推动研发与技术创新成果向市场转化。公司每年都会派研发人员参加行业会议，了解行业的最新动态，加强与外部的技术交流，开拓研究开发与技术创新的思路，使技术人员能够在企业的技术革新、产品结构调整或者产品品种的优化与升级方面打开新的思路、树立新的观念。员工通过了解到的最新技术信息，解决研究开发与技术创新中的问题，提升企业研究开发与技术创新的水平。为了保障研发人员创新能力的持续提高，企业注入大量的资金，将团队和个人的研发成果与物质回报挂钩，对于研发人员的创新予以重奖，有突出贡献的员工会得到加薪、晋升。

TDQ 公司研发人员的薪酬结构按照不同的层次设置。对于从事基础性研究的研发人员，采取单一的工资模式；对于担负着新产品开发的专业技术人员，采用较高的工资加研发提成模式；对于职位较高的研发人员，采取较高的工资加奖金的模式；对于高层管理者，实行研发提成与分享企业利润的模式。研发提成奖励指员工每获得一项董事会认可的研究成果，就可以获得提成奖励；员工引进的研发人员如果能够给公司带来价值，该员工也可以分享引进的研发人员创造价值的提成。这种奖励机制促使高层管理者将更多精力投入公司的研发与技术创新之中。在现有完全成本核算体系下的研发人员的奖励金额以及具体等级标准如表 4-5 所示。

表 4-5 研发人员奖励金额等级标准

| 等级 | 年节约或创造效益 | 奖励金额 |
| --- | --- | --- |
| 一 | 100 万元以上 | 20 万元 |
| 二 | 50 万—100 万元 | 10 万—20 万元 |
| 三 | 10 万—50 万元 | 2 万—10 万元 |
| 四 | 1 万—10 万元 | 0.2 万—2 万元 |

## 四、研发项目激励范围

TDQ 公司研发项目的激励范围包括：新产品开发、老产品改进、新材料开发、生产制造工艺改善、技术管理提升。

新产品开发指新品种的开发。同一种产品规格的改变，不属于新产品开发。新产品投放市场带来的收益包括在原有的区域扩大销量所带来的收益以及因为新产品连带开发出的新区域或者新客户所带来的收益。老产品改进指对现有老产品进行成本节约的开发,例如采用先进的工艺、改变配方使得产品在质量提高或者质量不变的情况下降低成本。新材料开发指在产品使用的材料方面有重大突破,新材料可以显著提高产品质量或者降低产品成本。生产制造工艺改善指使产品质量提高和成本降低的制造工艺水平的提高。工艺的突破对产品质量的影响重大。技术管理提升指对研发团队内部的建设管理的提升,包括但不限于团队内部知识结构的提高、员工职称的评定、国家专利证书的获得等。

## 五、研发项目激励申报和奖励

TDQ公司申报的研发项目必须经过公司层面的鉴定,并附有总结报告(报告对项目从立项到实施以及结束的全过程进行详细描述,如果为公司下发的考核项目,每年年底时按阶段进行申报)、项目鉴定材料(包括该项目的实施条件、获得的鉴定证书及其他的国家鉴定证明)、经济效益分析(包括但不限于同期增加的利润、扩大的市场份额、顾客满意度的提高)及鉴定结论(项目成功证明书),以团队或分支机构为主体进行申请。TDQ公司项目奖励申请材料数量多且较为复杂,共有6项材料。评定委员会由总经理、副总经理、总会计师、总工程师、技术处处长、生产单位人员、其他项目有关人员等组成,他们对申报项目应进行公正负责的审议,根据项目的难易程度及水平,给出评审意见。总会计师组织人员对项目进行评审,负责对该项目的各项指标给出真实、有效的评价,评审意见报告最终由公司董事长及总经理批准。奖项可兼得,奖励可分为年创造效益奖励和一次性奖励两种情况。年创造效益奖励以节约或创造效益的20%作为奖励金额。同时,根据产品开发难易程度、设备更新换代的实际效果,TDQ公司对某些有潜力但暂时体现不出效果的项目,可进行一次性奖励。项目一旦参加一次性奖励,不再获得年创造效益奖励。对特殊重大成果贡献者,奖励金额可适当放宽，奖励金额不封顶，也可以以其他形式给予物质奖励。该特殊重大成果除要获得国家相关技术部门颁发的专利证书外，还要经过董事会所有成员的专项评定。对于总经理、总工程师及总会计师等高层管理人员的技术激励，根据其在任期间，带领的团队、制定的政策对研发的促进作用，经董事会综合评定后，在年终颁发奖金时予以额外激励。对于仅进行了工艺确定、工艺验证、工艺对比等评定的项目，则根据其产品投产1年实现效益进行奖励，效益值在50万元以上有申报资格，奖励金额为年节约或创造效益的5%。产品项目的验收以品种为单位，要求完成产品的全规格（同一种产品不同的规格）验收。主要研发人员与辅助研发人员获奖比例为4:1，特殊情况可另行考虑。

## 六、研发人员的个人考核与激励

TDQ公司对研发人员的激励原则包括：客观公正，即客观公正地评价员工工作绩效；量化考核，即按照部门为每位员工分解下达的年度考核指标并进行考核；工作质量、工作量、效率兼顾，即重视工作的效果、创新性，同时关注工作量、工作效率；不同岗位差异性考核，即根据工作性质的不同，考核指标应体现差异性，保证考核结果具有可比性；考核指标与角色、绩效激励相匹配，即根据员工在课题、研发组中所处的角色地位设置不同的考核指标，角色越重要，承担的考核指标越重，同时根据承担任务的重要性和完成情况，差异化地给予绩效激励；年度绩效考核采取年度业绩和资历相结合的方式，即员工年度绩效评价时主要参考本人年度业绩，兼顾员工对企业的历史贡献。

技术中心按内部规定进行考核，年度考核以个人年度工作总结及课题年度总结（PPT答辩）形式进行。年度考核结果决定员工的年度绩效奖励，年度绩效奖励按照员工全年考核加、减分累计值所折合的加权系数进行分配。年度绩效考核不搞平均主义，鼓励拉开绩效收入差距，年度考核结果也是员工薪资调整、职级晋升的主要依据。考核评分主要依据工作完成情况、工作效率、工作态度三个主要考核项开展,三个考核项分别占整体权重的80%、10%、10%。有的员工业绩好,得分超出满分(100分),超出分数在年度考核时计入考核总分,年度考核总分与年度绩效直接挂钩。员工业绩的加分规则见表4-6。

表4-6 员工业绩加分规则

| 领域 | 加分内容 | 加分数 |
| --- | --- | --- |
| 产品开发 | 科研成果通过公司效益奖励评定 | 年效益≥100万元,加300分;<br>50万元≤年效益<100万元,加200分;<br>年效益<50万元,加100分<br>备注:加分由课题负责人根据课题参加人贡献进行分配,并由直管领导把关分配比例 |
| 产品开发 | 科研成果通过公司一次性奖励评定 | 加50分<br>备注:加分由课题负责人根据参加人贡献进行分配,并由直管领导把关 |
| 产品开发 | 开发的新品实现市场销售(计划内) | 负责人加10—30分 |
| 产品开发 | 改进产品实现销售(计划内) | 负责人加10—30分 |
| 产品开发 | 完成销售部门临时增加项目并已销售 | 负责人加10—30分 |
| 产品开发 | 首发产品 | 国内首发,负责人加15分;<br>全球首发,负责人加30分 |
| 产品开发 | 技术服务出差次数前20%人员 | 加20分 |
| 产品开发 | 通过技术服务促进产品销售/避免赔付 | 加10—20分 |
| 工艺技术 | 解决久攻未克的重大工艺技术难题 | 加50—200分<br>备注:加分由总工程师与技术中心主管确定,由课题负责人分配,并由直管领导把关分配比例 |
| 工艺技术 | 提升产品整体质量水平效果显著 | 加50—200分<br>备注:加分由总工程师与技术中心主管确定,由课题负责人进行分配,并由直管领导把关分配比例 |
| 工艺技术 | 开发新原材料降低生产成本 | 加10—30分 |
| 工艺技术 | 首创工艺/设备 | 国内首创,负责人加20分;<br>国际首创,负责人加50分 |

（续表）

| 领域 | 加分内容 | 加分数 |
|---|---|---|
| 标准化 | 申请成功市级以上项目资助 | 加 10—30 分 / 项 |
| | 超额完成资助申请数量 | 加 5—30 分 / 项 |
| | 申请到智能化、绿色制造等天津市重点支持的项目 | 加 10—30 分 / 项 |
| | 制定国家标准 | 加 30 分 / 项 |
| | 制定企业标准 | 加 20 分 / 项 |
| | 内控修订超出任务量 | 加 10—20 分 / 项 |
| | 提升信息化管理 | 加 10—20 分 / 项 |
| | 制定基础管理制度 | 超额完成，每项加 10 分 |
| 其他项目 | 项目季度评审打分排名前 3 | 课题组加 30 分 |
| | 专利 | 发明专利，完成申请加 10 分，授权加 30 分；实用新型专利，完成申请加 5 分，授权加 10 分 备注：给除中层以上领导外的第一顺序发明人加分，其一般为专利撰写人 |
| | 参与或组织展览 | 加 10—30 分 / 次 |
| | 完成市级成果鉴定 | 国际领先：加 60 分；国际先进：加 40 分；国内领先：加 30 分；国内先进：加 20 分 |
| | 获得科学技术奖 | 获国家级奖励，加 100 分；获省部级奖励，加 20—50 分；获区级奖励，加 10—20 分 |
| | 发表论文，参加会议宣讲论文 | 发表英文 SCI 期刊、中文核心期刊论文，加 10—30 分；参加行业会议，进行主题报告，加 15—20 分 |
| | 企业公众号投稿成功（新产品 / 新技术） | 加 5—10 分 |
| | 兼职承担日常管理、监督工作 | 加 10—20 分 |
| | 提出提高工作效率措施并成功实施 | 加 10—30 分 |
| | 个人荣誉 | 获得国家级荣誉，加 50 分；获得市级荣誉，加 30 分；其他荣誉，加 10—20 分 |

年度绩效计算规则：员工年度绩效按照员工年度业绩加/减分与资历绩效基数之和在所有技术部门员工总分中所占的权重来进行计算。不同资历员工对应的绩效基数和责任见表4-7。

表4-7 不同资历员工对应的绩效基数和责任

| 岗位 | 资历 | 绩效基数 | 承担责任 |
| --- | --- | --- | --- |
| 研发岗 | 资深研发师 | 120 | 开发不少于1项新产品进入市场；申请发明专利1项 |
| | 研发师 | 100 | 申请发明专利1项；发表论文1篇 |
| | 助理研发师 | 90 | 发表论文1篇 |
| | 实习期后未满1年 | 80 | |
| 标准管理岗 | 高级 | 130 | 保证完成内控修改任务 |
| | 中级 | 100 | 完成资助申报不少于2项 |
| | 初级 | 90 | 完成资助申报不少于1项 |
| | 实习期后未满1年 | 80 | |
| 技师岗 | 高级技师 | 120 | 每季度组织完成不少于1项产品盲评 |
| | 技师 | 100 | 完成技术服务不少于2次/月 |
| | 高级工人 | 90 | 完成技术服务不少于1次/月 |
| | 普通工人 | 80 | |
| 备注：根据资历配置的责任绩效在绩效基数中体现，完成后不重复加分 | | | |

## 七、研发与创新激励机制存在的不足

通过问卷调查以及员工的现场走访，TDQ公司在研发与创新激励中存在一定的不足，具体如下：

一是在研究开发与技术创新激励中，员工个体申请奖项受到限制，导致个人的内在激励不足。员工的研发工作本身能够带给其满足感，发自内心的激励力量可以激励研发人员更好地创新，而企业则需要进一步调动研发人员的积极性。例如，设置研发人员表彰大会，向研发人员颁发奖励证书，建立研发人员的技术评定机制，让研发人员感觉到自己的研究开发与技术创新是得到公司,以及公司里其他员工认可的,让研发人员从内心得到满足。要重视经济性激励,也要重视非经济性激励。

二是要考虑高层管理者的创新激励。TDQ 公司虽然实行了研发提成,即公司每拥有一项获得董事会认可的研究成果,高层管理者就可以获得研发提成奖励,但奖励力度不足。如果不从根本上考虑管理者的创新激励,高层管理者有可能通过外购技术或技术合作等方式实现产品升级,不利于公司创新质量的提高。

三是在 TDQ 公司内并没有建立投资决策程序。在研究开发与技术创新项目建立之初,公司就要客观分析研发项目的每一项支出,并评定项目的可行性。一旦项目可行,要设好给研发人员的激励方案,按阶段对研发人员实施奖励,让研发人员有奋斗的目标,激发其创新的灵感。

四是在 TDQ 公司奖励机制的项目成本核算中,核算方法不合理。TDQ 公司仍采取传统核算利润的方法,采用完全成本法,将所有折旧、固定性的管理支出都视为成本项目分摊到成本当中。这些费用是无法通过研究开发与技术创新改变的成本,应该采用变动成本法,单独考虑这些费用,重新设置核算体系,以调动研发人员的开发热情,促进项目的开发。

五是科技成果奖励机制存在问题。在经济效益分析中,TDQ 公司仅仅考虑了同期增加的利润以及扩大的市场份额,口径太粗,无法真实反映出因为研发实际实现的利润改变,对于引起市场份额增加的原因未给出明确分析。TDQ 公司处于稳定发展期,依赖成熟产品获得稳定现金流。目前对于公司技术创新绩效的评价,采用的是以财务指标为主的 KPI 方法。选取的关键绩效指标包括收入增长率、净利润增长率。核算这些指标时,采用的是完全成本法,所有的费用都被均摊。公司按照此方式对各个创新主体进行指标核算,并将这些指标作为发放奖励提成、升职加薪或者惩罚的依据。在年度创造效益的奖励中,仅仅以项目完成后 1 年内的效益为奖励标准,此种情况极易引发短视行为。研究开发与技术创新本身是一项长期的过程,新产品投入市场后,存在两种可能性:第一种是打开市场的进度较慢；第二种是打开市场后，存在的问题短期内无法暴露出来。如果仅仅以1年作为周期，会影响研发人员的积极性。在一次性奖励或对特殊重大贡献的奖励中，评判主观性较强，没有合理的业绩计量及评价方法，不利于充分调动员工的积极性。例如，在工艺改进的效益奖励机制中，缺少统计数据，无法确定产量的提高有多少是由工艺改进引起的。

六是研发经费预算由财务部门制定、审核与监督，研发部门参与较少。TDQ公司研发项目的绩效管理主要由财务部门完成，实行创新成果评审会鉴定制，程序较为复杂，影响创新绩效评价的效率。总会计师组织对项目进行评审并负责对该项目的各项指标做出真实评价时，更注重财务方面的评价，有利于渐进性创新，但可能不利于突破性创新。

七是在部门激励机制中，对于新产品的研发，缺少每个项目的投资决策分析。目前TDQ公司只列出了完成多少项目，规定出了大类，对每个项目缺少可行性的项目决策分析。在开发或者改进项目中，只要求实现销售收入，缺少其他具体的、量化的数据。对于销售部门临时增加的项目，未引入增加数量的考核。如果销售部门临时增加的项目过多，必然会影响其他研发项目的进度。公司对于工艺文件的梳理及改进缺少横向的对比。技术或者工艺文件的梳理，是一项定性的工作，无量化的标准可以参考，如果仅规定梳理，却未规定应达到何种效果，不利于对最终结果的评判。在研发人员个人的考核评分细则中，缺少详细的考评细则实施办法，打分时无参考依据，容易导致数据不真实。

八是研发经费的财务核算体系仅仅强调针对研发费用的专门科目，未提到针对研发项目单独建立核算体系，核算较粗糙，无法提供成本动因的数据。公司财务部仅负责指标方案的设计，缺少指标方案从建立之初到研发完成整个过程的预算、评价体系。财务部门每半年核对一次经费支出明细，无法达到监督提醒的效果，仅仅能够起到结果统计的作用，不具有前瞻性。随着钢材品种及品质的快速进步和技术发展，一大批升级换代和高性能的钢材相继被推出，一些加工企业迅速跟进，研制和生产出了各类高性能的配套焊接材料。因此，应将最新的行业动态与公司的研发成果进行横向比较，使 TDQ 公司找准方向加大研发力度。TDQ 公司新技术开发情况如表 4-8 所示。

表 4-8　TDQ 公司新技术开发情况

| 行业最新成果 | TDQ 公司是否拥有 |
| --- | --- |
| 用于钢行业的超低碳贝氏高强钢和超高强钢 | 是 |
| 用于 X70、X80 和 A100 的高管线钢 | 是 |
| 用于高层建筑钢结构的耐大气腐蚀钢 | 是 |
| 用于石油精炼设备和加氢裂化设备的高强度耐热钢 | 是 |
| 超临界和超超临界火力发电机组的新型耐热钢 | 否 |
| 高性能铁素体不锈钢和双相不锈钢 | 否 |
| 用于低温液化石油气和液化天然气储罐的低温钢 | 否 |

## 八、TDQ 公司研究开发与创新激励的改进建议

TDQ 公司目前的激励机制比较有效，公司的创新绩效显著，但尚有改进的空间。应使激励机制透明化，合理分配公司的创新资源，以核心产品的研发及服务为中心，比如，坚持每年将营业收入的 5% 以上的资金作为研发基金，用以加强新产品的开发及老产品的更新改造。要设立合理的参照标准，以客观数据为依据，提高每个核算项目的可靠性，不断提升管理效率和水平，向着透明、高效、公平、合理的工作氛围努力，完善职务以及其他的晋升渠道。公司应优化考核，奖惩分明，提升整个研发队伍的素质和研发效率，还要注重对知识产品的保护。具体措施包括如下几点：

一是对研发奖励项目的申报，添加研发人员的单项申报，最大限度地调动研发人员的积极性。继续加大研发投入，加强专利申报，优化研发人员的年龄、学历结构，整合创新资源，把握好核心产品和服务的创新升级。

二是在利润的指标设计中，按照新老产品、成本项目进行细分。对于

老产品的成本降低,要针对研发项目在会计科目中单独添加核算项目,将成本差异按照价差和量差进行区分,从而准确评价研发人员在量差方面的贡献,进行准确激励。在计算新产品的研究开发与技术创新所引起的利润增加时,不应按照财务会计方法进行计算,要从管理会计的视角出发,将成本进行分类,厂房、机器设备的折旧不列入成本项目中进行考核,销售费用、财务费用也不列入成本项目中进行考核,新产品的成本仅列示与生产该新产品直接相关的变动成本。

三是单独建立市场份额的核算体系。TDQ 公司应与同期的市场份额数据进行比较,例如统计出同期增加的新产品销量、同期减少的产品销量(通过客户调查问卷了解该产品销量的降低是不是由研发后产品质量下降所导致的)。

四是对新产品的市场开发,应根据产品开发的难易程度设置比例系数,使每个项目的实际奖励金额与比例系数相关。创新奖励机制从 1 年更改为 3 年,尤其是当新产品抢先推向市场时,要有额外的奖励机制。在创新奖励机制中,如果能够率先占领市场,奖励金额翻倍。创新激励优化方案见表 4-9。

表 4-9　创新激励优化方案

| 比例系数 | 等级 | 年节约或创造效益 | 第 1 年奖金 | 第 2 年奖金 | 第 3 年奖金 |
|---|---|---|---|---|---|
| XX | A | 100 万元以上 | 10 万元 | 5 万元 | 2.5 万元 |
| XX | B | 50 万—100 万元 | 5 万—10 万元 | 2.5 万—5 万元 | 1.25 万—2.5 万元 |
| XX | C | 10 万—50 万元 | 1 万—5 万元 | 0.5 万—2.5 万元 | 0.25 万—1.25 万元 |
| XX | D | 1 万—10 万元 | 0.1 万—1 万元 | 0.05 万—0.5 万元 | 0.025 万—0.25 万元 |

可以采取如下方式:在研究开发与技术创新体系的建立之初,就由项目评审小组进行综合评定,将研究开发与技术创新项目按照难易程度划分为 A、B、C、D 四个等级。对于 A 级项目,参与一次性奖励的,奖励金额为 10 万元。对于 B、C、D 级项目,参照修改后的年度节约或创造效益金

额核算。其中 B 级的比例系数为 1.2，C 级的比例系数为 1，D 级的比例系数为 0.9。

五是每年对特定工艺、不同供应商（由于供应商的种类较少，区分供应商具有可操作性）的产量进行统计，得到每种工艺下每个不同供应商的产量，然后待新品投产后，再与老工艺的产量进行对比，取不同时点的数据进行横向比较，从而获得准确的信息。

六是建立完善的部门激励机制。在每个新的研发项目确立之初，研发部门要与财务人员、销售人员一起建立一套完善的项目决策分析模型，在该模型包含项目总的资金流出、每个节点的资金流出、每个节点的产出报告、预期收益、实际收益及差异结果分析。在考核时，按照差异结果分析报告对技术人员进行综合考评。在考核细则中，统计每个重点改进项目实现的销售数量，与销售部门共同考核，提高研发人员的动力，将产品朝着市场需要的方向改进。对于销售部门增加的项目，按照数量划分等级，每增加 10 个项目，需要额外给予奖励，以鼓励其最大限度地利用业余时间加强研发。

七是建立完整的考核评分细则，由考评小组按照考核评分细则，逐项打分，见表 4-10。

表 4-10 考核评分细则

| 项目 | 权重 | 考核办法 |
|---|---|---|
| 工作完成情况 | 80 | （1）没有完成任务或滞后严重（0 分）；<br>（2）规定时间内完成任务大于 50%（39—45 分）；<br>（3）规定时间内完成任务大于 80%（46—55 分）；<br>（4）规定时间内完成任务大于 90%（56—61 分）；<br>（5）规定时间内完成任务（62—65 分）；<br>（6）超额完成、效果突出的，视情况加分，加分总额不设上限 |
| 工作效率 | 10 | （1）公司领导临时交办任务未按时完成（-10 分）；<br>（2）工作量排名前 20%，同时加班时间排名后 20%（5 分）；<br>（3）质量投诉处理不及时（-10 分）；<br>（4）配合市场部门完成样品选型/准备不及时（-10 分） |

（续表）

| 项目 | 权重 | 考核办法 |
|---|---|---|
| 工作态度 | 10 | （1）对领导安排的工作不积极完成（-5—-10分）；<br>（2）无故旷工（-10分）；<br>（3）上班期间从事与工作无关的事情（-5—-10分）；<br>（4）卫生责任区没有达标（-2—-5分）；<br>（5）出现问题，推诿责任（-5—-10分）；<br>（6）克服困难，解决问题（5—10分） |

八是改进研发核算体系。在核算体系上，除单独设立科目外，应对研发费用添加项目及人员的辅助成本进行核算，归集每个项目发生的费用。应针对每个项目单独建立预算、考核、评价体系。每个项目在初始阶段就应确定好资金来源，然后对每个阶段的各项收入、支出逐项记录，按照时间节点给予项目相关人员提示，并对项目每个阶段的执行结果逐项进行评价。将经费支出的核对改为每月一次，并将实际的经费支出与预计的经费支出进行横向比较，提示经费支出的整体执行情况。核算体系的重点是对每个项目进行成本核算，以项目为核算周期，而不是以实际的自然月份为核算周期，每个项目都有一套完整的生命周期档案，便于管理。按照公司研发项目的进展要求，对于研究开发与技术创新的考核，应按照项目的难易程度进行激励。例如，填补空白领域的科研成果，经董事会批准后，可以对创新管理者和关键研发人员进行中长期激励（例如股权激励），提高核心员工的归属感。

# 第五章 创新管理者的激励

创新管理者指具备创新管理特质（包括创新认知能力、创新吸收能力、创新创造能力和创新协调整合能力），承担创新责任，进行创新决策，并通过创新战略执行、创新规划管理等方式来实施管理的人员。作为企业创新活动的组织者和推动者，创新管理者是企业创新活动的主体之一，能够为企业带来创新溢价，具备知识治理的能力。创新管理者对创新的认知、风险偏好、创新收益分成和责任承担等会对企业创新投资决策产生重要影响。创新的特征要求创新管理者投入较高成本进行创新管理，还要承担创新失败的风险。创新管理者无法像股东一样通过多元化投资分散风险，这容易导致创新管理者缺少内在的创新动力，因此应当重视创新管理者的创新激励。当创新管理者面临较大的潜在创新成本时，股东如何激励创新管理者追求创新，这一问题非常重要。创新管理者的激励因行业而异，例如高科技公司的股权激励机制不同于其他行业的公司，行业的差异性很重要。

## 第一节 企业家精神与创新激励

具有企业家精神并表现出强烈的创新、承担风险与推动企业发展的创业者、企业经营者、高级管理者均可以被称为企业家。企业家并不局限于创业者，在企业家这个群体中，创业者占比最大，这是因为创业过程更有助于企业家精神的培育。企业家具有风险承担能力，关注企业发展的机会，是创新的引领者、管理者和实践者。企业家精神指企业家组织和管理企业的综合能力与素质，例如创新创业精神，敬业、责任感与合作精神，持续思考、学习的精神等。企业家精神是搭建平台以涌现更多企业家的精神，即企业家一个人的作用有限，如果能够为他们提供更大的平台，则能涌现出更多新的优秀企业家，这才是真正的企业家精神（张瑞敏，2019）。

### 一、企业家的创新能力和创新管理能力

经济学家熊彼特认为，经济增长的源泉是创新，是创新促使技术进步。企业家作为创新的主导力量，通过生产要素的新组合、市场的新发现、技术的新应用、组织结构的变革等创造性活动来实现创新。执行创新活动的个人可以被称为企业家，企业家精神是企业创新的源泉。技术不是外生的，而是由企业家和研发人员开发出来的。工业革命以来的每一项重大技术发明，都与企业家有关。企业家与其他人才相比，最突出的能力是能够把握市场机会，利用其独特的能力吸引和整合区域内、行业内，甚至跨区域、跨行业的不同生产要素，产生知识溢出效应，促进企业成长和区域经济发展。20世纪80年代以来，中国涌现出一批创业兴邦的企业家，如任

正非、柳传志、张瑞敏、马化腾等。他们踏实地从事实业开发，开展产品和服务创新，取得了重要成就，得到了社会的认可和尊重。2017年发布的《中共中央 国务院关于营造企业家健康成长环境，弘扬优秀企业家精神，更好发挥企业家作用的意见》界定了优秀企业家精神的内涵：创新发展、敢于担当、专注品质、追求卓越、诚信守约、履行责任、艰苦奋斗、爱国敬业、服务社会，等。

创新是实现可持续发展的重要的推动力，创新及其成果的转化依赖于企业家。一些企业家开发了新的市场，改变了市场竞争态势，从而对现有企业构成威胁，促使现有企业继续从事技术创新，以维持竞争优势。企业家精神的培育对生产率提升的贡献会呈现边际递增的趋势。创新是复杂的，创新投资决策是高风险的决策，企业家的创新能力和创新决策能力很重要。我们可以将企业家分为研发型企业家和模仿型企业家：研发型企业家重在通过增加研发投资、开发新产品、提高生产效率实现企业成长；模仿型企业家主要通过技术复制、跟踪模仿等方式提高企业竞争力、降低成本、提高效率。另一些企业家能够认真研究市场变化趋势，投资那些可能带来最佳回报的创新项目，例如延续性的新技术，通过这些技术开发，为其客户提供更好的产品或服务。在这样的认知情境和指导原则下，这些企业家可能难以捕捉到突破性创新项目，导致这些绩优企业未来难以应对突破性创新带来的冲击。

双元性创新强调，由于环境变化，企业需要将渐进性创新和突破性创新这两类可能相互冲突的创新活动进行组合并使之共存。实际上，管理学者们发现，企业经常处于两难境地，企业在开发利用现有能力与构建全新能力方面难以兼顾。例如，汽车制造企业如果注重效率，则会提高流程标准化程度，降低柔性；强调柔性，则会降低标准化程度。Benner和Tushman（2003）考察了流程管理实践在一些行业的应用效果，认为流程管理促进了基于现有知识的开发式创新，提高了开发式创新在总体创新活动中的比例，但可能排斥探索式创新。

克莱顿·克里斯滕森（Clayton Christenson）认为，伟大的企业之所以会失败，是因为"良好的管理"让以前的成就变成这些企业创新的绊脚石。这些失败企业的主要利润曾经来自主流客户，产品或服务受到主流客户的重要影响，这些主流客户的意见可能误导管理者。很多大公司的管理者发现，突破性创新有极大的挑战性，过程充满艰难。突破性创新不同于渐进性创新或改良活动，一些企业对已有的业务系统改革，进行渐进性创新，但又尽可能避免对原有的稳定结构产生重大冲击，对突破性创新提供的机会不足。曾经的优秀企业，在市场和技术发生突破性变化时，可能失去优势地位，例如柯达公司的彩色胶卷业务、摩托罗拉公司的手机业务等。随着产业升级的加快，企业家的理念发生了很大的变化，例如，从主要关注客户、竞争者，到关注利益相关者，并将社会价值与企业经济利益融合，使其成为企业竞争优势的重要来源。

企业家的创新决策授权很重要，要重视创新管理。提高创新效率就需要进行创新决策授权，创新决策的权力要下放，让企业的创新部门更加独立，拥有更多的资源和财务权力，从而提高研发绩效。例如，在大型电子产品制造公司中，市场营销部门和研发部门所面对的环境条件存在差异。在市场营销部门，预算参与会降低绩效；在研发部门，预算参与与绩效之间有更强的正相关关系（Brownell，1985）。一些大公司的研发投入较少，原因主要有两个：一是与公司的内部组织有关；二是与资本市场有关。大公司主要服务于生产和营销目标，为了有效地实现这些目标，必须以规范化的方式进行管理，从而损害了创新投资和创新激励。在组织内部，管理的官僚化，例如严格的规则和更少的自由裁量权，均不利于创新。在资本市场方面，向股东发布的业绩信息，是衡量公司未来潜力的重要指标，对资本市场声誉的关注将导致大公司在承担风险时更加谨慎，从而在研发投资决策上存在短视的倾向（Holmstrom，1989）。在绩效考评与激励方面，重视财务绩效的企业更倾向于渐进性创新，重视战略控制的企业更倾向于突破性创新（刘新民 等，2006）。

## 二、企业家精神的激励

中国改革开放四十多年来，很多企业通过借鉴国际先进企业的经营理念，引进技术，实现了发展；还有许多企业从事房地产、金融业，通过套利而不是科技创新实现可持续发展，我们需要培育企业家的创新精神（张维迎，王勇，2019）。企业家精神是企业创新和风险活动的集中体现，在竞争激烈的市场环境中是必不可少的。这种精神对于组织变革、新业务开发、企业绩效提高很重要。新形势下的容错机制值得我们关注，"鼓励创新，宽容失败"冲击着传统认知，这是对创新活动中科学规律的尊重。在营商环境建设方面，弘扬和保护优秀企业家精神，实现创新驱动战略，需要鼓励创新，宽容错误和失败。

马云在创办阿里巴巴时指出，创新既需要兢兢业业、实事求是，也需要"敢为天下先"。在马云的创业史中，其勇气是贯穿其中的。支付宝业务在最初开发时，并没有获得相关政府部门的许可，但马云及其团队并没有退却，经过不懈的努力，支付宝业务最终获得监管机构的经营许可。国家政策的开放推进了支付宝业务的发展，创新业务得以推广应用。在国家政策的支持下，马云开创了第一个"无现金"支付体系。

进入新时代，国家更加重视创新创业环境的建设，促进了企业家精神的培育。例如，2018年5月20日，中共中央办公厅印发《关于进一步激励广大干部新时代新担当新作为的意见》，文件包括：建立激励机制和容错纠错机制；让各类人才创造活力竞相迸发，形成锐意改革、攻坚克难的良好社会风尚；坚持分类指导、精准施策，充分发挥政策的激励引导和保障支持作用等。

在企业层面，企业家精神的培育需要各方面持续有力的支持，包括公司治理机制的完善，管理层的长期激励（控制权激励、精神激励等），包容创新短期失败、奖励创新长期成长和长期绩效，注重企业和企业家的可持续发展。创意产生并不意味着创意能够得到实施，突破性的创意、想法代表了对现有产品、服务或工作方式的显著背离，很可能会挑战组织内部已有的权力结构，很多时候难以得到管理者的积极评估和采纳。Zahra 等（2000）对 231 家制造企业进行了研究，认为管理层持有公司股票有利于企业家精神的形成；压力抵制型（独立型）机构投资者与被投资企业不存在商业关联，相对客观地参与公司治理，能够包容创新失败风险，有利于企业家精神的形成；压力敏感型机构投资者与被投资企业存在商业关系，这类投资者担心失去其业务，只是消极地持股，被动地参与公司治理，不利于组织创新、风险项目投资和流程创新。企业创新管理活动中存在着风险厌恶型管理者和风险厌恶型股东，在大多数公司中，如果没有达到既定的利润标准，管理者则面临着被解雇的风险。由于创新存在风险，管理者往往倾向于渐进式创新，而不是突破式创新。为了鼓励突破式的创新项目，在确定管理者报酬时应该允许风险项目的失败。

## 第二节 创新管理者的风险偏好

在全面风险管理阶段，风险具有二重性，即风险成本与风险机会并存。管理者需要在风险成本与风险机会中实现平衡。风险偏好被认为是一种稳定、不易改变的个体心理特征，是个体对风险决策表现的倾向性。作为一种非理性的主观意识，风险偏好会影响个体决策。不同的管理者在风险偏好上存在差异，会对企业创新管理产生影响，从而出现了企业创新的一个重要驱动力——管理者风险承担激励。

# 第五章 创新管理者的激励

## 一、创新管理者的特质

企业的创新发展能力需要企业管理者强有力的管理能力去激发，自信且有能力的 CEO 会增加创新投资，他们更有能力通过高风险的项目获得高回报，更愿意开展创新探索，能更有效地利用研发支出获得专利成果和享受专利的收益（Hirshleifer, et al., 2012）。企业绩效与 CEO 的综合能力以及执行技能有关。创新蕴含着风险，若创新失败，则管理层需要承担相应后果（Hsu, et al., 2014）。创新管理者以管理层团队（包括执行董事长）为核心，包括与创新管理直接关联的人员，例如创业企业家、CEO、执行董事、研发管理人员（分管研发的副总经理、总工程师、副总工程师、总设计师、技术经理、研发项目主管、研发项目经理等）。这个群体具有创新管理的特定素养，主要包括四个方面：

一是创新认知能力。管理者的创新认知能力是管理者关注、感知、处理信息并发现创新机会的能力，决定着管理者如何解读企业内部、外部情境，以及制定创新决策的模式。管理者的认知能力是提升企业创新能力的关键因素。环境的不确定性本身仅形成企业的"威胁"和"机会"，决定"优势"和"劣势"的是组织内部快速响应的能力。管理者是企业识别创新机会的最前沿的信息员，是创新的决策者。管理者的认知可能决定着企业的创新活动，那些发展机会更大、发展前景更好的领域往往也是受到管理者关注并符合其认知模式的领域，对不同创新机会的感知与最终的注意力投放决定着企业创新的战略方向（Porter, 1992; Tian and Wang, 2014）。

二是创新吸收能力。管理者的创新吸收能力又称学习能力，不仅包括管理者吸收其他企业创新投资失败的教训或学习和模仿创新投资成功经验的能力，还包括将从外部获取的知识转化和应用于企业内部，从而形成创造新产品、新服务的能力。Lichtenthaler（2009）从探索、转化和应用三个维度对吸收能力进行划分，将包括吸收能力的内在结构、延伸路径从"获取—应用"调整为"获取—存储—应用"。创新管理者的创新吸收能力侧重于对创新知识的吸收,是企业创新能力的核心组成部分,能够帮助企业不断获得竞争优势,是一种动态能力。管理者的吸收能力有助于企业寻求创新机会、调整战略方向。管理者的吸收能力既包括高级管理人员对制度创新、组织创新的吸收能力,也包括中层管理者、核心科技人员对创新产品、方法、工艺的吸收和消化能力。

三是创造能力。管理者的创造能力指能够持续提出带给企业短期和长期利润的新想法的能力。创造能力可以被视为发现问题并创造性地解决新问题的能力,而其中,知识治理和创造性思维是核心(罗珉 等,2010)。从提出新想法到解决新问题,管理者的创造能力得到进一步补充。管理者可以通过选择创新程度(渐进式创新或突破式创新)与创新方式(封闭式创新或开放式创新),制定既有实施可能性又符合企业目标的创新策略。管理者的创造能力可分为四个方面:管理者是否能够提出新颖的想法或见解;管理者是否能够找到解决新问题的办法;管理者是否在积极寻找并能够找到潜在的市场机会;管理者的创新决策是否被证明是可取且有效的。管理者的创造能力是企业生命力的体现,对企业持续发展有着重要的影响,是企业获得成功的重要保障。

四是整合协调能力。管理者的整合协调能力指能够合理配置创新资源(物资、人力资源、组织资源等),从而使得分散的生产要素联结成一个整体并将各要素进行有效配合的能力。资源管理学派认为,获取资源是获得竞争优势的基础,如何配置资源才是企业获得持续竞争优势的关键。管理者的整合协同能力是一种动态能力,即在不断变化的内部、外部环境中发挥资源的最大化效益的能力。推崇创新的文化对企业创新绩效具有推动作用,充满创新精神的企业文化使得创新主体愿意接受风险与挑战(杨建君 等,2002;李维安,王辉,2003)。强调开放式创新的企业生态系统,能够帮助企业建立良好的创新管理制度。创新是一个长期过程,应合理分配研发资金,包括研发资金在短期、中期、长期项目之间的分配,也包括在总部与分部之间的分配。如果管理者的整合协同能力不强，企业的研发活动、创新投入不仅无法给企业带来财务回报，反而会导致创新资源的浪费。

## 二、管理者风险偏好的分类

传统经济学假设，管理者是理性经济人，出于规避风险的考虑，在选择投资项目时会更愿意将资金配置在能够产生确定性收益的价值创造活动中。在现实中，管理者的风险决策具有较大差异，管理者个人特质的异质性会导致管理者的风险承担意愿不同，从而影响企业的投资活动决策。不同于传统经济学假设，心理学和组织行为学理论认为管理者具有非理性特征，管理者因个体差异具有不同的风险态度。根据管理者对风险成本与风险收益偏好程度的不同，管理者可以划分为三类：风险偏好者、风险中立者和风险规避者（风险厌恶者），风险承受度依次下降。

风险偏好者，风险承受能力较强。心理学理论认为，个体通常希望获取成功，也倾向于把成功归功于自己的行动，在评估个人技能时往往倾向于高估，这种现象被称为"个体优越感"或者自信、自恋。存在"个体优越感"的管理者，往往具有较强的风险偏好，会做出高风险的决策。管理者基于人力资本、个人声誉会注重提高企业资本市场价值和产品市场业绩，从而在投资行为上表现为偏好高风险项目，这是过度自信的一种表现。这类管理者具有更强的投资冲动，倾向于高估投资项目的收益，并且低估企业产生财务危机的可能性，更容易产生过度投资行为。

风险规避者的风险承受能力较弱，主要体现为损失厌恶。管理者的薪酬水平、个人声誉与业绩挂钩，一旦决策失败，不仅会给管理者造成人力资本损失，还会影响其声誉及职业发展前景。同时，管理者对创新活动（例如开发新产品、新技术）风险的担忧会导致其对于投资创新项目十分谨慎。

风险中立者介于风险偏好者与风险规避者之间。

## 三、管理者风险偏好的影响因素

企业的投资、运营决策不仅需要管理者的逻辑推断（Eggers and Kaplan, 2009），也需要管理者的主观能动性。创新决策作为企业最为重要的决策之一，受到企业内外部环境的不确定性和管理者风险偏好的影响（Gabaix and Landier, 2008）。近三十年来，关于管理者风险偏好的研究发展很快。风险偏好假说认为，倾向于控制风险、整合资源的管理者会主动发现机会、进行学习，并积极投资高风险项目；风险回避假说认为，出于维护个人声誉、稳定薪酬的目的，管理者会考虑采取保守甚至消极的投资策略。风险偏好主要受个体所处的社会环境、思维方式的影响（田轩，2018）。个体风险偏好受个体行为特征差异，如年龄、专业水平、成就动机、认知能力、性别、人格倾向、个人经历等因素的影响。相关研究成果较多，但结论存在差异。

对于年龄与风险关系的研究出现两种不同的观点。一部分学者发现管理者的年龄与风险偏好呈负相关关系，即随着年龄的增长，管理者会逐渐趋于风险规避。这些学者认为管理者年轻时，会倾向于追逐高收入且预期未来收入会增长，从而更倾向于进行高风险的决策。另一部分学者认为，相对于年轻的管理者，年龄较大的管理者具有丰富的管理经验，风险认知能力更强，可以控制不同情境下的风险。有学者认为，管理者的任期期限、管理经验会影响管理者的风险偏好。任期较长的管理者，能够调整管理方案，并享受长期性的管理投资项目带来的投资收益，因而在风险决策中表现得更为激进。有学者对管理层人员教育背景进行研究，发现 MBA 项目通常吸引保守、风险规避的学员，且商科教育通常教育学员避免犯错、规避风险，具有商科、法律专业学位的学员更不倾向于进行技术创新。相对而言，具有工科背景的管理者更倾向于创新，这源于决策者在某一领域具有较深刻的认知之后，会倾向于从管理职能岗位进行分析、决策。工科背景的管理者更容易从技术创新中发现机会，而不是识别风险。成就动机是个体为获取成功的行为倾向，包括渴望获得成功的需求与避免失败的需求两个方面。相对于低成就动机的个体，高成就动机的个体更倾向于选择有难度的任务。低成就动机的个体避免失败的动机更强，因此在风险选择上更趋于保守。自信、乐观的管理者善于主动寻找机会，把握行业创新动态，过度自信的管理者往往会选择冒进的创新方案；而不自信的管理者倾向于规避风险，通常会选择渐进式创新项目或不进行创新，例如通过技术引进或技术合作的方式对现有产品进行更新换代，从而为企业带来相对稳定的回报，但这也可能会造成创新资源的开发利用不足。

创新管理者存在风险厌恶与损失厌恶心理。风险决策与股权激励有关，股票期权计划由于鼓励管理者过度冒险而受到批评，也有学者认为股票期权是最优薪酬安排的一部分，因为股票期权使管理者更倾向于进行创新。行为决策理论认为，决策者是损失厌恶者。例如授予管理者限制性股票时，由于限制性股票具有线性支付函数的特征，线性支付结构导致风险厌恶的管理者制定保守的决策，以避免风险项目可能带来的财富损失（Bryan，et al.，2000）。线性支付机制导致管理者随时观察当前的业绩表现和个体财富增减，并在聘用的合同期内调整自己的行为（Dodonova and Khoroshilov，2006）。风险偏好不仅依赖于管理者个体风险差异，还依赖于决策情境，如决策时间压力、决策来源、决策环境等。在复杂的决策情境中，管理者需要思考的情况较为复杂，决策逻辑不易理清，容易导致决策失误。在损失风险决策中，管理者有可能采取冒险的行为，希望通过冒险获得更大的收益以弥补损失；在收益风险决策中，管理者则更多倾向于风险规避。决策环境的变化也会影响管理者的风险偏好。当企业处于稳定发展期、成熟期时，产品或服务市场基本饱和，企业经营风险降低，管理者通常不愿打破稳定的状态，倾向于风险规避；当企业处于导入期、成长期时，所处行业竞争激烈，企业的目标是开拓市场、争取最大市场份额、成为行业"领头羊"，这一时期的管理者则更倾向于冒险，期望通过高风险项目实现企业的突破性发展。

## 四、创新管理者的行动学习

管理者需要同时做好两件事：一是保证企业目前健康运营；二是组织和动员足够多的资源，关注那些有可能导致企业走向衰退的突破性技术。被学术界、实务界广为接受的那些良好的管理规则因时而异。管理者需要判断，什么时候要遵从那些广为接受的良好的管理规则，什么时候要进行变革与创新。"核心刚性"被认为是企业在创新过程中最主要的障碍（Gersick and Hackman，1990），是阻碍企业获取持续竞争优势的惯性因素。"核心刚性"形成的原因如下：一是组织惯性；二是过于强调组织目标，使得管理者通常不愿意进行资源的重新分配（Dosi，et al.，2008）。

许多知名企业只专注于当前应该做的事，例如服务主流客户，聚焦边际收益最大的产品。管理者小心谨慎地带领企业沿着持续创新的道路发展，然而有可能正是这一经营路线导致了经营失败。这是因为企业现有资源配置是以可持续创新、实现利润最大化为目标的，关注的是现有客户以及被证明了的市场机会。一旦突破式创新出现（比现有产品更便宜、更方便的替代品出现），现有的主营业务就会很快被替代。突破式创新的发展，会侵蚀传统的业务，最终取代传统产品。与渐进式创新相比，突破式创新所针对的可能是现有主流企业不关注的领域。新的进入者经常击败在位者，因为在位公司缺乏动力去争取胜利。既定的思维模式和已有的知识可能不足以支持创新决策，因此，将创新战略调整为行动学习或学习计划，会让领先企业继续保持领先。这就需要管理者具备学习能力，积极开发行动学习，善于吸纳组织成员的有益建议。

## 五、创新风险与创新失败的包容

要让创新管理者敢于持续进行自主创新。学者们研究发现，对于创新失败的容忍可以激发企业创新并增加企业价值，提高管理者的失败容忍度是一项特殊的创新激励手段，能够有效促进企业创新（Manso，2011；Tian and Wang，2014）。企业容忍失败的文化很大程度上取决于企业创始人和早期投资者的态度。风险投资往往就是这样的投资者，它们对待失败的态度影响着公司决策。拥有包容失败的企业文化会使企业更有创新精神。在创新难度较大的行业，失败容忍度对企业创新的影响更大。研究者将内部持股等标准激励机制的效果与容忍失败的企业文化在激励创新方面的效果进行了对比，发现大量的内部持股与企业的创新生产力呈负相关关系，在创新很重要的行业中，容忍失败的企业文化可以增加企业价值。经理人往往通过观察创新项目的业绩来判断是否终止此项目，因此研究者选择以经理人终止项目的临界业绩来衡量失败容忍度。对失败较为容忍的经理人能够接受较低的业绩表现，而不容忍失败的经理人会选择比较高的临界值。风险投资一般积极参与被投公司的日常运营，通过分阶段注资来实现对项目的监督，并最终决定是继续投资还是终止投资。如果被投公司在得到前几轮投资后并没有达到投资者的阶段性目标，那么投资者选择继续投资还是终止投资，能在一定程度上反映其失败容忍度。在实证分析中，由于初创公司的数据并不是强制披露的，研究者无法得到被投公司每一阶段的业绩数据，也就无法观察到风险投资选择终止投资的临界值，但可以观察到风险投资在最终失败的项目上持续的时间。从事后看，一个最终失败的项目在运营期的表现不一定是一帆风顺的，风险投资在这种项目上坚持的时间越长，说明它的失败容忍度越高，因此研究者可以用风险投资在最终失败的项目上的平均投资时间来度量失败容忍度。为了度量上市公司的创新产出状况，有研究者从创新产出的数量和质量两个维度进行了测量。

领投机构失败容忍度和辛迪加失败容忍度均与被投上市公司的创新产出数量和质量显著正相关。风险投资对失败的较高的容忍度能够提高被投公司的创新活动（Kini and Williams，2012）。

## 第三节 如何激励创新管理者

创新管理指从整个创新系统的构建出发，对创新全流程中各类创新活动的管理，是对有限资源的统筹安排。创新管理者是创新的组织者和推动者。在其他条件不变的情况下，同质的管理者因具有相同的边际创新贡献率而使企业在创新活动中获得同等的创新收益。但从科技型企业的历史比较经验来看，管理者具有异质性，并会导致"相同企业—不同管理者—不同创新管理收益"的现象普遍存在。创新的不确定性要求企业的主要领导者或者创新管理者经常进行交流、培训和学习，以减少管理决策失误。对于管理层的创新激励，有些学者强调使用具有较长的兑现期的期权补偿，有些学者则强调对失败的容忍以及保护经理人不被提前解聘的必要性。

### 一、激励相容

激励相容理论认为，要使管理者关注企业的长期发展，必须要让其在长期发展中能够获利，应对其进行中长期激励，促使创新管理者追求长期绩效。创新管理者的中长期激励有利于引导和约束经理人行为，可以将经营者个人利益和企业利益结合起来，使管理层与股东的利益趋向一致，注重企业的长远价值。吕长江等（2009）以2005—2008年公布股权激励计划的公司为样本，研究了中国上市公司的股权激励方案的特征、激励效应,以及股权激励方案的动机是激励还是变相的福利。他们发现上市公司的股权激励方案既存在激励效应又存在福利效应,需要通过激励条件和激励有效期的改善,来增加股权激励方案的激励效果。福利型公司的公司治理存在缺陷,导致管理层的权力没有得到有效约束和制衡,使得股权激励成为管理层为自身谋福利的工具。公司在设计股权激励计划时,应综合考虑授予价格、激励条件、激励有效期、授予数量、授予人数等。

货币激励作为一种中短期激励,不利于激发中长期的创新行为,容易造成经理人短视。激励机制有两个核心问题:一是如何增加管理者的长期财富;二是如何降低或分散管理层的财富风险。自20世纪80年代开始,许多企业将创新主体的薪酬与企业经济目标挂钩,采用绩效薪酬的方式提升创新主体的努力水平,然而对创新活动的绩效衡量往往具有很大噪声,基于绩效的激励并不适用于创新活动,且可能会阻碍创新者的创新活动。尽管长期激励的采用有助于保持管理层与股东长期目标的一致性,但若将管理层的薪酬与股票的市场表现绑定,可能使得管理层受到短期市场压力的影响,从而抑制创新。当管理层可以建立对自己有利的薪酬方案时,薪酬的激励作用相对减弱(陈冬华 等,2015)。刘宝华和王雷(2018)通过研究发现,基于财务绩效的激励会损害企业的创造力,结构合理的绩效薪酬制度能够促进企业创新,股权激励对于公司的研发投入和专利申请都有正向作用,但股权激励对企业创新活动的促进作用受到股权激励计划行权限制特征的影响。行权时间限制能够提升股权激励效应,股权激励时间每增加1年能相应增加15%的研发投入和18.3%的专利申请数量;行权业绩考核会抑制企业创新,经行业调整的ROE(Return on Equity,净资产收益率)目标每增加1个标准差会使企业研发投入下降5%,专利申请数量下降8.39%。近年来,中国企业管理层对短期业绩的关注是绩效薪酬损害企业创新活力的主要原因。

在高科技行业,创新的不确定性导致在高度谨慎的环境下,公司CEO会因为承担风险而获得奖励,比如因在创新上的投资、研发项目等活动而获得奖励，而不是因为财务成果而获得奖励（Balkin, et al., 2000）。在两种情况下研发支出的变化与 CEO 薪酬的变化之间会存在更强的正相关关系：一是当 CEO 即将退休时（决策视野 - 任期期限问题）；二是当公司面临小幅收益下降或小幅亏损时（短视问题）。在决策视野 - 任期期限问题和短视问题存在的情况下，研发支出的变化与 CEO 年度期权授予价值的变化之间存在显著正相关关系，而在其他情况下这种关系则不显著，类似的结果也适用于 CEO 年度总薪酬的变动。董事会中的薪酬委员会对研发支出的潜在机会性削减进行回应，即通过 CEO 薪酬契约有效地缓解了这种削减（Cheng, 2004；惠祥 等, 2016）。

管理层解聘机制则侧重于对管理层创新失败进行惩罚，是一种负向激励。管理层更换对于绩效的敏感性越强，企业对管理层创新失败的容忍度越低。解聘机制会导致"明哲保身"的短视行为。为获得短期业绩，管理层将更不愿意进行创新，特别是风险较大的技术创新，管理层更倾向于削减风险大、周期长的项目，重视质量高的发明专利项目。如何设计薪酬契约，才能既吸引创新管理者，又避免使其他管理者不满？创新的最优激励方案与用于激励努力的标准绩效薪酬方案有着根本的不同，对管理者的创新激励必须提供足够的风险补偿以实现激励相容，才能推动管理者为企业的长远发展进行创新活动。对于同时采用货币激励和股权激励的企业，该如何协调两者的配比是企业创新激励机制的重点。上市公司的收益对资本市场而言是透明的，这可能会给管理者带来短期收益的压力，并可能降低创新的动力。鉴于创新活动难度大、周期长、风险高等特点，不惩罚短期失败，或者能够容忍早期失败并奖励长期创新成功的激励机制更有利于促进企业创新。创新的最优激励方案是对早期的失败予以充分的容忍（甚至是奖励），对长期的成功给予可观的回报。

对长期薪酬计划的承诺、工作保障以及及时的绩效反馈也是激励创新的重要因素。在管理层薪酬方面，创新的最优激励方案可以通过股票期权与较长的兑现期、期权重新定价、"黄金降落伞"和管理层壁垒的组合来实现。标准的绩效薪酬方案不利于创新，最优的管理层激励计划应该对短期的失败展现实质性的宽容（甚至是奖励），而对长期的成功给予奖励。激励薪酬、未行权期权的长期行权期以及对失败的容忍度，都会鼓励管理者从事创新活动（Manso，2011）。对早期失败的容忍和对长期成功的奖励，这种组合在激励创新方面是有效的。与采用固定工资和标准绩效工资激励方案相比，采用这种激励方案会激励管理层更多地投入研发创新，有利于发现新的商业策略。对管理者终止聘用合同可能会削弱创新，而类似"黄金降落伞"的激励合同则会减轻这种影响，即适当设计的激励措施有助于激发创新（Ederer and Manso，2013）。

## 二、股权激励

心理学视角的研究认为，标准的、基于绩效的财务激励会削弱创造力，绩效薪酬制度可以激励管理者重复过去的成功经验，而搁置对新产品、新方法的开发。20世纪80年代以来，以美国高科技公司为代表，大量的长期激励措施（如限制性股票、股票期权等）开始被广泛应用，以股权为主的长期激励使得管理层薪酬增长迅猛。在技术密集型企业中，管理层的长期激励与专利引用数量具有显著的正向关系，而短期的绩效薪酬激励则与创新没有显著关系。究竟是股权激励提升了创新效率，还是管理层主动选择投资更具前景的创新项目？对这个问题，实证研究难以将股权激励的净效应进行剥离。有学者利用278家企业CEO的薪酬数据，分析了经理人股票期权和普通股票在给定股票收益波动率时的价值与风险项目投资的关系，发现这种敏感性与公司对风险项目的投资正相关，证明了是股票期权而非普通股在提高经理个人财富对股权价值波动敏感性方面发挥着重要作用。为了避免经理人对有价值的风险项目投资不足而造成损失，公司应为经理人提供投资风险项目的激励，而在激励方案中股票期权或者股票期权与普通股的组合是更为有效的，经理人的投资决策受到风险承担激励的影响（Guay，1999）。

有研究认为，管理层股权激励（长期激励）与创新行为之间具有显著的正相关性。李春涛和宋敏（2010）通过研究发现薪酬水平和股权持股比例与创新投入具有正相关关系。薪酬激励和晋升激励是针对国企管理层的两类激励机制，对于国有企业管理层而言，职务晋升机制作为激励机制发挥着重要作用。国有企业管理层存在"政治迎合"的倾向，在晋升激励下，管理层注重上级机构的绩效考评，以期能获得晋升或连任。增加创新绩效评价指标，有利于促进国有企业的创新发展。采取股权激励的薪酬制度相较以会计短期业绩为评价指标的薪酬制度更有利于自主创新。梁彤缨等（2015）发现管理层薪酬激励水平与研发投入之间存在显著的负相关关系，且在国有控股企业中尤为明显，管理层激励的负面效应会因企业所在行业的不同而存在显著差异，大型企业基于财务绩效的管理层薪酬激励与企业研发呈负相关关系。如果缺乏创新绩效考核，管理层出于职业防御心理，对创新活动可能存在短视行为，倾向于放弃高风险的长期项目，将重心集中在短期项目上，通过对短期项目的运营来提高短期业绩（钟宇翔 等，2017）。

授予管理层股权激励的中小企业，自主研发投入水平、突破式创新与渐进式创新水平等均明显高于其他中小企业；在技术创新路径方面，股权激励强度越大，中小企业越倾向于选择内部自主研发，而非外部技术引进（徐宁 等，2019）。田轩和孟清扬（2018）通过准自然实验构建双重差分模型，实证检验了中国股权激励计划对企业创新的正向促进作用。为了克服选择性偏误，他们采用倾向得分匹配和双重差分模型，选取2008年发布《股权激励有关事项备忘录》事件进行准自然实验验证稳健性，发现股权激励计划对于企业创新投入和产出都有显著的促进作用，并通过了稳健性检验。从不同激励方式看，股票期权、限制性股票都对企业创新有显著的激励作用，然而在股价距离行权价（授予价）较近时，限制性股票对经理层的惩罚性会影响其创新的动力，而股票期权能对经理层形成保护并激励企业创新。进一步的研究显示，股权激励对于企业创新的正向影响在民营企业、股价信息含量高的企业以及激励对象包含核心技术人员的企业中效果更大。这项研究不仅有助于在理论上澄清关于股权激励计划实际影响的争议，对于采用何种创新激励方式以及如何让激励产生更好的效果也给出了建议。

黄福广和王建业（2019）选取2014年之前在创业板上市的企业为样本，从经理层激励结构的视角研究风险资本促进企业创新的路径。研究发现，风险投资能够显著促进被投企业的创新，经理层薪酬激励和股权激励能够显著提升企业创新水平，风险投资能够提高被投企业的薪酬业绩敏感性和股权激励效果。通过检验三者之间的关系发现，经理层激励在风险投资促进企业创新中具有中介作用。其中，经理层薪酬激励具有完全中介作用，经理层股权激励具有部分中介作用。经理层激励的中介作用在实施股票期权激励的企业以及非国有企业中表现得更为显著。经理层激励的各种方式说明，对于不同企业应采用不同的合理组合，而不是一律强调期权的激励作用。

对经理层进行创新激励是有约束条件的，CEO股票期权激励对公司研发支出具有显著的正向影响，股票期权在技术密集型行业中的激励作用是存在的。CEO持股对研发支出没有显著影响，股票与股票期权报酬具有不同的激励机制。在研发投资风险存在的情况下，持有股票期权的CEO比持有股票的CEO更有可能开发高风险的项目。经理层股票期权激励与公司研发支出之间的关系受到两个背景因素——资源冗余程度和公司绩效的影响，这两个因素会影响管理者对研发投资风险的认识。资源冗余程度越高，公司绩效越好，CEO股票期权激励对研发支出的正向影响就越大。在高科技行业，当经理层缺乏冗余资源来缓冲潜在的下行风险时，他们无论获得多少期权报酬，都不愿意投资风险较大的研发项目。如果公司目前的绩效较差，那么拥有较高期权报酬的CEO没有动机去投资风险较大、面向未来的研发项目，而更有可能将注意力转向风险较低的短期投资，从而改善业绩。公司绩效起到调节作用，但行为理论更关注相对于参照点的绩效（Wu and Tu., 2007）。

复兴医药股份公司从成立开始，对管理团队和研发团队不断优化激励机制。从 2013 年开始，公司实行"限制性股票激励计划"（简称"计划"）。2014 年 1 月 20 日，公司公告了第一期限制性股票具体激励结果：共 393.5 万股（占总股本的 0.176%），对 27 人进行了股权激励，授予价格为人民币 6.08 元/股，"计划"授予激励对象的限制性股票分 3 期解锁（每次约为 33%），在解锁期内满足"计划"的解锁条件的，激励对象可以申请股票解锁并上市流通。"计划"中最后一期的解锁条件是：2015 年归属于上市公司股东的扣除非经常性损益的净利润不低于 15.6 亿元；2015 年营业收入不低于 125 亿元；2015 年制药业务研发费用占制药业务销售收入的比例不低于 5.0%。解锁安排及公司业绩考核条件如表 5-1 所示。

表 5-1 复星医药股份公司 2014 年股权激励情况

| 解锁期 | 业绩考核目标 | 解锁比例 |
| --- | --- | --- |
| 第一次解锁：自授予日起满 12 个月后的首个交易日至授予日起 24 个月内的最后一个交易日 | 2013 年归属于上市公司股东的扣除非经常性损益的净利润不低于 10 亿元；2013 年营业收入不低于 90 亿元；2013 年制药业务研发费用占制药业务销售收入的比例不低于 4.8% | 33% |
| 第二次解锁：自授予日起满 24 个月后的首个交易日至授予日起 36 个月内的最后一个交易日 | 2014 年归属于上市公司股东的扣除非经常性损益的净利润不低于 12.5 亿元；2014 年营业收入不低于 105 亿元；2014 年制药业务研发费用占制药业务销售收入的比例不低于 4.9% | 33% |
| 第三次解锁：自授予日起满 36 个月后的首个交易日至授予日起 48 个月内的最后一个交易日 | 2015 年归属于上市公司股东的扣除非经常性损益的净利润不低于 15.6 亿元；2015 年营业收入不低于 125 亿元；2015 年制药业务研发费用占制药业务销售收入的比例不低于 5.0% | 34% |

资料来源：巨潮资讯网（www.cninfo.com.cn），复兴医药股份公司年报。

2015年12月1日，复星医药股份公司公布了第二期限制性股票激励计划授予结果，共授予269.5万股（占总股本的0.117%），授予45人，授予价格为人民币10.54元/股，具体如下：第二期激励计划授予激励对象的限制性股票分三期解锁，在解锁期内满足第二期激励计划的解锁条件的，激励对象可以申请股票解锁并上市流通。本次计划中最后一期的解锁条件是：2017年归属于上市公司股东的扣除非经常性损益的净利润不低于人民币20.6亿元；2017年营业收入不低于人民币166亿元；2017年制药业务研发费用占制药业务销售收入的比例不低于5.0%。解锁安排及业绩考核条件如表5-2所示。

表5-2 复星医药股份公司2015年股权激励情况

| 解锁期 | 业绩考核目标 | 解锁比例 |
|---|---|---|
| 第一次解锁：自授予日起满12个月后的首个交易日至授予日起24个月内的最后一个交易日 | 2015年归属于上市公司股东的扣除非经常性损益的净利润不低于人民币15.6亿元；2015年营业收入不低于人民币125亿元；2016年制药业务研发费用占制药业务销售收入的比例不低于5.0% | 33% |
| 第二次解锁：自授予日起满24个月后的首个交易日至授予日起36个月内的最后一个交易日 | 2016年归属于上市公司股东的扣除非经常性损益的净利润不低于人民币17.9亿元；2014年营业收入不低于人民币144亿元；2016年制药业务研发费用占制药业务销售收入的比例不低于5.0% | 33% |
| 第三次解锁：自授予日起满36个月后的首个交易日至授予日起48个月内的最后一个交易日 | 2017年归属于上市公司股东的扣除非经常性损益的净利润不低于人民币20.6亿元；2017年营业收入不低于人民币166亿元；2017年制药业务研发费用占制药业务销售收入的比例不低于5.0% | 34% |

资料来源：巨潮资讯网（www.cninfo.com.cn），复兴医药股份公司年报。

公司得益于2013年第一期"限制性股票激励计划"，研发支出自此之后，呈显著增长趋势；2015年的第二期股权激励同样为创新投入赋予了强劲动力。自2013年实施股权激励以来，公司每年的专利申请数量平均为

100 项，专利授权数量平均为 32 项，发明专利授权数量平均为 29 项，专利质量提高，见表 5-3。

表 5-3　复星医药股份公司专利申请情况（2014—2019）

单位：项

| 年度 | 专利申请数量 | 专利授权数量 | 发明专利授权数量 |
| --- | --- | --- | --- |
| 2014 | 86 | 36 | 35 |
| 2015 | 89 | 15 | 9 |
| 2016 | 103 | 30 | 22 |
| 2017 | 84 | 25 | 25 |
| 2018 | 99 | 35 | 35 |
| 2019 | 136 | 48 | 47 |

资料来源：国泰安 CSMAR 数据库，巨潮资讯网（www.cninfo.com.cn），复星医药股份公司年报。

## 三、中长期激励的组合

董事会的薪酬委员会在设定激励方案时，应平衡短期投资、中长期投资的激励，关注管理者的剩余风险和其对企业所面临的投资机会的影响。对管理层财富的保障也是激发其创造力的关键，对管理层的创新激励结果不仅取决于总体绩效，还取决于绩效路径，最佳的创新激励方案是将股票期权与长期投资期权、期权重新定价、"黄金降落伞"、管理层限制性股票等相结合，使管理层能够有效分散长期财富的风险。近年来，公司越来越注重薪酬结构的变化，而非薪酬水平的变化，期权行权期较长的企业创新激励效果更加明显。在激励方案当中，合理配置各项比重，设定不同的股权激励方式、激励计划期限，更有助于企业实现创新目标。

在高科技公司，管理者面临两种方向相反的激励：股票期权正向影响研发投入，以及限制性股票负向影响研发投入。基于行为代理模型（行为决策理论假设代理人是损失厌恶的）的薪酬研究表明，尽管限制性股票不能立即变现，但限制性股票在授予时即反映出价值，管理者的风险规避倾向将随着其在限制性股票中所获财富的增长而增加，限制性股票将降低公司的研发投资（Devers, et al., 2008）。一方面，股票期权使管理者倾向于执行高风险的项目；另一方面，现任管理者担心在业绩不佳的情况下被新的管理者取代，会更倾向于维持现状。如果前者的影响大于后者，那么管理者倾向于承担风险。在这种情况下，授予管理者股票期权和限制性股票的薪酬组合是最优的。股票期权的作用不仅在于引导新的想法，还在于将管理者的薪酬与新项目的绩效紧密地联系起来，从而降低管理者在高风险项目上的过度投资。限制性股票的作用是消除过度冒险（由股票期权授予产生），引导有效投资。限制性股票的影响如果大于股票期权的影响，就会导致管理者过度保守的问题。在这种情况下，董事会鼓励管理者承担风险，不应增加股票期权的数额，而应增加遣散费（Ryan, et al., 2002）。限制性股票和股票期权都具有创新激励效应（田轩 等, 2018）。企业可以通过合理设置业绩考核指标，发挥限制性股票的激励作用。

基于行为决策理论和代理理论对管理者激励与企业创新成果的关系的研究发现，决策者对于与参考点相关的薪酬水平（薪酬是否高于或低于上一年值）的选择，对于研发决策有很大的影响。限制性股票价值相对于参照点的变化也很重要。在高科技公司，限制性股票正偏差和负偏差与研发强度的关系有所不同，当管理者目前的限制性股票价值低于其先前的价值（负偏差）时，为了减轻业绩下降和限制性股票价值的损失，管理者倾向于增加研发投入。反之，当管理者目前的限制性股票价值高于其先前的价值（正偏差）时，由于风险厌恶的存在，管理者会减少高风险的研发活动以保护其所获得的限制性股票的价值。负偏差对研发强度的影响显著大于正偏差的影响，这个结论已经获得了多种实证支持。调节效应的检验结果表明，董事会警惕性削弱了限制性股票价值的负偏差与研发强度之间的联系；当面临正偏差（管理者可能规避风险）时，警惕的董事会则会支持研发投入。管理者兼任董事长时，加强了正偏差与研发投入之间的关系

（Elizabeth，2015）。

有学者以2000—2004年美国首次公开募股（IPO）公司为研究对象，检验Manso（2011）的论点是否与新上市公司的这些特征相符。研究发现，CEO的未行使期权和不可行使期权的行权期长度、CEO薪酬占递延薪酬的比例、公司反收购防御措施的使用等，与CEO追求创新战略显著相关。公司上市后的创新成果与CEO的激励薪酬、未行权期权的最大行权期和内部治理约束正相关。这些结论与Manso（2011）关于激励管理者在新上市公司中追求创新的模型是一致的。但是，公司章程和规章制度条款展现了更复杂的权衡。治理条款、行权期和激励报酬的使用是互补的。设置较长行权期的公司也倾向于设置更多的治理条款和给予更多的激励薪酬。激励薪酬水平与企业的收购保护程度和专利授予期限正相关。公司的预期创新活动是其上市时估值的重要决定因素。公司上市后观察到的创新活动水平与CEO的激励薪酬、未行使期权的最大兑现期以及严格的公司治理正相关。希望通过追求创新从而获得专利的公司将为其CEO提供更多的激励薪酬、更长的兑现期，以及更多的保护（如不被解聘），使其免于过早终止创新战略实施（Baranchuk，et al.，2014）。

最优薪酬计划包括股票期权和遣散费，而不仅仅是限制性股票（Laux，2015）。有学者基于锦标赛激励机制对非CEO管理层与企业创新的关系进行研究。研究采用CEO和其他管理层之间的薪酬差距来衡量锦标赛激励，以每100万美元研发费用产生的专利数量和专利被引用次数来衡量创新绩效。研究发现，锦标赛激励与创新效率正相关，这种关系在有可能发生继任竞争的时候最强。在CEO离职之前，这种正相关关系更为明显，特别是从内部任命CEO，以及当副总裁预期有可能接任CEO时。子样本测试显示，对于家族企业、公司治理薄弱的企业和非创新行业的企业而言，锦标赛激励对创新效率的有益影响较小（Shen and Zhang，2018）。

不同的法律体系对创新激励产生的影响不同。在英美法系国家中，高科技企业苹果和微软公司的中长期激励比例很高。苹果公司的CEO、高级管理层、外部董事的中长期激励分别占其总薪酬的 99%、99% 和 80%。微软公司的高级管理层和外部董事的长期激励分别占其总薪酬的 64% 和 60%。在大陆法系国家中，日本的索尼公司和韩国的三星公司，公司 CEO 中长期激励分别占其薪酬的 60% 和 36%。在英美法系的国家中，高科技企业大多对管理层实施中长期激励，原因是这些国家资本市场发达，法律和市场监督体系更完备，公司股权结构分散，股东对管理层的影响力较弱。在大陆法系的国家，企业中长期激励动力不足，企业主要依靠大股东、债务约束、管理层的团队精神等。例如，日本和德国的公司，股东若持有大比例的股份，则有足够的动力和能力对管理层实施直接监督。

## 四、管理层团队内部薪酬差异

对管理层团队的锦标赛激励会导致更具风险的策略，期权式薪酬结构会鼓励企业承担更多风险，激励差异能够促进研发投入。Shen 和 Zhang（2018）发现，非 CEO 管理层与 CEO 之间的薪酬差距与创新效率正相关。创新活动是长期的、有风险的企业活动，需要管理者之间的密切合作，因此，管理层团队成员之间的协作和协调对于企业创新活动的成功至关重要。扩大创新管理层团队的激励差异可能导致强烈的个人动机和利己主义，破坏团队成员之间的合作和协同作用，不利于企业创新绩效的提升。管理层团队稳定性与企业技术创新绩效之间的正相关关系在非国有控股公司中更明显，货币薪酬的正向调节作用在国有和非国有公司中不存在明显的差异性（张兆国 等，2018）。有研究使用中国上市公司 CEO 与公司所在行业薪酬最高 CEO 之间的薪酬差距衡量行业锦标赛激励，使用企业发明专利申请数量衡量企业创新产出，考察行业锦标赛激励对企业创新产出的影响，发现行业锦标赛激励与企业创新产出呈正相关关系（梅春 等，2019）。

# 第六章 公司治理对创新激励的影响

公司治理是协调公司与利益相关者之间利益关系的制度安排，包括正式的和非正式的、内部的和外部的制度安排，也包括决策机制、激励机制和监督约束机制。公司治理关系到公司控制权和剩余索取权的分配，并涵盖了风险和收益如何在不同利益相关者之间分配等一系列问题。公司治理能够保证资本供给者（股东和债权人）等利益相关者的权益（李维安，2016）。公司治理是所有者、董事会、管理层和员工组成的一种组织结构，是企业所有权安排的具体化。公司治理对企业创新激励会产生重要的影响，大型企业创新项目的投资决策受公司治理的影响。创新活动具有专业性强、不确定性大、机密性高等特征，容易导致信息不对称和代理问题，这两个问题是影响企业创新的重要因素（Cohen，et al.，2013）。公司治理对创新激励的影响受到学者关注，具体领域包括创新决策、经理层的风险与责任承担、创新收益如何分享、创新风险与成本如何分担、创新主体的社会责任等。

## 第一节 公司治理中的激励机制

以熊彼特为代表的传统创新经济学派难以解释为什么规模和市场力量相近的公司在相似的外部条件下会取得迥异的技术创新绩效。公司治理为理解公司创新活动提供了有益的见解。随着第三次科技革命的兴起,科技创新推动大量企业迅速成长,公司治理问题变得更为重要。公司治理中的激励机制主要针对管理层,同时关注管理者与其他员工之间收入差距的合理性。人力资本(经理层和高技能劳动力)作为知识创造、技术革新的主要载体,成为企业可持续发展的核心生产要素。研究公司治理的主要理论包括劳动价值论、代理理论等。除代理理论之外,还有如资源基础观、协同理论、公平理论等其他理论解释代理人的行为选择。

### 一、劳动价值论

马克思提出的劳动价值论深刻阐释了商品经济的本质和运行规律,强调劳动的价值,揭示和确认了劳动是人类存在、发展的动力和条件,赋予了活劳动在价值创造中的决定作用。人们的社会存在,包括人们的社会关系、客观利益和需求、现实能力、历史条件等,是客观的,这种客观性决定了价值的客观性。人们的社会意识,包括人们的愿望、兴趣、态度等,是主观的,这种主观性表现为对价值认识和评价的主观性。对价值的客观形态和主观形态应按照唯物主义方式考察,才能够奠定价值论研究的科学性基础,避免主观主义、相对主义和非理性主义。马克思劳动价值论要求各种商品的生产和交换以价值量为基础,遵循价值规律的客观要求。关注活劳动创造价值是对人的劳动价值的承认，是尊重劳动、保护劳动、造福劳动者的表现。在充分承认非劳动生产要素作用的基础上，劳动价值论突出劳动的作用，在复杂的生产过程中强调人的创造性活动这一本质，凸显人的创造性这一经济发展的动力源泉。马克思指出，商品的价值量是由生产商品的社会必要劳动时间来决定的，与体现在商品中的劳动量成正比，与这一劳动的生产率成反比，而超额价值则与劳动生产率成正比。企业为了获得更多的超额价值，必然要不断地加大创新的力度以不断提高劳动生产率。劳动生产率是由多种情况决定的，包括劳动者的平均熟练程度、科技发展水平、生产过程的社会结合、生产资料的规模以及自然条件等。生产者在经济活动中应重视创新，充分利用科学技术创新，不断改进生产技术和管理水平，提高效率，从而获得超额价值。

## 二、代理理论及其修正

代理理论认为，所有权和控制权的分离使得关注自身利益的管理者的目标与公司股东的目标产生了根本性的矛盾，两者追求个人财富最大化的行为可能存在冲突，从而产生代理成本（Jensen and Meckling，1976）。代理理论的潜在假设是，组织是追求利润的，代理人是理性的经济人，是寻租的，且没有非利益的代理动机。由于不能有效分散个人财富风险，代理人是风险厌恶的。从代理理论的角度，假定其他条件不变，对代理人的监督和激励，能够使其提高承担风险的意愿，开展创新活动。代理理论侧重于委托人和代理人的利益协调，忽略了个人知识禀赋和工作动机（特别是内在动机）的重要性。已有研究借鉴了经济学、心理学、组织行为学等领域的理论，对代理理论进行修正和整合。

由于个体心理特征具有复杂性，人际关系、荣誉感、成就感等要素与财富一样，均能够对个人行为产生激励作用，从而提升组织认同感，有助于个人创新动力的产生和对创新能力的发掘。代理理论的风险假设单一，而现实中人们的风险偏好具有多样性，因此将前景理论纳入企业的风险决策中十分必要。根据前景理论，代理人是损失规避的，是风险厌恶的，得失根据个人主观决定的参考点计算得到，个人感知收益和损失的价值不同，其价值函数为S形。在参考点以下，代理人由于厌恶损失，可能导致其短期承担风险的意愿增加。在参考点以上，代理人一般会规避风险。根据公平理论，代理人的创新动机受到不公平厌恶的影响，这种感知不仅受到其投入和回报配比的影响，同时还取决于其回报与他人回报的比较。一方面，代理人将自己的收入同委托人的收入进行比较；另一方面，同其他相似代理人的收入进行比较。公平是改变代理人努力水平的重要动因，因此制定公平、公正、公开的考评机制能够加强代理人与企业的心理契约，增加认同性动机，使代理人更积极地为企业创新服务。

## 三、解决代理问题的激励机制

由企业家和代理人风险态度的内在分歧所导致的代理成本是公司治理的焦点。特别是在面临高风险的创新投资决策时，如何缓解二者的利益冲突，促使拥有实际控制权的经理层努力提升企业长期价值、鼓励创新行为是公司治理要解决的重要问题。对不同创新主体的激励机制设计能否平衡权力分配、风险转移与利益分配之间的关系，也是公司治理效率的核心。作为企业创新激励的基础载体，公司治理的有效性也为创新激励机制的建立和作用发挥提供了制度保障。从公司治理实践的角度，传统的创新理论强调外部市场治理的激励作用，而内部治理的创新激励逻辑在不同理论研究框架下具有或然性。

创新不仅是经济发展的重要支撑，也是企业可持续发展的关键保障。市场竞争能为企业创新提供源动力，迫使企业不断推陈出新，并能引导企业创新的方向，激励其获取超额收益。在资源基础理论的视角下，企业可被视为各种资源的集合，异质性资源能够为企业带来持续的竞争优势。创新是企业创造优势资源、构建核心竞争力的重要途径。然而，现实中却并非所有企业都热衷于创新。从宏观上看，创新往往具有正外部性和非排他性，企业花费大量时间和资源，却难以独占创新收益。而创新投入大、周期长、风险高的特性，也使得大量企业倾向于选择跟随和模仿战略，利用其他企业已有创新的外部性来降低自身的创新成本。这些企业甚至可能后来者居上，获取更大的收益。技术创新的这种溢出效应，使得创新企业在一定程度上被"搭便车"，无偿出让了自身利益，损害了其创新的积极性。由于外部性的存在，市场在配置资源时难以达到最优效率，这种情况在市场经济不完善、制度不健全、知识产权保护力度较弱的国家和地区尤为严重。

　　从微观层面来看，创新由企业成员的创造性想法和行动构成。当企业的委托人和代理人具有不同的目标函数时，企业内部的权力分配就会引发激励问题。代理理论是现代企业理论的核心组成部分，也是研究企业创新激励的主导理论框架。它试图在环境不确定和信息不完全的背景下，将契约作为调整激励和分担风险的手段，从委托人的角度确定最有效的契约，从而协调委托人与代理人目标利益不一致的问题，尽可能避免逆向选择和道德风险问题，实现激励相容。由此，最优契约论出现。在最优契约论中，激励契约可以被视为代理人从事创新项目的风险补偿，推动代理人为企业长远发展进行研发活动。代理人由于掌握大量的内部信息和公司的实际控制权，在制定薪酬契约时往往具备很强的议价能力，并且能用权力寻租获取超额收益。这种同样由代理问题导致的现象形成了管理者权力论。在此情况下，创新激励可能为管理者侵占股东利益提供更为便利且隐蔽的条件，激励契约反而变成了代理问题的一部分。

　　图6-1是公司治理影响创新激励的机理分析。

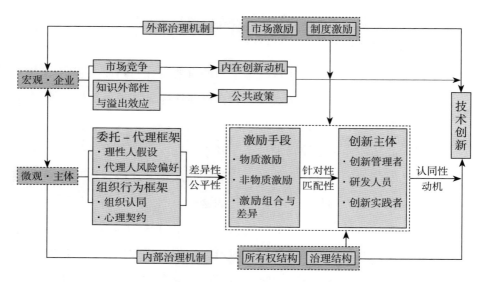

图 6-1 公司治理影响创新激励的机理分析

田轩（2018）从微观视角探索了企业层面影响创新的三个方面：企业状态因素、内部因素、外部因素。企业状态因素包括是否为上市公司、股东是企业风险投资还是传统风险投资、是否有明确的业务范围和边界等。影响企业创新的外部因素包括分析师跟踪、股票流动性、机构投资者和媒体的持续关注等。企业创新的内部因素包括创新的动力、承担风险的意愿、创新探索的勇气和智力等，例如 CEO 特质、其他创新管理者的激励机制、企业对员工创新成果的权益保障、管理层梯队的内部竞争、组织能力等。以上几个方面通过公司治理和公司管理两个路径对企业创新行为产生影响。从组织行为理论角度分析，公司治理能够有效激励管理者，同时，注重管理层与其他员工收入差距的合理性、公平性、匹配性，能够提升组织成员的认同感，通过公平的创新激励机制，持续提升技术创新绩效。

# 第二节 内部治理对创新激励的影响

如果说创新激励是一种企业资源的分配，那么，决定分配形式、影响分配效率的则是存在于公司治理之中的权力关系博弈。创新激励既是公司治理的一部分，也受到公司治理机制的交叉影响。能否有效提升创新效率还要取决于治理机制与公司特定治理环境的匹配情况。在企业内部治理层面，需要结合企业实际，考虑创新激励机制的适应性和匹配性问题。首先，创新的激励机制应当与激励对象的特征相匹配，要充分考虑激励对象的能力水平、偏好兴趣、性格特点等，将合适的人放到匹配的岗位上，从而提高其内在承担风险的动机。其次，激励机制要与激励对象付出的努力相匹配，最大程度地反映其努力程度。再次，激励制度之间要匹配，企业内部的激励契约设计要兼顾公平和效率，从而最大限度地激发创新主体的创造力。从次，激励机制还要匹配企业的具体情况，需要考虑其他相关组织制度以及公司治理环境的影响。最后，激励机制要匹配外部环境，可以参考同行业、同类型公司的情况，并结合国家产业政策趋势及制度安排，具体问题具体分析。

## 一、股东治理与创新激励

从股东治理角度看，所有权结构和产权性质代表了不同程度的代理矛盾和利益冲突，从根本上决定了企业资源配置方式和治理结构等一系列重要制度安排，深刻影响着企业的创新行为与创新绩效。股东控制权对创新激励有重要影响，在较为分散的股权结构下，由于交易成本和信息水平的差异，股东难以正确评估和监督经理人的业绩和行为，从而会诱发机会主义和道德风险。同时，经理人本质上是风险规避的，可能缺少主动创新的动力。但也有研究表明，分散的股权结构给经理人提供了更多的工作弹性和灵活性，并促进了专业化，从而有利于创新。管理层权力主导和控股股东权力主导所造成的内部人控制问题会阻碍企业创新，只有在控股股东发挥积极监督治理的环境中实施的股权激励才具备提升创新投入和产出成果转化能力的作用。在股权集中的情况下，企业能够减少代理成本、提高监督能力，从而有助于企业创新（顾斌 等，2007）。

多个大股东有利于实现制衡，但是，多个大股东的存在会导致过度监督，使公司风险承担能力下降，对创新失败的容忍度降低，进而抑制企业创新。股东之间、股东和经理人之间对控制权的争夺对于企业的创新来说可能是不利的。各方在进行竞争时，难以考虑企业的长远利益，而是更多地将关注点放到如何保证自己的控制权上。由于股权结构的复杂性，金字塔结构、交叉持股、双层股权（非比例投票）、代理投票权等方式都可能造成所有权与控制权的进一步分离，当公司中出现拥有绝对控制权的股东时，就很容易产生大股东侵权行为。同时，股东与经理层的目标函数可能不同，经理层的薪酬契约能否实现激励相容，取决于股东与经理层相对权力的大小，特别是股东能否以及在多大程度上影响管理层的议价能力和自由裁量权。

突破性创新活动是一个长期的过程，企业投入一定的资源到创新活动中，短时间内可能难以产生较大的收益，因此，企业需要考虑长期利益决策。为了鼓励创新、保护公司创新团队和创办者的权益、维持创新精神延续及企业经营的稳定性，从而支持科技型企业更好地创新发展，有些国家建立了双层股权制度。双层股权结构指公司发行的股票分为两个类别，每个类别所代表的投票权不同。有的类别1股代表1票，有的类别1股代表多票，即公司的股票分为高、低两种投票权，高投票权的股票每股具有至少2票的投票权，主要由创始股东持有；低投票权股票一般由股东持有，例如苹果、谷歌、脸书、百度、京东等公司，都采用了双层股权结构。

2019年，中国科创板在上海证券交易所设立，允许科技创新企业采用双层股权结构，这是中国公司治理制度的重大创新。科创板上市公司优刻得科技股份有限公司在2019年12月发布的招股说明书中指出，公司公开发行的股份分为A类股和B类股，是双层股权结构。季昕华、莫显峰、华琨三人共持有公司23.1197%的股份，这些股份代表的表决权占公司全部表决权的60.0578%。双层股权结构一方面增强了公司经营权力的稳定性，提升了实际控制人对企业的人力资本专用投资，有利于公司承担高风险的活动，从而促进企业创新；另一方面，公司现金流权与控制权高度分离，有可能给公司带来代理问题，使管理层出现防御行为（Masulis, et al., 2009；Gompers, et al., 2010）。有学者采用全球互联网行业127家上市公司的数据，研究发现双层股权结构对企业研发投入有显著的促进作用，但在外部治理机制不完善的国家中，双层股权结构将抑制企业研发投入。实行双层股权的公司，可以通过引入具有专业技术背景的董事、实施股权激励等，提升内部协同治理，从而促进企业创新（石晓军，王骛然，2017）。

股东通过其拥有的资源禀赋发挥其职能，这些资源禀赋包括专业能力、行业关系、从业背景等。有较强专业能力的创始股东会更有效地决策，提高创新活动的实施效果。特别是处在创业阶段的公司，创始人的个人特征是影响公司经营的重要因素之一。股东拥有的行业关系指股东在其所处的行业内是否有话语权，比如参与行业相关标准的制定，或能够及时了解行业最新的动态和发展趋势。特别是对于高科技行业的企业来说，创新产品是企业维持其核心竞争力的重要保证。如果控股股东拥有较强的行业关系，那么创新产品将更加有优势，股东也就更有动力去进行产品或者技术创新。

机构投资者在公司治理中的作用日益增大。关注长期收益、具有监督作用的积极股东，如专业化的机构投资者有助于促进企业创新。机构投资者通过影响薪酬政策，进而影响间接研发投资。"用脚投票"的消极方式的成本越来越高，由于投资规模增大、退出壁垒增高，机构投资者持股比例提高，这使得机构投资者有动力主动监督约束控股股东与管理层的行为。机构投资者通过股东大会投票权或进入董事会进行积极介入。机构投资者持股能够起到对公司经理层的监督激励作用，从而推动其从事更多的有助于公司长远价值、促进创新的活动。机构投资者具有异质性，长期投资者或独立型机构投资者能够激励创新、促进公司绩效改进、提高市场稳定性。Manso（2011）指出，容忍短期失败风险和奖励长期成功相结合的经理人薪酬契约有助于激励创新。如果设计的激励契约未能容忍创新失败的风险，而具有较高的 CEO 薪酬绩效敏感性，这种激励将有利于传统的、常规的投资项目，但可能不利于调动管理者的创新积极性。

根据机构投资者和被投资企业之间是否存在现有或潜在的商业关系，可以将机构投资者分为压力敏感型（灰色）机构投资者和压力抵制型（独立型）机构投资者（Bushee，1998）。压力敏感型机构投资者与被投资企业存在商业关系。在这种情况下，压力敏感型机构投资者担心失去其业务，较少利用投票权质疑管理层，只是消极持股。压力抵制型机构投资者与被投资企业不存在商业关联，能够相对客观地参与公司治理，通过激励管理者增加研发投入、降低管理层薪酬业绩敏感性、包容创新失败风险来促进创新。

机构投资者可以通过降低代理成本影响企业创新。代理成本（包括管理层机会主义行为引发的第一类代理成本、大股东"隧道行为"[①]导致的第二类代理成本）具有中介变量的作用，公司产权（控制权）性质具有调节变量的作用，机构投资者通过降低代理成本，提升企业创新绩效，形成机构投资者—代理成本—创新绩效关系的概念模型，如图 6-2 所示。

---

[①] "隧道行为"：上市公司或控制上市公司的大股东通过正当及非法的手段侵蚀中小投资者利益的行为。

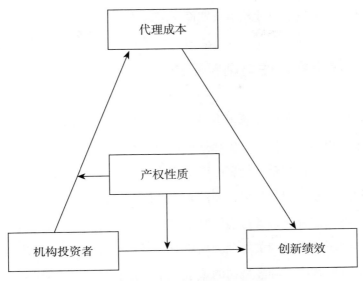

图 6-2 机构投资者与企业创新

企业风险投资将资本投入其他企业（例如供应商），目的是实现资本与企业创新的结合。Ivanov 和 Xie（2010）通过研究发现，企业风险投资的母公司在其战略目标与被投资企业的战略目标达成一致时，母公司可以为所投资企业提供技术、管理、市场和行业等多方面的服务和支持，从而更好地培育企业的创新能力、提高研发能力，创造出更多的创新产品。Tian 和 Wang（2014）的研究表明，企业风险投资由于资金的投资期限更长，因此有更长期的创新耐心，更有利于被投资企业的创新活动。企业风险投资相较于传统风险投资更能促进被投资企业的创新，提升创新能力的作用机制为企业风险投资的资本投入在被投资企业与母公司之间搭建合作的桥梁。桥梁作用能否起到对创新的显著促进作用，被投资企业的管理层能力起到了至关重要的作用。田轩（2018）从微观、中观和宏观三个层面探讨了创新的资本逻辑，剖析了两个核心问题：一是如何更好地激励管理者投资创新；二是如何有效为创新融资。他论证了企业风险投资相较于传统风险投资更能促进被投资企业的创新，是由于企业风险投资的风险容忍度更高,更能激励被投资企业从事长期而且带有风险性的研发工作。

## 二、董事会治理与创新激励

在现代公司治理中,董事会一方面可以直接为企业的创新发展战略及经营决策提供指导,另一方面还能够通过对管理层设置激励契约,增加其风险承担意愿,促成企业创新战略的实施。在委托-代理框架下,董事会作为缓解股东和管理者利益冲突的重要制度安排,主要作用在于代表全体股东的利益,监督管理者行为以减小代理成本,由此形成了董事会的监控职能。将经理层职责与董事会分离更有利于董事会对经理层的监督。在中国公司治理实践中,许多公司的董事长作为企业最高权力的拥有者,对企业的战略决策和组织运营等方面具有重大影响。这种权力的集中既可以促进创新战略的高效落实,也可能导致主观决策。董事会通过聘任、绩效考评、直接建议等,为管理者提供战略咨询,从而推动创新活动的开展。

由于创新面临时间和结果的不确定性,长期激励作为平衡企业短期目标与投资者前瞻性愿景、平衡风险与绩效收益的有效工具,能够促使管理者追求长期目标,从而促进创新活动的开展。由于创新具有专业性和复杂性的特点,如果单纯参考经理人对项目前景和风险的描述来进行薪酬设计,很可能造成管理者收益与风险无法匹配,无法对创新活动产生有效激励。根据资源依赖理论,董事的行业关系有助于企业获取行业信息,能够帮助企业识别市场机会、行业趋势。这一方面有助于提升董事会的专业信息识别及获取能力;另一方面也能提高董事会的专业化水平,从而有助于企业进行专业化决策,进而促进董事会监督与咨询职能的发挥(Dass, et al., 2014)。独立董事在降低代理成本和改善公司治理方面更有效(Balsmeier, et al., 2014; Balsmeier, et al., 2017)。

为了预防管理者的盲目扩张和"隧道行为",董事会可能对管理者的创新投资活动进行限制;也可能因为担心投资者不能有效识别创新的价值，造成企业市场估值下降，而产生直接抵制创新的行动。同时，以短期绩效评价为主的激励体系也易于造成管理者的机会主义行为。董事会不能完全控制管理层的薪酬设计，管理层有能力影响薪酬制定，并运用权力寻租获取超额收益。同时，还可能存在董事与管理者合谋的情况，通过设置激励契约共享"企业租金"。权威专业董事（具有技术专业背景的董事长、兼任执行董事的总经理、技术专家的独立董事）能够对企业创新活跃度产生直接影响，还能通过经理层薪酬契约这一治理机制产生间接作用。权威董事拥有相关专业知识或研发经历，其对创新项目的前景及风险能够进行更为准确的评估，加之其对经理层薪酬决策的影响，权威专业董事可以通过经理层制定更为合理和有效的激励契约，从而促进企业创新活跃度的提升（程新生 等，2019）。

CEO 与董事会的权力关系也影响到创新决策。两职合一（CEO 兼任董事长）时，CEO 的权力增大。有学者对两职合一和董事会警惕性进行研究，发现董事会警惕性削弱了先前限制性股票价值负偏差和研发强度之间的关系，原因在于随着负偏差的增加，警惕性较高的董事会通过减少研发项目来约束 CEO 的过度冒险行为，以保护长期业绩和股东利益。当面临正偏差的 CEO 们是风险厌恶者时，董事会警惕性会使得他们鼓励开展研发项目，限制性股票的正偏差会使得 CEO 获得财务收益，CEO 会通过减少风险活动来保护他们的正偏差环境，而高度警惕的董事将会认识到 CEO 偏好的偏差，并鼓励 CEO 增加风险研发计划。两职合一之所以会强化正偏差与研发投资之间的关系，是由于削弱了董事会的监督，当限制性股票价值大于参考点时，两职合一使得厌恶风险但有权力的管理者拥有更大的权力，能够通过减少研发投入来规避风险并保障个人财务收益（Elizabeth，2015）。

## 三、经理层治理与创新激励

随着资源依赖理论在公司治理研究领域的应用，人力资本在企业创新活动中的作用受到重视。自 20 世纪 80 年代开始，发达国家的企业开始越来越多地将经理层的薪酬与企业经济目标挂钩，采用绩效薪酬结构来提升创新主体的努力水平和生产率，然而对于创新活动的绩效衡量具有较大的噪声，并不适用于长期性、开放式、创造性的工作，基于绩效的激励可能会阻碍创新。20 世纪 90 年代以来，以美国的高科技公司为代表，针对经理层的中长期激励措施（如限制性股票、股票期权等）被广泛应用，这使得经理层薪酬迅速增长。在技术密集型企业，经理层更高的长期激励与更多的专利引用数量具有显著的正向关系，而短期的绩效薪酬激励则与创新缺乏显著关系。对经理人的创新激励契约要能够为其提供足够的风险补偿以实现激励相容，这涉及激励机制的两个核心问题：一是如何在中长期过程中增加经理人的总财富；二是如何降低或分散经理人的财富风险。同时，管理者在创新过程中拥有较大的自主权，有可能利用这些机会谋取私利，产生严重的代理问题（Xiao，2013）。例如，通用汽车在 20 世纪 80 年代时投资将近 400 亿美元用于创新，却效果甚微，造成通用汽车在 20 世纪 90 年代初的巨额亏损，并导致 1000 多亿美元的机会损失（Jensen，1993）。

尽管中长期激励有助于协调经理层与股东长期目标的一致性，也有研究指出，若将经理层的薪酬与股票的市场表现绑定，可能使得经理层受到短期市场压力的影响，因担心财富缩水而避免承担风险，从而抑制创新。研究表明，实施股权激励计划的上市公司存在明显的行权业绩条件"踩线"达标现象（谢德仁 等，2018）。

已有研究多将货币薪酬或股权激励的作用分开研究，缺少综合性的研究。货币薪酬激励对企业创新投入和公司绩效具有显著的正向调节效应，尤其在技术密集型行业效果明显。对于同时采用货币激励和股权激励的企业，该如何协调两者的配比是中国企业创新激励机制设计的重点（尹美群 等，2018）。除了显性激励，隐性激励也对经理层有重要影响。其中，职业发展是管理者普遍关注的问题，良好的职业发展前景是实现其他隐性激励的保障。张兆国等（2018）研究发现，管理者既有任期与研发投入呈倒 U 形关系，管理者预期任期与研发投入正相关，晋升激励在既有任期影响研发投资中起到了正向调节作用。对于国有企业的经理人来说，除了在市场中经济地位的提高，更关键的是政治晋升的激励作用。周铭山和张倩倩（2016）的研究表明，政治晋升激励不仅提高了企业创新投入 – 产出率，还提高了创新产出的增值能力。此外，降低创新失败的损失也是一种重要的对管理者的创新激励措施。Tian 和 Wang（2014）指出，提高经理层的失败容忍度是一项特殊的激励手段，能够有效促进企业创新。胡国柳等（2019）研究发现，董事经理层责任保险有助于提高经理层管理者对创新失败风险的容忍程度，促进企业自主创新。

## 第三节 外部治理对创新激励的影响

外部治理机制是在公司产权边界之外的公司治理机制。外部治理机制是催生创新动机的重要条件。外部治理机制对于创新激励具有不同作用机制，包括市场机制、创新制度环境机制、政府治理机制。外部和内部治理机制均会影响创新，创新与外部收购压力之间存在 U 形关系（Sapra, et al., 2014）。

### 一、市场机制对创新激励的影响

市场机制包括产品或服务市场竞争、资本市场与公司控制权竞争、媒体和分析师监督等。这些外部机制影响着公司经理层的创新决策。具体包括如下外部机制：

一是产品或服务市场竞争。其能够促进企业持续创新，客观上产生创新激励作用。产品或服务市场竞争是企业重要的外部治理机制。产品市场竞争具有竞争淘汰机制，处于竞争激烈行业中的企业面临着被淘汰的风险，企业为了提升自己的市场占有率，获得优势地位，会加大创新力度，努力实现产品的独特化和差异化。也有学者认为，竞争与创新呈倒 U 形关系，过度的竞争和垄断都是有害的，过度的竞争会使企业丧失创新的积极性，过度的垄断使得企业容易满足于现状从而减少创新投入。学者们对产品市场竞争、经理层激励与企业创新进行研究，发现产品市场竞争对企业研发具有促进作用；经理层薪酬激励和股权激励水平较高时，产品市场竞争对企业创新的促进作用更强。产品市场竞争对企业创新强度具有重要的推动作用，若配合较高水平的经理层激励，则更有利于企业在激烈的产品市场竞争环境下加大创新强度（何玉润 等，2015）。

京东方科技集团股份有限公司（简称京东方）创立于 1993 年 4 月，是一家物联网技术、产品与服务提供商。京东方的核心产品和业务包括显示器件、智慧系统和健康服务，其产品广泛应用于手机、平板电脑、显示器、电视、数字信息显示、健康医疗、金融应用、可穿戴设备等领域。公司直面竞争，打破了日本和韩国公司的垄断，成为显示器行业的全球领先者。半导体显示产业作为技术密集型产业，长久以来一直被日本、韩国企业垄断。显示面板的制造从原材料的生产，到最终面板成像电路的设计等各个环节都有专利壁垒存在。京东方是后发企业，在缺少自主知识产权的情况下，面对较为严峻的市场竞争，坚持自主创新。2003 年，京东方通过海外并购进入液晶显示领域。完成并购后，京东方通过消化吸收再创新，加大研发投入，实现了技术为己所用。京东方对自主创新能力和知识产权给予了高度重视，即使是在 2008—2011 年连年亏损的状况下，依然在研发上投入近 30 亿元。经过多年的技术积累，京东方具备了较强的自主研发能力，推出了适应市场需求的多种产品。

2017 年，京东方位列美国专利授予数第 21 名，排在思科、西门子等跨国公司前面，且增长趋势是所有上榜企业中最快的。董事长王东升先生认为，京东方之所以能在激烈的国际竞争中从小变大，跃居全球同行业第

# 第六章 公司治理对创新激励的影响

一，根本法宝就是对技术的尊重和对创新的坚持。在20世纪90年代中期，京东方主要生产与彩色显像管配套的精密零件与材料，当时企业已经快速发展，但时刻关注全球行业走向的王东升意识到潜在的危机——彩色显像管要被新一代半导体显示技术淘汰，必须及早布局新的替代技术。当时被业内看好的替代技术有三种：等离子显示、场致发光显示、液晶显示。经过反复深入考察，京东方选择了液晶显示。王东升先生认为，技术创新是企业生存发展的根基，有核心技术不一定能赢，但没有核心技术一定会输。京东方的创新战略是：跟跑阶段（2003—2007）实施"扎根"战略，通过海外收购进入液晶显示领域，在北京投资建设了中国第一条5代液晶显示生产线，追赶世界标杆。并跑阶段（2008—2012）实施"钢剑"战略，立足自主创新，建设了成都4.5代线、合肥6代线、北京8.5代线、合肥8.5代线等新生产线，实现了与领先企业并跑。从2013年起，京东方在产业规模、技术实力、市场份额、盈利能力等方面均已达到世界领先水平，向着行业领导者快速迈进。

二是资本市场与公司控制权竞争。控制权市场是各个管理团队在其中相互竞争公司资源管理权的市场（Jensen，1993）。公司控制权是通过行使法定权利或者施加压力，选择董事会成员或者其多数成员的权力。控制权市场是一项重要的公司外部治理机制，主要表现在它可以形成对不良管理者进行替代的持续性外部威胁，有助于处理所有权与控制权的分离问题。公司控制权市场对公司创新的影响可以分为直接影响和间接影响。通过改变公司的资源配置对创新产生的影响是直接影响，通过内部治理机制间接影响经理层的创新决策是间接影响。

公司控制权市场对创新的直接影响可以分为两条途径：第一条途径是替代效应，公司在控制权市场投入的人力、物力都可能挤占公司创新投入，而且管理层需要付出很大的精力关注公司控制权市场的动态。股东的变化也会影响公司战略，从而影响创新，产生负面的替代效应。第二条途径是协同效应，公司控制权的变化会给公司带来正面的协同效应。公司规模的扩大不仅能够带来规模效应，还有利于技术创新。收购和兼并能够使来自公司外部的知识和技术与公司内部所拥有的技术形成互补，有利于创新的产生。收购威胁约束了公司管理层，让他们专注于追求最具创新性和价值的项目，缓解了道德风险问题。机构股东、高杠杆、产品市场竞争等替代治理机制可以缓解对创新的负面影响，但这些治理机制并不是完美的替代品，实证研究证明，市场并购有利于创新，通过约束经理层，资本市场能够显著影响创新和经济增长（Atanassov，2013）。

公司控制权市场对技术创新的间接影响可以分为两条途径：短期压力和行为约束。一方面，控制权市场对公司的经营会产生短期压力，在一个控制权市场活跃的环境中，公司被接管的压力很大，管理层不得不为了维持公司的股价和提高股东的满意度，开发短期收益高、风险低的项目，这有可能损害公司的技术创新能力，从而影响公司的长期发展。另一方面，由于其受到任期合同的约束，管理者并不能享受技术创新带来的长期收益，高风险的技术创新项目对管理者的效用可能并不太高，这也会使他们更偏向于获得短期利益。

控制权市场的目的是解决委托 – 代理问题，控制权市场能够对公司管理层形成压力，让他们制定有利于公司长期发展的决策。即使其他的治理机制失效，控制权市场也能够保护股东利益。控制权市场对技术创新的影响不仅是多方面的，而且既有正面的影响也有负面的影响。股票流动性与公司创新之间存在很强的负相关关系。股票流动性高，容易导致公司被收购，这种收购威胁可能会迫使经理人削减创新投入。高流动性吸引了那些频繁交易以追逐当前利润的短期投资者，或者那些遵循被动的指数策略却无法监督公司的准指数投资者，另外，许多机构投资者不积极收集信息或进行监督。因此，公司管理者可能会被迫削减创新投入以提高短期收益（Fang，et al.，2014）。

三是媒体治理和金融市场分析师关注。现代媒体具有范围广、速度快、影响深的优势，媒体治理已经成为重要的外部治理机制。媒体报道可以通

# 第六章 公司治理对创新激励的影响

过监督机制、声誉机制及市场压力机制发挥其治理作用。通过对企业创新行为报道、追踪、披露、评论,并通过投资者作用机制,媒体发挥着创新治理的功能。在新媒体时代,媒体的治理作用更加重要,媒体报道的市场压力机制会对企业管理层产生压力,降低公司代理成本,纠正公司违规行为,提升公司治理水平。媒体监督不仅对企业管理层的决策产生重要影响,而且对公司资本运作的不当行为进行披露,也有利于使投资者回归合理的预期和判断。从投资者的角度来看,资本市场中存在着的信息不对称问题,投资者难以及时获得企业重要的信息,媒体的客观报道有利于资本的有效配置和创新环境的改善。例如,媒体通过曝光一些企业的策略性创新实现对企业创新行为的监督,从而起到净化创新生态的作用(Miller,2006;李培功,沈艺峰,2010;郑志刚 等,2011;田高良 等,2016)。

分析师的主要作用是降低市场参与者的信息不对称程度,同时监督管理者的机会主义行为。分析师的研究报告对企业正在进行的创新活动进行分析,这些创新活动包括企业创新的成就、拥有的研发团队,以及研发中的新产品、新技术与国内外水平的对比,新产品、新技术可能的应用价值等,并且分析师通常会对创新项目持续跟踪。分析师可以挖掘、解读和传递企业的信息,缓解企业和市场投资者之间的信息不对称问题,已成为资本市场的一股重要力量。创新活动的信息不对称程度高,投资者很难判断创新的未来收益,可能低估那些创新活动较多的企业的价值(Holmstrom,1989),从而对企业创新管理者、研发人员产生负向激励,降低创新投入(Manso,2011)。由信息不对称导致的融资约束问题也会制约企业的创新能力。一方面,分析师会依据企业的财务和经营现状进行业绩预测和评价,对企业施加压力,使管理者产生业绩压力,从而减少对长期研发项目的投入以提升短期业绩;另一方面,分析师通过长期跟踪关注企业,能够以更低的成本获取企业信息,尤其是较为复杂的研发项目的信息,对这些信息进行解读并传递给董事会和外部投资者,缓解信息不对称和逆向选择问题,有利于管理层增加对研发投入。

投资者的逆向选择行为会导致创新过程面临融资约束，使管理者削减或放弃研发投入。创新的专业性强，创新过程中容易产生委托-代理问题，因而提高了股东的治理成本。例如，创新的不确定性导致股东难以客观地评价创新管理者的努力程度。如果一项创新计划未能达到预期的效果，股东很难评价是项目自身的风险，还是创新管理者和研发人员工作不力造成的。分析师长期跟踪特定行业和企业，能够理解和评价创新活动的价值。帮助投资者理解创新活动的价值，避免创新价值被低估，有助于创新管理者提高研发投入意愿。分析师可以从两个方面影响企业创新：一是通过传递信息来缓解企业创新活动中的信息不对称，对创新活动予以重点关注，促进创新管理者提高研发投入的意愿；二是通过实地调研、与企业管理层沟通等方式，对创新持续关注，降低研发资金使用过程中的不当行为，限制管理者的超额薪酬并发挥其他监督作用，缓解逆向选择及由此引发的融资约束问题，有利于创新绩效的提高。分析师的专业性和独立性有利于解读创新信息，改善融资约束，降低融资成本，提升企业的创新绩效（Womack，1996；Kothari，et al.，2002；徐欣，唐清泉，2010；Chen，et al.，2015；陈钦源 等，2017）。

## 二、创新制度环境机制对创新激励的影响

制度是用来规范社会交往行为的一组规则，既包括正式制度也包括非正式制度（North，1990）。制度环境影响经济活动的发展，影响资源配置的效率，良好的制度环境能够使企业更高效率地进行资源配置。制度对企业的创新行为可以发挥直接的强制性约束作用，也可以通过创新主体来施加约束。创新需要一种制度，最重要的是能够使企业家和投资者有长期稳定的预期（张维迎，2019）。创新活动不同于金融市场套利，金融市场套利可以在很短的时间内完成，但创新活动需要长期努力。突破性创新具有高度不确定性，创新投资是高风险的投资，而且将专利技术转变为有商

业价值的产品或服务需要较长时间。创新成果经过一段时间商业化之后才有可能盈利，但此时市场上的模仿者开始出现，创新者的收益可能越来越少。如果知识产权保护不力，持续的创新很难实现。国家应推动建立创新相关的法律、制度，明晰和保护知识产权，维护创新主体的利益，引导创新成果良性扩散。良好的市场环境是企业技术创新的外部推动力量，与行业特点相匹配的公司治理对创新具有促进作用（李维安 等，2014；鲁桐，党印，2014）。在一些发达的国家，科技进步对于经济增长的贡献率能够达到60%以上。例如，瑞士连续多年位列《全球竞争力报告》（The Global Competitiveness Report）榜首，正是得益于其创新能力，瑞士较强的创新能力则主要得益于其良好的制度环境。

中国的创新制度环境发生着变化，主要趋势有两个：一是资源配置机制由政府调配向市场配置转变；二是政府职能由直接干预向监管引导转变。改革开放以来，中国工业企业的技术创新可以分为四个阶段：在第一阶段（1978—1991），制度环境由计划经济向社会主义市场经济过渡，在这个阶段政府主导资源的分配，同时开始探索科技体制的改革。企业开始进行技术引进和设备引进，以设备引进为主，技术引进较少，企业的创新主体地位得到提升。在第二阶段（1992—2005），国家提出科教兴国战略，政府的干预程度降低，市场开始发挥更大的作用。此阶段企业技术引进规模大幅提高，由引进设备为主转变为引进技术为主，企业成为技术引进的主体。在第三阶段（2006—2011），国家提出建设创新型国家，在制度环境层面进一步明确了创新的重要性。在此阶段，企业继续强化技术引进，创新投入和产出显著增加，企业的创新活力得到显著提升。在第四阶段（2012年至今），国家提出创新驱动发展战略，强调创新是引领经济发展的第一动力，是建设现代化经济体系的战略支撑。在此阶段，创新投入不断增加，技术创新效率显著提升，企业创新主体地位进一步增强，国家加强自主创新能力建设，构建开放的技术创新生态系统，完善知识产权保护制度和创新的制度环境，为创新资源配置创造了有利条件。

## 三、政府治理机制对创新激励的影响

政府对于创新活动的治理是提升企业创新能力的重要机制。政府的引领和带动作用主要体现在以下几个方面。一是通过财政税收等政策促进创新创业，补偿创新风险，推动创新活动。政府通过营造良好的适合企业开展创新的环境，促进创新资源流动、配置。政府选定重要行业，通过变革投资和生产模式达到预期效果，促进形成高附加值、高创新水平的产业结构，布局科技前沿。在重要的科技领域，政府集中优势力量破解市场失灵的问题，突破前沿技术的障碍。二是对于国有及国有控股企业绩效考核，增大创新绩效指标的权重。三是间接的促进式干预，通过提供完善的基础设施和创新的制度建设为企业创新发展创造积极的环境。四是促进多个创新主体之间的协作，通过发挥协调作用，促进企业之间，企业与大学、科研机构等创新主体之间加强合作，建立科技合作体系，整合创新资源，推动创新规模经济，提升创新效率，共享创新成果。

当政府目标与企业目标之间有较大冲突时，再加上企业营销与研发管理之间的不匹配，技术创新效率会大受影响（肖文，林高榜，2014）。在2012年以前，中国一些地方官员过于重视生产性投资，挤占了技术创新资源，创新支出偏低，企业管理层迎合这些地方官员的"投资偏好"而追求短期项目，导致生产性项目过度投资，影响了企业技术创新（蒋德权 等，2015；蔡晓慧，茹玉骢，2016；吴延兵，2017）。政府过度干预会导致少数参与者的资源过度集中，也不利于公平竞争和其他企业的创新发展（李茫茫，王红建，2020）。

在实施创新驱动发展战略及深化政府放权改革的现实背景下，减轻政策负担、增加创新资源、缓解薪酬管制、提升创新意愿是促进企业创新的重要途径（江轩宇，2016）。其他国家对创新活动的治理值得我们关注。如，以色列的创新经济位列全球第一，创新产业占以色列 GDP 的 15%—20%。

# 第六章 公司治理对创新激励的影响

在构建创新生态系统中,以色列政府通过资助大学的基础研究培养创新人才;减少税收和管制,不干涉企业的运作,从而实现了较好的创新效果。新加坡政府一贯积极参与国家经济发展。在20世纪八九十年代,政府在吸引跨国公司在新加坡设立研发中心方面重点支持,此举主要是为了引进先进技术并促进核心技术在当地的扩散。在20世纪90年代末,为了解决创新和对外资过于依赖的问题,新加坡政府制订了一系列五年计划促进国家和科学技术发展,并投入专项创新基金,鼓励本土企业创新。2006年,新加坡成立研究、创新和企业委员会,在政府内阁层面重视科技研发。2008年又成立国家研究基金会,推动实现更大规模的创新。2010年起,新加坡政府推行科学和技术计划,促进本地企业的创新投入和发展。近10年以来,新加坡的企业创新产出显著增长,新加坡本土企业的创新水平不断赶上并超越外国公司。近年来,在国家高质量发展战略的引领下,中国政府和企业高度重视科技创新,创新投入不断增加,研发投入从1995年占GDP的0.57%上升到2017年的2.13%。2012年以来,中国专利申请数量和授权数量剧增(见图6-3)。

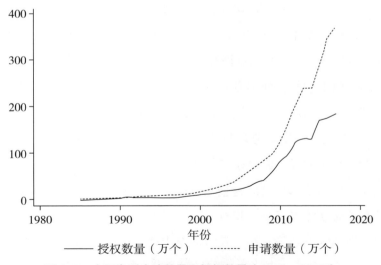

图6-3 中国专利申请数量和授权数量(1980—2020)

资料来源:国家知识产权局网站(www.cnipa.gov.cn)。

## 第四节 产权差异性对创新激励的影响

经理层的风险偏好与企业的激励机制相关,不同产权制度逻辑下的异质性激励机制可能导致国有企业和民营企业经理层的风险偏好存在差异,企业产权异质性影响着经理层的创新决策。在民营科技型企业中,中长期激励比例远远高于国有控股企业的中长期激励比例(程伟 等,2012)。

### 一、国有企业经理层的创新激励

在国有企业,特别是科技型国有企业,有显性激励,也有隐性激励,包括长期激励与短期激励,如国企经理人任期的延续、创新失败的包容性等,这些方面对管理者创新决策都有重要影响。在中国改革开放早期,国有企业持续性的技术引进源于当时的激励机制,导致国有企业经理层对长期创新持谨慎态度。国有企业拥有的资源优势,以及政府持续性税收优惠、经营补贴等政策倾斜,使国有企业具有较好的抗风险能力,即使未来创新绩效不理想,仍然能生存,这降低了国有企业自主创新的压力,甚至出现"资源诅咒"效应,影响创新投入(袁建国 等,2015)。国有企业以经济绩效为考核目标的任期制决定了管理层更加注重短期创新成果,因此以规避风险为目标的技术引进成为企业发展的一个重要方式。由于自主研发的成效需要长时期才能显现,相对于自主研发,技术合作和技术引进所带来的范围经济和学习经济有利于缩短创新周期、规避创新风险,能在短期内为企业带来持续稳定的效益,"晋升锦标赛"体制下的国有企业经理人(经理层)可能会选择将更多的资金用于技术合作和技术引进以迅速形成创新成果。当国有企业处于业绩压力或财务困境中需要削减研发投入时，保持企业稳定经营更为重要。

技术引进主要包括两个渠道：一是从国外购买技术或技术设备；二是通过外国直接投资（Foreign Direct Investment，FDI），以市场换技术。技术引进和技术合作可能在短期内为企业提供有保障的绩效。中国地方政府官员的平均任期为3—6年，企业短期绩效提升有利于地方官员政绩提高和晋升，进而影响国有企业较长时间才能见效的自主创新投入。地方国有企业注重技术引进和技术合作，以寻求创新绩效的稳定性。2018年爆发的中兴通讯股份有限公司（简称中兴）缺芯事件，再一次敲响了企业自主创新的警钟。中兴缺芯事件引发了社会各界的广泛重视，作为国内优秀的手机企业，中兴通过引进芯片等关键材料或技术合作，弥补了自身专有创新能力的不足，持续性的技术引进影响了企业对核心技术的自主研发，导致芯片受制于人。受到技术差距、要素禀赋、吸收能力的影响，技术引进对中国经济发展的长期推动作用有限，特别是在全球科技治理体系变革的情境下，技术引进的风险不断增大。

从管理者的任期来分析，国有企业CEO的平均任期为4—6年，而一项关键技术、产品的自主研发可能大于4年，例如医药企业在研制新药的过程中只有不到5%的候选药物能够进入临床前研究，只有2%能够进入临床试验阶段，即使进入临床试验的候选药物也有80%要被淘汰，新药的成功率只有0.02%，而且开发费用的98%以上被用在一些"失败"的方案上。此外，新药上市应用后，由于技术工艺的不足，仍存在撤市的风险，如果将过多资金持续、大量地投入自主研发中，即使关键技术取得突破或成功，也可能是在为下任管理者"做嫁衣"，从而影响经理层的研发投资决策。将大量资金持续投入一些未来不确定的自主研发项目中，如果以财务绩效为主要考核指标，并作为国企高管业绩的"晴雨表"，会影响现任管理者的创新决策。

行为经济学方面的研究显示，货币奖励适用于简单重复的工作，不适用于创新激励，因为创新过程需要的是认知能力和创造力。对于创新管理者来说，如果缺乏足够的动力和压力，从事的创新活动就会减少。国有企业的薪酬构成较为单一，主要是货币薪酬，而且薪酬水平受到管制。中长期的股权激励可以避免经理人短视行为，激励高管进行有利于企业长期发展的创新活动。有学者以2009年国资委通过的《中央企业负责人经营业绩考核暂行办法（2009年修正本）》为切入点，研究央企高管业绩考核制度对企业创新的作用及经济后果，采用双重差分法进行检验，发现相对于不受该项制度影响的民营企业来说，央企的创新水平在新政策实施后显著提高。而且，此次修订的考核办法可以显著提高创新对企业价值的边际贡献。业绩考核制度可以促进央企创新，国有企业即使不进行民营化的产权改革，通过改变高管的激励机制，也可以提高企业效率（余明桂 等，2016）。

职业发展是管理者普遍关注的问题，良好的职业发展前景是实现其他隐性激励的保障，晋升激励在既有任期内能够正向影响研发投资。对于国有企业的经理人来说，更关键的是晋升激励作用（张兆国 等，2018）。晋升预期并未缓解股东与管理层之间的代理问题，政治晋升还存在潜在的负向激励效应。由于中国特殊的制度背景，企业高管拥有亦官亦商的特点，国有企业高管更在意职位的升迁，为了实现个人的政治晋升，可能将企业资源用于非生产性寻租活动，无效率或低效率投资等。尤其在国有企业薪酬管制和股权激励不足的条件下，"晋升锦标赛"成为激励国有企业高管的制度安排，以企业财务绩效为考核目标的任期制使国有企业高管注重短期绩效的提升（卢馨 等，2019）。在国有企业改革中，作为主管部门的国资委应推进职业经理人市场建设，完善绩效考核机制。随着国家注重创新驱动的高质量、可持续发展，以及容忍创新失败等创新激励措施的实施，在对国有企业管理者的绩效考核中增加创新绩效指标，有利于国有企业自主创新能力的提升。

周铭山和张倩倩（2016）发现，在建设创新型国家的时代背景下，国

## 第六章 公司治理对创新激励的影响

有企业 CEO 政治晋升激励可能是影响国有企业创新活动的机制。政治晋升激励使得国有企业 CEO 更加专注于有效的研发投入，提高了企业创新投入产出率，而且提高了创新产出的价值增值能力。从高管政治晋升激励的视角研究企业创新，有利于全面客观地认识和分析政府在企业经营活动中扮演的角色。随着国有企业改革的进行，应重新评价国有企业经营效率，并在此基础上探讨影响国有企业经营效率的新因素。政府可通过完善政绩考核制度，改善国有企业经营效率和创新决策质量。提高国有企业创新产出效率，既要完善政绩考核制度设计，还要提高国有企业高管薪酬中的长期激励所占的比例。对国有企业经理层的激励应该注重创新绩效评价和中长期激励，针对突破性创新的特点，有必要延长科技型企业主要领导的任期，并且使在任经理人与前任经理人长期承担共同连带责任，避免国有企业经理人短视行为下的自主创新投资不足。

对于国有控股公司而言，政府有足够的动力对管理层进行直接监管，因而大股东实施中长期激励的内在需求不足，管理层的中长期激励比例相对较低，并且国有控股企业外部董事没有中长期激励。程新生和赵昶（2019）在考察上市公司高管激励结构时发现，与企业是否实行股权激励相比，高管长期薪酬占比对创新活跃度的影响更大，这说明与股权激励这一长期激励形式相比，企业更需要在激励的具体内容设计上进行优化，在合理范围内提升高管长期激励，适度增加股权激励所占比重。股权薪酬激励产生的中介效应要大于货币薪酬激励产生的中介效应；从创新结果来看，股权薪酬激励的作用路径有助于增加企业的突破性创新产出，并具有可持续性，因此可以认为股权激励是推动企业创新的有效手段。

杨慧辉等学者（2018）对上海家化公司三轮股权激励方案设计进行了案例研究，他们认为，国有产权性质下的所有权缺位问题使得国有控股股东对管理层行为无法进行实质有效的监督，致使管理层权力成为主导权力，从而使得股权激励契约的设计容易成为管理层自谋福利的工具。此时的股权激励会抑制管理层对高风险创新研发的投入，进而削弱产品创新的成果转化能力。非国有产权性质下管理层与控股股东权力的制衡可以抑制管理层自利的激励动机，股权激励缓解了管理层代理冲突，在一定程度上缓解了管理层的风险厌恶和短视行为，引导管理层为实现自身财富增值而加大产品创新投入、提高创新效率，以形成更强的产品创新成果转化能力。非国有产权性质下控股股东权力主导下的股权激励计划，容易沦为收买管理层、与管理层合谋进行利益侵占的工具。这种以收买管理层为动机的股权激励，会引导管理层削减周期长、风险高的产品创新研发投入以迎合控股股东的目标，进而可能削弱公司的产品创新能力。

如何激励国有企业管理层努力工作，调动其积极性与创造性以提高企业绩效，一直是公司治理领域中学者们不断探索和尝试解决的问题。对高管团队诸多激励中，薪酬激励是最主要且最直接的激励机制，不仅要关注薪酬水平，还要充分考虑薪酬结构的合理性。国家发布了一系列政策法规深化国有企业改革，推进国有企业与民营资本混合所有制改革，加快企业转型升级，增强市场竞争活力，由行政型治理向经济型治理转变。2014年和2015年相继出台的《中央管理企业负责人薪酬制度改革方案》和《关于深化国有企业改革的指导意见》在强调缩小企业收入差距以保障体制内的公平外，还明确指出要提升国有企业高管薪酬分配的灵活有效性。

## 二、民营企业经理层的创新激励

对于民营企业，公司外部监控和约束机制具有特殊性，管理层内部人控制、经营行为短期化问题更为普遍。特别是民营科技型企业，在创新激励中更多面临的是对创新主体的激励不足、激励不稳定、激励成本过高等问题，持续性地对经理层和研发人员进行中长期创新激励尤为重要。CEO的创新激励措施正在知识密集型公司得到广泛的应用，管理层会因为研发

# 第六章 公司治理对创新激励的影响

项目和专利等与创新相关的活动而获得奖励，而不是因为财务绩效。这种激励会引导公司的高管承担更高的风险，这不仅因为他们获得了这样的报酬，还因为他们不用承担与这些行动的不确定结果相关的财务风险。与预期一致，在低技术公司的对照样本中，高管们没有因与创新相关的活动获得奖励。对创新主体激励时，要注重激励相容或针对性，以及创新决策情境等。两职合一与高度不确定的环境有关，在这种情况下，需要高度的管理自由裁量权。高科技产业特有的不确定性导致了 CEO 拥有高度自由裁量权，CEO 会因承担风险而获得奖励，例如投资创新（Balkin, et al., 2000）。

由于创新活动具有高度不确定性，有些创新管理者存在着"创新恐惧症"，企业需要重视正向激励和负向激励，应该秉承正向激励为主、负向激励为辅的激励原则。例如，美国波音公司 4 位执行高管 2018 年的总薪酬合计约为 3800 万美元，其中长期激励计划为 2600 万美元，2018 年波音公司的净收益是 105 亿美元，4 位高管包括股权激励在内的总薪酬合计仅占公司净利润的 0.36%，公司 CEO 丹尼斯·墨莱伯格（Dennis Muilenburg）2018 年的底薪是 170 万美元，2018 年的年度业绩奖金是底薪的 175%，即 297.5 万美元，3 年期股权激励计划总奖励是底薪的 750%，即 1275 万美元，由此可见科技型公司股票期权激励力度非常大。波音公司根据自身商业模式和经营特点设立了严格的达标机制，2019 年的指标主要包括自由现金流（目标设定为 128 亿美元）、核心每股盈利（目标设定为每股 14 美元）和营业收入（目标设定为 970 亿美元）三方面。上述三方面业绩设定相互联系，保证了营业收入稳步增长，也保证了自由现金流年复合增长率达到 22.5%，还保证了核心每股盈利年复合增长率为 21.9%，从而倒逼 CEO 实施研发活动、提升组织核心竞争力。

当针对性激励不到位时，无论是否具有技术背景，激励的缺失都会导致管理层对创新风险的规避。应该注重创新主体需求的异质性特征，例如，对于具有技术背景的经理层，由于薪酬收入已经相对较高，应该更加注重非经济性激励和中长期激励，使其产生心理归属感，愿意分享和提供创新想法。使经理层产生归属感的一个重要的激励方式是对其创新想法的认可与推崇。例如，苹果公司对创新想法非常重视，对技术管理者创新想法推崇备至。1998年，具有技术背景的设计师乔尼·艾维提出了创新理念，在他的带领下，iMac面世，使得苹果公司"起死回生"，之后苹果公司相继推出iPod、iPhone、iPad等产品。2015年，乔尼被任命为苹果公司首席设计官，由于乔尼秉承着极简的创新风格，使iPod、iPhone、iPad产品大放异彩。这些体现简约、方便创新理念的产品，吸引了大量消费者。

华为公司在创业早期，虽然对一些技术采用技术引进的创新模式，甚至与德国徕卡（Leica）公司等在手机影像处理技术方面进行技术合作，但华为公司同时保持对创新主体和自主研发项目进行大量持续投入，这使得华为公司在信息技术领域脱颖而出。在华为公司创业之初，由于缺少技术人员和资金的限制，技术创新举步维艰，华为创始人对技术专家郑宝用的特别激励，取得了成效。对于当时硕士毕业且具有技术背景的郑宝用，任正非直接将其任命为总工程师，让其主要负责华为公司当时十分重要的交换机项目。对郑宝用的高度信任和晋升激励，使郑宝用对创新研发充满斗志。当时的交换机技术难度很大，工艺要求复杂，郑宝用亲自主抓此事，各个部门都立下了"军令状"，一刻都不懈怠。技术出身的总工程师带领研发团队，研制出了华为公司的第一台交换机，使公司得以翻身。该产品投放市场第二年，就盈利3亿多元人民币。华为内部股权激励的实行对公司以后的持续创新产生了重要影响。

创新，尤其是自主创新的特点，导致高强度激励面临较高的沉没成本，加重了企业负担。基于劳动市场理论，CEO薪酬偏离劳动市场价格可能导致CEO研发投入的不足。CEO相对支付不足是否会对企业研发支出产生影响？对高研发密集型与低研发密集型企业进行的研究发现，CEO相对支付不足与低研发密集型行业企业的研发支出减少以及高研发密集型行业企业的研发支出增加有关。与所有者控制的企业相比，管理者控制的企

## 第六章 公司治理对创新激励的影响

业中 CEO 相对支付不足，会导致更多的研发支出减少（Fong，2010）。高管持股比例与企业研发效率之间呈显著的倒 U 形关系，高管持股在研发创新实践中兼具"利益趋同"和"堑壕效应"两种激励特性，即对研发效率的最大化目标来说，企业存在一个最优高管持股比例，当现有高管持股比例小于最优比例时，对高管实施更多长期股权激励有助于提升研发效率；但随着持股比例逐渐提高并超过最优比例之后，进一步提高高管持股比例反而会损害研发效率。非国有企业与国有企业高管在股权激励效应方面并无显著差异。由于研发创新活动对科技型企业更具战略意义，高管激励对高科技上市公司的研发效率具有显著更强的激励效应（陈修德 等，2015）。以专利产出量作为衡量上市公司创新的指标，研究发现，期权激励提高了企业的专利产出，其增加幅度高达 30%；期权激励对创新的促进作用在非国有企业、基金持股较多的企业、期权行权期较长的企业和高管期权授予相对规模较大的企业中更加明显。王姝勋等（2017）的研究对中国上市公司期权激励影响企业创新产出的有效性进行了评估，提供了期权制度合理性的证据。

民营企业同样要重视管理层任期对创新决策的影响。管理者预期任期与股权激励正相关，且能够正向调节股权激励与企业创新的关系。股权激励对创新投入的影响则在非国有企业里更显著；管理者既有任期与股权激励的关系，以及既有任期在股权激励与企业创新关系中的调节作用，在非国有上市公司里更显著（陈华东，2016）。退市政策的压力使得业绩差的公司无力进行股权激励，为了鼓励业绩差的公司选择股权激励方式激励管理层努力提升公司业绩，监管部门可以放松对因期权费用而导致亏损的公司的退市管制（吕长江 等，2011）。研究者们利用世界银行对中国 18 个城市的 1088 家私营制造企业的调查数据，对管理层激励和 CEO 特征在企业创新活动中的作用进行了实证研究，研究关注创新努力程度（研发强度）和创新绩效指标（新产品销售量），认为 CEO 激励机制的存在提高了企业的创新努力程度和创新绩效（Lin, et al., 2011）。在股价距离行权价较近时，限制性股票对高管的惩罚会影响其创新的动力，而股票期权能对高管形成保护并激励企业创新。股权激励对于企业创新的正向影响在民营企业、股价信息含量高的企业以及激励对象包含核心技术人员的企业中效果更显著（田轩 等，2018）。

# 第七章 合作创新的激励

创新网络或创新链中的合作创新（协同创新）受到关注，合作创新是不同创新主体进行组合以推进创新活动的重要途径。创新平台、交易平台让众多的参与者能够开发新产品或服务。创新激励包括政产学合作创新激励，企业之间、企业与用户之间的合作创新激励等。创新网络、创新链断裂或者其功能、结构不完整、匹配性低，是导致企业创新效率不高的重要因素。在宏观上，创新资源可能并不缺乏，但在微观上，不同创新主体的创新资源是有限的。在开放的创新环境中，创新活动依赖于多个创新主体之间的合作，在兼顾创新成本与效益的同时，为实现创新效率与成果转化，不同创新主体可凭借各自具有的比较优势进行联合，如高校及科研院所的优势是人才培养、基础研究，企业的优势是人才利用、应用研究和市场开发。合作创新具有一定的难度，需要进行激励。平台创新战略重构的过程，是企业与供应商、商业伙伴、合作者和顾客等不同主体共同参与的过程。在这个过程中，企业将外部资源纳入企业，形成一个利益共同体，强调价值共创，将顾客等利益体纳入创新活动中，获取更广泛的价值增值，促进差异化竞争优势构建。

## 第一节 政产学合作创新激励

在创新网络或创新链建设过程中，国家和政府在创新活动中的作用由主导作用向引导作用或联结作用转变，通过科研项目的方式，以市场机制为驱动力，促进创新主体合作，实现创新资源的有效配置。政府层面针对政产学合作创新的激励机制，主要包括创新政策制定和实施、专项资金支持、知识产权保护和激励、评优评奖机制等。资金支持包括政府政产学合作专项资金、社会资金以及企业研发投入在内的多元化资金供给体系，以解决政产学合作创新过程中的资金问题。知识产权保护和激励使得职务发明人也能够获得职务科技成果的部分知识产权，调动了科研人员进行创新并参与后续创新成果转化的积极性。评优评奖机制通过对优秀的创新主体进行表彰奖励，旨在提高其参与合作创新的积极性。

### 一、政产学合作创新的模式

创新链不协调是创新成果转化率偏低的重要原因，也是创新效率偏低的原因。政产学合作创新是衔接创新链、促进创新发展的重要支撑。建立产业创新联盟，开展政产学协同创新，能够加快创新成果的转化。政府、企业、高校、用户、供应商、中介机构等优势互补，形成研究开发、生产与消费的一体化系统。20世纪以来，不同创新主体基于创新优势开展创新合作的现象不断增多。1961年，在美国福特基金会支持下，美国高校实行工学结合、产学结合的科技人才培养模式，以企业人才需求为导向，显著提高了学生的职业技能与创新能力，也为企业快速发展提供了人才，促进了企业技术创新活动的开展，推动了经济发展。Gemünden 等（1996）总结了前人的研究成果，系统地提出了创新伙伴的八类构成主体，即管理部门（政府）、合作供应商、顾客、分销商、生产技术提供商、咨询公司、研究和培训机构，以及竞争对手，并指出了各个创新伙伴对核心企业的贡献。中国政产学合作创新取得了显著成绩，但政产学合作可持续性和转化率偏低，合作创新的模式有企业主导型、高校主导型、政府/行业协会介入型。

一是企业主导型。技术合作是企业提高成果转换、弥补企业专有能力不足的方式。企业与高校、科研机构、其他企业等合作，有利于短期内提升企业创新能力，实现技术成果商业化转变，缩短创新周期。企业通过技术创新和市场的共同驱动，实现合作创新目标。如果将二者割裂，过度注重技术推动，对市场驱动关注不足，忽视用户在创新中的作用，则会导致知识发现与应用分离。基于价值链的视角，可以将技术创新过程分为技术开发、成果转化两个阶段。基础研究与应用研究相结合的创新，有利于提升创新效率。例如，"八五"期间，华北制药集团有限责任公司与中国科学院化工冶金研究所共同承担破乳剂攻关任务，企业拥有"技术原始创新—产品研制开发—试验基地—产业化"技术体系，研究所的优势是利用化学工程方法进行冶金科学技术研究。破乳是青霉素生产中的关键技术，由企业提供研究项目和经费，双方科研工作人员密切配合，经过一系列的试验性研究，最终成功研制出了达到国际先进水平的新型高效破乳剂 D925M，效果好、适用性强。中国宝武钢铁集团有限公司和国家自然科学基金委员会于 2000 年共同发起设立"钢铁联合研究基金"。该基金面向全国，以科技创新带动冶金与材料新技术、新产品的研究开发。依托基金项目，不仅形成了诸如东北大学轧制技术及连轧自动化国家重点实验室、上海大学现代冶金与材料制备实验室、北京科技大学高温合金挤压成型控制实验室等基础研究重要平台，而且也产生了大量具有自主知识产权的基础和应用领域的重要研究成果。在后续发展过程中，国家自然科学基金又相继与广东省、云南省，以及中国科学院、神华集团等设立了多个联合基金，推动科研资源的优化配置与共享、促进行业和地方科技的发展。

二是高校主导型。高校既可以开办高校科技产业园，为政产学合作提供平台，也可以鼓励专利权人或单位自办企业，直接实现科技成果转化。同时，多家高校可以联合为企业、政府等提供定制化解决方案。1951年，斯坦福大学创建"斯坦福研究园"，充分利用学校闲置空地获取地租，给毕业生提供就业机会。斯坦福大学与园内企业联系日益紧密，斯坦福大学不仅向研究园输送了优秀人才，还通过共同举办研讨会、资源设备共享等方式与研究园内企业展开了诸多科技交流，形成了高科技微电子工业园区——硅谷。中国高校科技产业园发展十分迅速，政府赋予园区的诸多优惠政策，十分有利于高校科技成果低成本转化。高校可以自办企业，鼓励创新成果转化。例如，1986年，由北京大学投资创办的方正集团，将王选教授发明的"汉字信息处理与激光照排系统"进行市场化开发。1998年，中国科学院开展知识创新工程，目标是在战略高技术、重大公益性创新、重要基础前沿研究领域取得创新性突破，其中自主可控芯片是研发的重要领域。中国科学院计算技术研究所组建了CPU设计队伍，在中国科学院知识创新工程的支持下，2001年成立龙芯课题组。龙芯中科芯片在2019年实现销售高速增长，合作伙伴已经增至近千家，下游基于龙芯中科的开发人员达到数万人，在政府、安全、金融、能源、企业、交通、教育等各个领域广泛应用。

三是政府/行业协会介入型。对这部分的研究已有文献包括：基于国家创新视角，研究国家创新系统、区域创新系统以及内部各创新主体之间的协同创新规律（白俊红，蒋伏心，2015）；基于产业创新视角，研究企业、高校和研究院所之间的相互作用关系（Etzkowitz and Leydesdorff，2000）；基于企业创新视角，研究企业开放式创新对国家创新系统的作用（张艺 等，2018）。政府/行业协会以提升产业技术创新能力为目标，鼓励包括企业、高等院校、科研机构、用户等多方群体参与并组建联盟体。与前述各模式相比，政府/行业协会介入型模式的参与者众多，除了企业、高等院校、科研机构外，还包括用户等群体。由于各参与方之间的交流仅基于共同开展的合作任务，联系相对松散，政府或行业协会的有力支持十分重要。该模式从产业整体出发，更加具有战略性。例如，在2009年，由上海市核电办公室牵头，上海发电设备成套设计院、上海核工程研究设计院等机构参与组建的上海核电设备焊接材料国产化及创新平台，是典型的政府/行业协会介入型模式的平台。运作过程中，平台依托内部用户对研制成功的新产品率先进行性能与工艺评价，进而有效缩短科研成果转化为产品的周期。

## 二、国家和政府引导的合作创新

政府作为重要的参与者，通过搭建创新合作平台、规范创新合作制度等方式，成为联系创新主体的重要纽带。基础研究、应用研究与产业化三者之间的协同关系越来越受到关注（付丙海 等，2015；吴卫，银路，2016；Lauritzen，2017）。例如，日本政府重视政府、高校（科研机构）、企业三者的合作，1981年建立了技术创新网络，政府在其中发挥了关键作用。技术创新网络的成立依赖于由政府相关职能部门牵头成立的推进总部。在技术创新网络运行过程中，政府积极协调与引导，确保参与该技术创新网络的不同技术创新主体能够相互协作、各尽所能，通过执行和协调研究计划，促进技术创新、带动社会经济发展。到了20世纪90年代，通过借鉴、总结日本发展的成功经验，美国和荷兰学者明确了"大学—产业—政府"三大主体在技术创新领域的功能差异，提出了概括三者关系的三重螺旋模型，该模型成为政产学合作的重要理论基础（刁丽琳，朱桂龙，2015）。三者对创新的促进作用各有侧重。政府通过产业政策、科技资金和项目等形式，为创新提供平台。高校注重技术创新人才培养以及基础研究工作，能够为创新活动提供技术与智力资源，解决创新中的难点问题。企业将创新链前端的技术创新与后端的市场需求联结在一起，既重视创新，也开发市场，在市场需求和技术创新的共同驱动下，实现研发和应用的联动。

以企业为主的技术创新体系更加重视人才利用，强调以市场需求为导向开展应用型技术创新活动，将用户需求纳入研发创新活动，从而提高创新成果转化率。供应商是创新产品得以应用的重要保障，为创新产品或服务提供原材料和零部件，以及专业服务。创新的宏观管理体现了政府的引导作用，要使创新面向科技前沿、面向国家产业发展重大需求，引领产业发展，服务国家经济社会发展。

国家和政府引导的合作创新理论有待探索。传统创新理论强调以自由探索为导向的基础研究，由此引领科技创新发展，这种创新理论会导致创新成果转化率低、创新动力不足。在中国，政府鼓励企业、高等院所等开展联合创新，成效显著。例如，2017年获得国家技术发明奖（通用项目）的成果中，80%以上采用政产学合作方式完成。政产学合作创新体系经历了由简单联合到三者密切结合的过程。政产学合作创新推动了企业技术能力的提升，尤其是对中小企业专利质量的提升以及共性技术研发创新的正向推动作用更为显著（樊霞 等，2018；王萧萧，朱桂龙，2019）。Stokes（1997）提出巴斯德象限的创新理论（见图7-1），认为基础研究与应用研

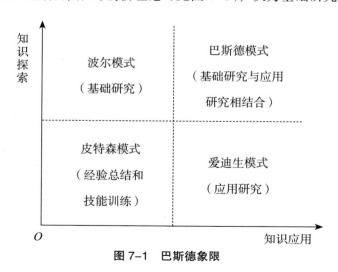

图7-1 巴斯德象限

究之间存在关联性和融合性，创新的发现和创新的应用共存。从科技创新到应用价值实现，依赖于科学技术和产业的协同，基础研究和应用研究需要产业化引导，创新链的构建要以国家产业需求为导向，将科技创新与经济发展相结合，进行创新激励和资源配置，促进创新主体协同创新（余义勇，杨忠，2020）。

在产业政策的引导下，许多重大项目得以推进。例如，在中国高铁项目的研发中，由原铁道部（现中国铁路总公司）牵头建立的战略联盟以及2004年原铁道部和科技部实施的两部联合行动计划，将协同创新主体聚集在一起，其中，创新主体及其角色定位如下：政府为引导角色、领军企业为主体角色、高校院所为智库角色、用户为市场导向角色、供应商为辅助角色。创新资源并不是制约中国创新链有效构建的关键因素，中国的创新资源并不缺乏，只是分散在各处并未形成合力。创新链无法构建并不是由于缺少某一创新主体或要素，而是缺乏将这些创新主体或创新要素连在一起以产生协同效应的关系。研究表明，建立和完善创新链的关键在于打通各创新主体、创新活动之间的连接问题，使创新要素有机结合并自由高效地流动。课题项目在创新研发中起着很好的连接作用，充分发挥了市场经济的内在驱动力，高效合理地对资源进行有效配置，激发了创新主体的能动性（张艺 等，2018）。

2008年，科技部和原铁道部签署了《中国高速列车自主创新联合行动计划合作协议》。该行动计划的所有项目面向全国开放，发挥全国科技和产业资源优势，构建国家层面研发团队。以中国南车集团、中国北车公司下属的10家核心企业为主体，联合相关领域优势高校、研究机构和国家级创新平台，形成了政产学联合体。2012年"中国高速列车产业技术创新战略联盟"成立，该联盟构建以企业为主体、产业发展需求为导向的，产学研结合的技术创新机制，形成中国高速列车技术领域从研发、技术转化到产业化的互动平台。2014年"中国创新设计产业战略联盟"成立，该联盟以提升创新设计能力为使命，以制造业、创新设计企业和区域支柱产业的创新设计需求为导向，以形成产业核心竞争力与影响力为目标，促进民族品牌产业和区域经济发展。这种创新体系打破了部门、行业、院校、企业的壁垒，使我们可以把国内创新资源整合在一起，既降低了创新的风险与成本，又加快了创新效率。

创新链功能的有效发挥离不开多层互动创新体系的支持。创新体系主要来自宏观、中观和微观三个层面。宏观层面指从基础研究、应用研究及产业化视角，结合创新体系与经济体系的国家顶层设计；中观层面指各创新主体间所形成的基于政产学研用的协同创新模式；微观层面指创新主体各自能力的提升过程。政产学研用协同创新模式的优点是强调创新环境的营造，充分考虑用户需求，高校院所和企业需按照用户的价值主张发现潜在创新空间，进而有效提高科技成果的转化率。

## 三、合作创新的专项资金激励

在实践中，创新项目一般由企业出资，高等院所提供人才与设备支持。当面对一些关键技术、核心技术、共性技术或者前瞻性技术难题时，完全依靠企业出资解决问题可能存在困难。解决企业"出资难"的问题，提升企业参与政产学合作创新的意愿，关键在于构建多样化的资金来源渠道。中国建立了政产学合作专项资金，从省级政府层面展开，采取省财政拨款的形式，引导企业增加合作创新的研发投入。湖南、广东、海南等省均出台了政产学合作专项资金管理办法，包括省财政厅、省科技厅等单位分别负责资金管理与项目管理工作。部分省份，例如广东省，成立了产学研结合协调领导小组办公室，负责专项资金相关工作的组织实施。对于拟申报专项资金资助的合作项目，企业需要有一定比例的先期投入，这种后补助的方式体现了专项资金使用的公平性，在一定程度上发挥了配置资源的作用。但仍有许多项目难以在关键时点得到资金扶持，如何优化补助方式、促进政产学合作创新活动的开展，还有待探索。对于专项资金的绩效评价，由于专项资金的资助期限大多不超过 2 年，到期自动终止，这与创新活动周期长的特点相悖，因此在评价体系设置中，需要容忍短期失败，鼓励长期成功，综合评价创新的科学价值、技术价值、经济价值、社会价值、未来价值等。政产学合作创新是团体行为，在评价申报企业绩效的同时，也要兼顾其他参与方的付出，建立绩优团队后续合作资助机制，以调动合作创新的积极性。

## 四、科技产业园或孵化器平台建设

政府通过建立科技产业园，凭借"公共平台 + 专项基金"模式，建立科技成果孵化平台，提供公共服务，促进政产学合作创新活动的开展。政府通过搭建平台、提供服务等方式，引导、促进政产学合作顺利开展，采用设立科技成果孵化平台、组建产学研战略联盟等多种形式，通过整合地方资源优势与高校专业学科优势，实现包括专业人才、市场、技术与信息等要素的共享，不断完善科技创新服务体系，吸引企业投资、带动区域经济发展。天使基金、风险投资等社会资本往往与科技产业园相关。美国硅谷中，80%以上的高科技企业在不同阶段得到过风险投资的支持。硅谷创新的成功，风险投资发挥了关键作用。例如，美国三角研究园区（Research Triangle Park），是在北卡罗来纳州政府的主持下而组建的。园区纳入了杜克大学、北卡罗来纳大学查玻尔希市分校、北卡罗来纳州立大学、美国环境与健康研究所等著名大学与国家级研究所，吸引了包括 IBM、爱立信、杜邦等一批大公司的加入。通过集中科研与生产优势，该园区成功带动了所在区域的经济发展。1985—1997 年，该区域所吸引的投资总额高居全美第一。尤其在 1994 年，全州范围内由该区域新创造的产值占比高达 21%。

2005 年诞生于硅谷的加速器投资机构 Y Combinator，实施天使投资与创业辅导相结合的创新模式，该模式成为世界各地天使投资基金和科技园学习的榜样。中国科学院西安光学精密机械研究所联合社会资本发起创办西安中科创星科技孵化器有限公司（简称中科创星）。中科创星致力于为"硬科技"提供服务。"硬科技"包括人工智能、航空航天、生命科学、光电芯片、信息技术、新材料、新能源、智能制造八大领域，其特点是技术门槛高，需要潜在进入者进行长期研发投入与持续性积累。中科创星成立了全球范围内首家专注于"硬科技"成果产业化的天使基金——西科天使，致力于建立"研究机构+天使基金+孵化器+创业培训"的科技创业生态网络体系，为科技创业者提供专业、深度、全面的创业孵化方案，还可以向其提供融资解决方案，进而推动科技创新，加速科技成果转化。

## 五、合作创新中研发人员的知识产权激励

合作创新能够将基础科学研究与市场需求结合起来，从而推动高校科研成果的快速转化。高校科技成果长期存在"成果多、转化低"的状况。据国家知识产权局统计，截至2016年年底，高校与科研机构共拥有30.3万项有效发明专利，科技成果转化率为10%左右，远低于发达国家40%—60%的水平。近年来，每年完成合作创新的科研成果达3万多项，成果转化率达20%左右，形成产业化的成果有5%，科技成果转化率仍然偏低，合作可持续性差（方炜，牛婷婷，2017）。其原因主要包括合作伙伴在目标上存在分歧、未能发挥各方资源能力的协同效应。解决科技成果转化难的问题，科研成果的产权归属是重点。依据现有知识产权法律规定，高校相关研究人员在政产学合作中的技术创新和专利，应被算为工作单位的职务作品，其知识产权的归属为高校，或者为高校与合作单位共有。对于职务发明人而言，转化科技成果本身需要耗费大量的时间与精力，由于并不具有该成果的知识产权，即便成功转化，也无法获得相应的收益，从而削弱了其参与成果转化的积极性。而在高校层面，尽管将已有的科研成果以专利许可或转让等方式让渡给企业会产生商业价值，但是，由于职务作品本身属于国有资产，在价值评估中容易受到国有资产流失的质疑，进而

降低了所属单位进行专利成果转化的内在动力（李梅芳 等，2011；裴云龙 等，2016）。

企业基于长远考虑，希望能够通过持有企业股份等方式，与高校科研团队建立长期联系，但如何将股权落实到科研团队名下是个难题。若依据政产学合作成员在共同研发过程中所发挥的作用大小进行收益权分配，可以实现有效激励。为有效地促进政产学合作发展，提高高校相关人员通过政产学合作进行科研创新的内在动力，可在法律允许的范围内进行职务研发成果知识产权归属范围的适当变通，允许参与合作项目的研发人员共同拥有相关科技创新和专利的知识产权。中国科技成果转化长期存在教授拿不到股权、学校干不成科技成果转化、政府得不到科技型企业的现象，这种现象也在改变之中。例如，西南交通大学开创了职务科技成果权属混合所有制改革，该校于2016年通过《西南交通大学专利管理规定》，规定科技成果的产权所属，由个人或科研团队、学校、学院三方按照7∶2∶1进行分配，职务发明人可以拥有职务发明成果的部分知识产权以及专利处置权、收益权，职务发明人"晋升"为科技成果转化的重要主体之一，激发了科研人员的积极性。例如，翟婉明院士所负责的"空铁列车——轨道梁桥耦合动力仿真、安全评估及设计优化技术"项目，研发时间通常需要2年，在职务科技成果权属的混合所有制改革之后，上述专有技术在启动时进行了确权，科研团队加班加点，从设计到成型仅用了4个月零10天。科研团队后续通过对项目专利成果的评估，以增资扩股的方式获得了四川中唐空铁科技有限公司11.11%的股权。

## 六、评优评奖机制

在关注科研人员物质激励的基础上，精神层面的激励也不可忽视。精神激励的实现途径是多样的，例如，可开展年度先进科研团队与优秀个人的评选活动，尤其是那些在政产学合作创新中科研成绩突出的团队与个人,还可适当借助报刊、会议、网站等方式进行宣传,以扩大影响力。中国产学研合作促进会于 2007 年成立,该机构通过探索政产学合作新模式、新机制、新方法、新途径,以促进创新成果的商品化、产业化。自 2009 年以来,该机构组织开展了中国产学研合作创新与促进奖的年度评选工作,设立了"中国产学研合作促进奖""中国产学研合作创新奖""中国产学研合作创新成果奖""中国产学研合作突出贡献奖"等诸多奖项。在国务院设立的国家科学技术奖获奖名单中,产学研合作项目受到关注。以 2013 年的国家科技奖励数据为例,国家科学技术进步奖包含校企合作 29 项、研企合作 15 项、校研企合作 33 项;在国家技术发明奖中,上述三类合作项目在合作获奖总数中的占比高达 82.9%。上述奖励机制对推进政产学合作创新产生了重要影响。

## 第二节 价值链中的合作创新激励

合作创新是不同创新主体之间资源互补、知识和技术共享的重要渠道,可以从交易成本理论、资源理论对合作创新的动机进行解释。交易成本理论认为,当创新主体之间治理成本较低、组织间知识共享/转移的效率较高时,创新主体会选择合作创新。资源理论认为,企业是资源和关系的组合,其通过整合和利用有价值的资源实现企业价值最大化,知识(特别是隐性知识)资源是企业重要的战略性资源,隐性的、复杂的、异质性的知识是很难模仿和购买的,合作创新可以产生和获取知识。很多企业选择与其他企业建立网络伙伴关系来共享知识或共同进行研发(Reagans and McEvily, 2003)。在这一过程中,企业与各伙伴之间建立起相互协作的关系,在价值链上实现资源和信息的共享与互补,这种协同效应促使企业获

# 第七章 合作创新的激励

得更高水平的产品和流程创新（Tomlinson，2010）。创新网络对于企业创新尤为重要，合作创新中的激励受到关注。

## 一、企业之间的合作创新激励

随着创新风险与成本的增加，创新模式得以进一步发展，很多企业利用价值链或创新网络提升创新能力和绩效、分担风险、降低交易成本，从而适应竞争环境的变化。企业间合作的目标有四类：一是效率目标，即企业通过合作提高创新绩效；二是学习与互动目标，即企业通过合作，学习合作者的知识和技术，或通过互动提升自身的创新能力；三是获取信息目标，即企业通过合作，收集重要信息，分析技术和市场发展趋势以及市场机会；四是竞争目标，即企业通过合作，控制或引导合作者的行为，维持自身的竞争优势。不同的合作目标会产生不同的合作行为，如果企业之间合作的目的是为了控制或获取资源，则一个企业的成功通常意味着另一个企业的失败（Lorenzoni and Baden-Fuller，1995）。创新平台作为让其他公司发展互补创新技术的基础，让第三方创作者开发新产品或服务。创新平台至少有一边是由提供互补产品的企业组成的，另一边则是由最终用户组成的。通过交易平台，用户、组织可以直接交换、交易各种商品或服务。例如，以谷歌公司为核心企业的高科技产业集群中，谷歌为获得逆向技术溢出而设立了扶持创新项目，每年谷歌通过扶持创新项目选拔出具有潜力的初创企业，为这些小型公司配备人员并提供资金和技术支持，当小型公司发展到一定程度后，再通过兼并、收购、签署技术开发协议等形式将其移植进谷歌的生态系统中。截至2017年6月，谷歌通过扶持创新项目与75家小型公司建立了合作，获得了超过200项专利技术（张春晏，2017）。

网络效应能够带来用户黏性，针对黏性不同的用户可以实行差异化服务与差别定价。网络效应使用户成为关键资源，用户规模扩大带来的网络规模增加为企业积累了更广泛的关系资源，创造和传递了更多的价值。网络规模增长的自增强效应能够降低企业的资源获取成本，降低合作伙伴之间的交易成本，使合作伙伴共享行业层面的创新成果。位于网络中心的企业在创新方面将更具优势，而知识获取、消化、转换和应用能力能帮助企业有效降低信息不对称程度，推动企业创新绩效的提升，并且企业的知识获取和知识消化能力越强，企业通过改善网络位置而获得的创新收益越大（钱锡红，2010）。企业的创新能力在互动导向与企业创新绩效的关系间发挥着中介作用，互动导向只有通过信息的有效吸收、筛选和转化才能确实提高创新绩效，这种关系对善于利用已有资源的企业更加显著（何一清 等，2015）。但网络关系对创新也有负向影响，如网络嵌入惰性、互惠排他性、市场趋同、机会主义行为、信息不对称等，网络嵌入过度可能阻碍企业创新绩效的提升。网络嵌入惰性使得关系专用性投资增加，关系专用性投资本身的目的在于维持和提升关系强度，但随着专用性投资的加大，企业间机会主义行为的风险也会增加（Williamson，1984）。对此，需要建立新型的合作关系，激励合作企业进行创新投入。

开放式创新的广度、深度与创新绩效间分别存在倒 U 形关系，企业要合理把握其深度与广度。合作关系会弱化开放式创新广度与创新绩效间的倒 U 形关系，强化开放式创新深度与创新绩效间的倒 U 形关系。竞争关系对开放式创新与创新绩效间的调节作用正好与合作关系相反。合作关系有利于企业广泛利用外部知识资源，但要防范过度加大开放式创新深度，如果形成路径依赖，将损害创新绩效。竞争关系不利于企业利用外部知识资源，但有助于提醒企业不要过度加深与外部知识网络的合作。正式制度可以激励企业扩大开放式创新的广度，但可能限制开放式创新的深度。非正式制度会弱化开放式创新深度与创新绩效间的倒 U 形关系，但是对开放式创新广度与创新绩效间关系的作用不显著。非正式制度能够激励企业加深开放式创新深度，但是对开放式创新广度没有影响。企业要适度使用开放式创新模式，合理地处理企业间的"竞合"网络关系，以及利用正式和非正式制度提升企业创新绩效（杨震宁，赵红，2020）。

# 第七章 合作创新的激励

产业集群内的优势企业应该积极利用创新网络，加强与其他企业之间的知识交流与共享，培育信任与合作关系。地方政府应该构建产业集群内显性技术和隐性技术互动的知识平台，加大政府科技投入力度，将技术溢出转化为生产力。根据企业影响力和企业在产业链上的重要性的不同，可以将企业分为优势企业和辅助企业两类。优势企业应该保持适度的权力集中，避免过多采取强制命令的方式要求辅助企业，过分剥夺辅助企业的利益，应与辅助企业构建长期稳定的创新网络关系，建立战略合作伙伴关系。产业集群内的辅助企业，应结合其依赖关系情形，选择相匹配的创新方式。当不对称依赖水平较高时，技术溢出对辅助企业的推动作用并不是非常显著，此时基于非正式交流的模仿创新更适合辅助企业。但这种模仿会导致同质化产品的恶性竞争，不利于集群的可持续发展。辅助企业在实现一定的技术积累，缩小与优势企业的差距后，应主动寻求与优势企业的合作，通过与企业建立战略联盟关系，结合自主研发与技术溢出两种策略进行创新（杨菊萍，贾生华，2009）。

传统的技术溢出理论以核心企业技术位势高于中小企业为前提，将技术溢出视为从核心企业到中小企业的单向运动，忽略了技术水平相对落后的中小企业在推动集群创新过程中的重要作用。核心企业要有主动识别和吸收来自合作伙伴且对自身有益的技术知识的能力。中小企业有时能够向核心企业进行反向技术溢出。中小企业向核心企业的技术溢出，能够使核心企业以较低的研发投入获得改良或创新型技术，甚至是突破性创新。已有的关于技术溢出效应与创新绩效关系的研究，有两方面的不足：一是已有研究多以单向的视角探究核心企业技术溢出对绩效的影响，忽略了中小企业对集群知识的贡献。二是多从微观企业层面研究，主要考察微观企业的个体能力对技术溢出的影响，突出核心企业与中小企业之间的对立和博弈关系，对合作创新活动中的依赖关系研究不够。

企业创新管理者的风险偏好影响着创新模式的选择，微观层面关于企业创新模式的研究多在最小成本理论框架下进行。最小成本理论认为企业自主研发与外部技术合作、技术引进存在替代关系。当企业进行自主研发的成本较高或创新资源有限时，可以通过外部协作，如外包、并购以及技术购买等方式进行创新，即自主研发与技术合作、技术引进之间是一种替代、互补的关系。企业之所以选择不同的创新模式，一个关键原因便是研发投入强度问题。自主研发旨在脱离现有知识资源以带领组织走向新的技术范畴，从而为企业带来新产品设计、新技术方法以创造超额收益，但其结果很难预料并伴随着巨额的固定成本和沉没成本。技术合作，以及技术引进的范围经济性和学习经济性可以分散技术不确定性的风险和成本，有利于短期内创新效率的提高。技术合作和技术引进虽不如自主研发在未来可能为企业带来的超额收益多，却能在短期内为企业创造稳定的经济回报。

## 二、价值链中依赖关系对创新激励的影响

技术创新网络中企业的知识权力相较于网络结构权力，对合作创新的影响更大。价值链中的企业，由于技术资源禀赋、对外依赖性的差异，形成了相互依赖的关系。优势企业规模大，拥有核心技术，吸收能力和利用能力强，能够利用自身影响力带动和组织其他企业协同创新、共同发展。优势企业与辅助企业掌握的资源不同，导致了权力差异，由此形成联合依赖、不对称依赖两种关系（Emerson, 1962）。联合依赖关系中的主体相互依赖程度较高，产生依赖关系的企业大多关注对方的态度和行为，能够积极了解和回应对方行为。联合依赖程度高，说明企业间资源的互补性强，易于形成互利互惠的合作关系，有助于双方利益紧密地联系在一起（Casciaro and Piskorski, 2005；李玲，2011）。

企业间较高的联合依赖关系有利于协同性的提升，这种互惠关系在相对稳定的环境中，也有利于与合作伙伴交流、分享知识和经验，为产业集群中企业突破各自的技术创新瓶颈创造条件。联合依赖有助于优势企业与辅助企业在创新合作中降低冲突水平，降低交易成本，产生协同效应。由

于机会主义行为不利于企业保持长期合作关系,优势企业和辅助企业更关注长期互惠,从而减少了技术泄露、"搭便车"等破坏行为,能够增强双方合作的积极性与意愿,促进合作创新,促进双向技术溢出效应转化为集群创新动力。对于正向技术溢出(优势企业的技术输出),联合依赖水平越高,辅助企业所掌握的技术知识与优势企业差距越小,对正向技术溢出带来的技术知识能够更好地吸收,进而产生更高的创新绩效。对于逆向技术溢出(辅助企业的技术输出),较高的联合依赖水平有利于优势企业关注辅助企业的新技术,并识别其潜在的效益(李宇,唐蕾,2020)。

高度的依赖性会导致网络中企业之间目标与结构趋同,进而降低企业强化其竞争优势的动机,降低其创新水平(张巍,党兴华,2011)。在对企业创新失败案例的研究中,研究者发现合作创新虽然可能会降低辅助企业应用新技术的成本,却容易导致产品的同质化竞争,损害企业的创造力,产生创新依赖性,陷入"集体创新动力缺失"的困境。例如,以一汽集团为核心构建的汽车产业集群,有实力雄厚的央企作为核心企业,但由于集群周边中小企业对核心企业溢出的技术进行简单的复制和模仿,集群产品整体层次较低,整个产业集群陷入发展后劲不足的困境(林毅夫,安桂武,2017)。对此,产业集群需要进行创新治理,建立创新评价机制和激励机制,及时更新和淘汰贡献度低的合作者,筛选优质的合作企业,提高集群整体创新绩效和竞争力。

不对称依赖关系主体中的劣势一方对优势一方的依赖程度较高,双方的依赖关系不对称时,优势一方可能会攫取劣势一方的权益来提高自身绩效(Gulati and Sytch,2007)。企业间权力将偏向拥有更多创新资源的一方,权力失衡会导致弱小企业的利益受到侵害,受到侵害一方可以采取报复或退出行为,从而加剧合作关系的不稳定性,以及合作双方在创新投入上的限制和猜忌,最终对产业集群创新绩效产生负面影响(Xia,2011)。不对称依赖水平较高时,由于知识和创新的劣势,辅助企业给予优势企业的创新贡献有限,不利于产业集群整体创新绩效。即使与优势企业建立合作关系，在正向技术溢出中，优势企业也会利用网络权力，促使辅助企业接受不利条件和不平等的合作关系，不利于产业集群持续创新。

王永贵等（2017）把依赖关系划分为算计性依赖和关系性依赖两种关系，探讨了不同依赖关系对供应商创新能力的影响。算计性依赖指供应商基于交易考虑，通过计算顾客带来的利益得失而形成的顾客依赖。算计性依赖关系建立在供应商对投入与收益不断评估与衡量的基础上，目的是保证与顾客现存交易的利益份额或期待在未来获得更多的交易，具有任务导向性。依赖关系的强弱取决于顾客所能提供的关键资源、顾客的可替代性以及顾客流失的成本。关系性依赖是基于关系角度的依赖，指供应商在合作过程中与顾客形成的情感纽带、情感累积以及对维护双方合作关系的责任义务的认知，是顾客对供应商重要性的体现。其产生根植于合作，旨在保持双方关系的稳定性和持久性，扎根于双方的长期合作关系，关注重点是供应商与顾客的关系。

技术不确定性在算计性依赖与供应商创新能力之间起正向调节作用，在关系性依赖与供应商创新能力之间起负向调节作用。需求不确定性在关系性依赖与供应商创新能力之间起正向调节作用，在算计性依赖与供应商创新能力之间起负向调节作用。面对算计性依赖，供应商可以化压力为动力，于细微处谋优势，充分利用为顾客服务过程中的自主创新，积极创造与顾客协同创新的机会，提升供应商的创新能力。有些企业过分依赖顾客关系，将顾客需求视为生存与发展的唯一风向标，这可能给企业带来危机。供应商要结合外部环境的变化合理发挥其积极作用，避免夸大关系性依赖的作用，不宜将供应商视为"成本中心"，而且应将其视为创新来源之一。

## 三、用户合作创新的激励

将用户资源整合到创新网络中，可以加快创新进程。用户参与可以提高新产品的开发速度，对新产品盈利能力有积极影响。用户作为新产品的设计者，可以提升企业的创新能力和效率。用户作为决策者可以为企业制定更符合用户需求的决策，对创新绩效产生积极影响。Hoyer 等（2010）将用户参与产品创新的过程分为创意产生、产品开发、商业化、产品发布四个阶段。在创意产生和产品开发阶段，用户参与可以降低成本、提升创新效率，从大量用户的创意中识别出有价值的建议，建立管理机制和激励机制；在商业化与产品发布阶段，用户参与可以节约营销成本，提高产品传播速度、提升产品成功率，企业同时需要处理负面口碑的不利影响。在产品创新的早期（创意产生阶段），用户参与的价值最为明显；在产品开发阶段，企业更依赖自身的技术；在商业化和产品发布阶段，用户信息对产品创新的影响程度较小。随着互联网技术的发展，用户的角色发生了变化。Xie 和 Jia（2016）运用扎根理论，研究用户在线社区参与企业新产品开发的动机，发现动机包括用户需求、补偿、个人兴趣等。

"众包"指通过互联网平台向大量的、多样化的用户群体搜集新产品创意的模式。这种模式可以激发和挖掘用户的潜力，促进企业与用户建立紧密联系，提升企业的创新能力，在产品创新中发挥着重要作用（Acar,2019）。用户创新工具箱方式指企业为减少需求黏性和信息转移成本，将产品设计部分交给用户的方式（Thomke and Hippel，2002）。这种方式能够增加用户参与的积极性，也可以提高企业产品创新效率。在共同设计过程中，工具箱的支持程度越高（提供的信息量越大和指导作用越强），用户对企业的认同感越强。价值共创指企业和用户等多个利益相关者之间进行合作从而创造价值的过程。企业为用户参与产品创新提供机会，通过在线社区与用户建立关系，在社区环境中识别共同合作的用户。影响用户参与价值共创活动的因素包括内部因素，如学习、快乐、自我尊重、自我效能和自我表达等；外部因素，如财务奖励、事业提升、社会资本、个人关系和社会地位等；超越性因素，如为满足他人的需求和福利等。用户参与共创活动有助于提升个人与企业的价值。在共享经济中，促使人们从被动的产品接受者到主动的价值创造者的影响因素主要包括自我效能感、责任认知、报酬期待、学习过程等，用户参与价值共创的动力来自企业情感激励、企业支持和企业在线社区文化构建等（Liu et al., 2019）。

## 第三节 从自我激励到合作创新激励案例

　　TJQ 公司生产经营金属产品，贯彻绿色可持续发展理念，构建低碳、清洁、环保、"零排放"的生产体系，持续提升设备自动化水平，逐步实现智能化，在保证产品质量的同时，坚持自主创新、协同创新，全面提升公司创新能力。TJQ 公司始终坚持"追求高品质产品永无止境，为用户服务尽善尽美"的核心价值观，通过创新驱动引领行业发展。2008 年，公司销售收入 46 亿元。2009 年，产销量破百万吨（102 万吨），出口 9 万吨，销售收入超过 50 亿元，产品行销美、英、日等 40 多个国家和地区。公司有员工 7000 多名，研发人员 130 多人，年投入研发经费 5000 万元。2013 年，销量达 136.5 万吨，占国内总量的 1/3、全球总量的 1/6，销售收入 60 多亿元，创汇 8297 万美元，上缴税金 3.22 亿元。2018 年，公司继续以"一带一路"为指引，国际化战略取得了新进展，出口量为 38.9 万吨。2018 年，公司加大科研力度，进行产品技术创新，TJQ 公司全年共申报专利 102 项，产品成功应用于国家重点工程。2019 年，年销量超过 150 万吨，公司产品出口继续保持增长态势，国内市场占有率接近 30%。公司的总体目标是致力于国家重点工程与区域建设对各类产品的需求，突破重点产品，做好客户服务，坚持实施"走出去"战略，加快实施海外产业布局，提高国际竞争力。

# 第七章 合作创新的激励

## 一、公司创办人的自我激励

TJQ 公司的创办人是国内知名材料专家 H 先生。1985 年，62 岁的 H 先生在国有企业退休后开始创业。他认为，在产品创新方面还有很多课题需要继续研究，他的目标是要让中国的产品达到国际先进水平。H 先生于 1985 年在天津经济开发区兴办了合资企业，1987 年投产，生产自主研发的高端产品。H 先生曾说："我这一辈子除了做产品，就没别的念想了，我的魂在产品里。"2008 年，85 岁的 H 先生仍不退休，他说："在高端产品方面，中国跟西方国家公司的差距还有 1 公里。" H 先生从事产品制造数十年，在原材料、生产设备、生产工艺等领域拥有多项专有技术。该行业在国际上的竞争非常激烈，H 先生凭借着不气馁和坚忍不拔的毅力，硬生生地拼出来一条"血路"。

TJQ 公司实施转型升级的关键在于科技创新和产品优化。公司集中科研优势，加速产品由中低端向高端发展，形成以"专、精、特"，以及高端、高效节能环保为主导的新型产品结构，确保与新材料、新技术、新工艺的对接，实现高质量发展和可持续发展。TJQ 公司调整产品结构，向高端转型，加快研发基地建设和对国内企业的收购，逐步减少普通产品的产量，加大特种高端产品的生产，将普通产品与高端产品的比例从 6∶4 调整至 4∶6。TJQ 公司已经在三个方面走在全国同行业前列：一是产品研发。公司瞄准世界领先水平，追踪新材料新工艺，突出绿色节能环保，自主研制出全面满足国内需求的"专、精、特"新型产品。二是工艺装备创新。公司研制具有高精、高速、高效特质的现代化成套装备，率先使产品制造工艺达到国际先进水平，实现精益制造。三是进军国际高端产品市场。公司在产品快速升级换代的基础上，使高端产品批量打入国际市场，让"中国制造"成为"中国创造"，赢得国际高端产品市场的话语权。经过三十多年的发展，TJQ 公司达到了行业领先水平。TJQ 公司的迅速崛起再次表明,科学技术是第一生产力,谁抢占了科技制高点,谁就能"会当凌绝顶,一览众山小"。

TJQ 公司第二代接班人曾任公司总工程师,主要负责生产设备的制造和研发工作,为更新创新设备付出了心血。有时为了一个技术工艺难题,他经常十天半个月不回家,事迹感动了公司的许多员工。公司的第三代接班人于 2004 年从加拿大约克大学毕业,专业是工商管理,在爷爷的培养下不断进步。第三代接班人首先在销售处工作,他虚心向有着多年销售经验的同志拜师学习,熟悉业务,扎实工作,很快就全面掌握了公司的销售业务,于 2007 年年底被任命为公司副总经理,分管与公司销售部门密切联系的供应处。针对公司每日原材料和产成品大进大出的特点,他调整了公司的组织架构,建立了物流处,使产品配送更加合理、顺畅,部门间配合更加默契,大大降低了运输成本。依靠先进的经营理念、高度的敬业精神和敏锐的创新意识,他于 2015 年获得天津市"五四青年奖章"提名奖。

## 二、研发人员及其团队的创新激励

创新驱动引领行业发展,开创产品新时代。TJQ 公司投入大量人力物力研发高端产品。数十年间,研制出新型产品数十种,其中有不乏填补国内空白、达到国际先进水平或获得国家及天津市科技进步奖的新品。2015年,TJQ 公司建设产品研发生产基地,由 130 多名科研人员组成高素质创新团队,每年投入数千万元科研资金,构建起高端产品创新平台。H 先生特别重视激励技术人员、重视技术创新、重视企业创新型人才,每年都从公司的利润分红中拿出 1000 多万元,作为额外鼓励金发放给优秀的管理人员、技术人才和骨干员工。公司创始人曾说:"公司拥有好的技术人员非常不容易,出类拔萃的技术人员年薪可以达到 100 万元,比董事长的工资都高,而且我'哄'着他们干活,让他们把自己的优势发挥出来。公司领导'哄'着员工干活,管理者就是要让公司的管理人员、技术人员都能抱团儿，劲儿往一处使，我的工作就是为他们创造可以使劲儿的条件。"

TJQ公司建立了绩效恳谈会制度，定期与核心员工恳谈。公司还建立了改善提案的制度，鼓励全体员工提出能显著改善安全生产条件、提升生产效率、降低劳动强度、改善产品品质的技术、管理创新方案及合理化建议，包括本职性和跨岗性提案，并做好提案的评估工作，加大改善提案的奖励力度。主管副总经理根据改善提案完成情况，结合相关部门出具的结论，对提案进行评审，确定是否符合申请奖励要求、是否进行推广。按照提案实施完成后3个月的效果，计算出未来一年能够降低的成本或创造的效益，由财务管理部门核算相关数据，奖励等级及标准如表7-1所示。奖励方案在每季度实施，召开改善提案表彰会，颁发证书，鼓励创新精神，推动创新精神正能量的传递。2020年1月，TJQ公司举办了新年联欢会，进行一年一度的"优秀员工"的颁奖盛典。公司董事长为获奖员工颁奖，共计19名员工获此荣誉。

表7-1 奖励等级及标准

| 级别 | 一级 | 二级 | 三级 | 四级 |
| --- | --- | --- | --- | --- |
| 分值 | 14分及以上 | 9—13分 | 5—8分 | 4分及以下 |
| 奖励标准 | 2000元以上 | 500—2000元 | 200—500元 | 纪念品 |

TJQ公司对研发人员进行考核，基本原则是以"鼓励、促使、进步"为纲，坚持以工作职责为主要依据，定性与定量相结合，通过上级考核下级与360度考评相结合的方式，实事求是、客观公正地进行绩效考核。人力资源处在每年4月、7月、10月开展绩效考核季度复核。考核评定等级包括优秀级、良好级、基本级和改进级，各类等级比例由管理工作委员会制定。如果部门评定比例与委员会制定的比例不一致，部门须写明原因，上报主管副总经理确认，由总经理审批，以总经理最终审批结果为准。绩效考核结果将实行淘汰制，对于年度考核结果评定为改进级的人员，部门给予留用或免职意见，人力资源处给予考核意见，主管副总经理给予最终

意见后，进行留用或免职调岗处理。考核结果将作为参考因素之一，应用于如下方面：职务升降、员工培训、薪资调整、人才梯队建设、员工福利（如职工公寓分配等）、员工评选（如推优）、鼓励金发放。

TJQ公司建立知识产权申报项目奖励规定，以提高科技人员或其他人员对知识产权申报的积极性和对知识产权工作的重视程度。如对于外观专利，若专利申报人为该项目直接参与设计的发明人，即原创人，并且项目在申报时已经在公司的生产、制造、经营等工作中成熟应用，则外观专利项目的奖励是：奖金额度500元/项，专利经行政审批机构受理并取得专利证书后，给予奖励资金。若专利申报人为该项目直接参与设计的发明人，即原创人，项目在申报时未在公司的生产、制造、经营等工作中成熟应用，则外观专利项目的奖励是：奖金额度300元/项，专利经行政审批机构受理并取得专利证书后，给予奖励资金。若专利申报人非该项目直接参与设计的发明人，项目在申报时在公司的生产、制造、经营等工作中成熟应用，则外观专利项目的奖励是：奖金额度100元/项，专利经行政审批机构受理并取得专利证书后，给予奖励资金。

对于实用新型专利，若专利申报人为该项目直接参与设计的发明人，即原创人，项目在申报时已经在公司的生产、制造、经营等工作中成熟应用，则实用新型专利项目的奖励是：奖金额度1000元/项，专利经行政审批机构受理并取得专利证书后，给予奖励资金。若专利申报人为该项目直接参与设计的发明人，即原创人，项目在申报时未在公司的生产、制造、经营等工作中成熟应用，则实用新型专利项目的奖励是：奖金额度500元/项，专利经行政审批机构受理并取得专利证书后，给予奖励资金。若专利申报人非该项目直接参与设计的发明人，项目在申报时已在公司的生产、制造、经营等工作中成熟应用，则实用新型专利项目的奖励是：奖金额度200元/项，专利经行政审批机构受理并取得专利证书后，给予奖励资金。

对于发明专利，若专利申报人为该项目直接参与设计的发明人，即原创人，项目在申报时已经在公司的生产、制造、经营等工作中成熟应用，则发明专利项目的奖励是：奖金额度5000元/项，专利经行政审批机构受理并取得专利证书后，给予奖励资金。若专利申报人为该项目直接参与设计的发明人，即原创人，项目在申报时未在公司的生产、制造、经营等工作中成熟应用，则发明专利项目的奖励是：奖金额度3000元/项，专利经行政审批机构受理并取得专利证书后，给予奖励资金。若专利申报人非该项目直接参与设计的发明人，项目在申报时已在公司的生产、制造、经营等工作中成熟应用，则发明专利项目的奖励是：奖金额度500元/项，专利经行政审批机构受理并取得专利证书后，给予奖励资金。

此外，项目发明人可根据项目的技术水平提出双申专利申请。国家《专利法》规定双申两项专利都获得授权时，申报方只能选择其中一项专利权。双申专利的奖励是：对于有双申情况的项目，在其中第一个专利获得授权后依据以上相应专利的奖励办法进行奖励；在第二项专利获得授权后，依据以上相应专利的奖励办法进行奖励，因专利在拥有权限上只能选择其中的一项，故奖励时扣除第一项专利奖励资金。以上奖励金额以项目为单位，每个项目中的参与者应得的奖金由该项目的主要负责人按照每个成员的贡献大小进行分配，并将分配方案上报部门主管领导和公司总经理批准。按照专利实施情况，申请相应的奖励额度，凡是专利已经应用实施的申请，需由专利申请部门将专利应用实施后产生的效果阐述清晰，并提供具体的数据支撑后，由专利应用部门进行验证、签字。如未实施，专利奖励申请人及所在部门负责人需阐述专利未实施的原因。主管领导要认真审核专利申报情况的真实性和资金分配的合理性。

培育人力资本离不开绩效考核。绩效考核既是培育人力资本的途径，又是人力资本培育必需的前提条件。绩效考核离不开分配公平。将TJQ公司建设成幸福企业，就是为了让员工共享企业发展成果。只有幸福企业才能长久生存发展；只有各方共同受益，企业才能长盛不衰。许多企业倒闭，一个很重要的原因就是绩效考核中的利益失衡。深刻理解"鼓励、促使、进步"，就是要通过绩效考核，让上至总经理、下至员工，都有奋发图强的平台，都有晋升的空间和机遇。企业要重视人才的选拔培育，通过考评，发现人才、推荐人才。谁培育的人才越多，谁的贡献就越大。每一个"TJQ人"都要努力学习专业知识，熟练掌握本部门、本岗位的工作技能，争做技术能手。TJQ公司以绩效考核为抓手，进行民主考评，为绩效考核提供依据。公司通过客观公正的评语监督员工。一个员工的评语，将分别由本部门和外部门的人来写。本部门为同级、上级各1人，下级至少2人（多者不限）；外部门则应是和被考评人经常打交道的部门的人员，由绩效推动组按照其业务的关联度选择，至少3人（多者不限）。写出的评语交由集团管理委员会参考，由绩效推动组留存保管。背对背写评语并绝对保密，不仅可以打消考评人心中的顾虑，对被考评人做出真实评价，还可避免造成考评人与被考评人之间的矛盾。

### 三、合作创新激励

TJQ公司的主导思想是"双赢、优势互补"，做企业不能唯利是图，要让与TJQ公司合作的机构都能获利。TJQ公司重视探索式创新，通过创新合作获取知识，与用户合作、与国内和国际同行业机构和专家合作，引进海外研究机构，共建TJQ研究院。2019年，TJQ公司与全球顶级研究院签订合作协议，为项目提供研发资金，并建立专门的激励机制。该项目围绕中国在该领域急需的高端新材料、新技术、高端装备制造等资源（基础理论、工程应用技术、科技人才、客户等），建立研究院及合作平台。依托该研究院，TJQ引进高端技术人才，组建国际化高水平研发团队，进一步孵化产业项目。利用TJQ公司在新材料应用市场的优势，以及研究院在基础科学和应用研究方面的技术和人才资源优势，发展国际科技合作基地的平台优势以及在新材料的国际合作基础，联合开展创新技术研发和成果转化，促进制造技术向绿色、高端、高效、智能化方向发展。

TJQ 公司通过与大学合作，研制出机械装盒、码垛、装箱等自动化设备，实现了重体力岗位机械设备替代人工处理。通过大力实施技术创新和管理提升，实现领先行业、强国富民的奋斗目标。通过合作创新，TJQ 公司的创新得到大幅度提升，拥有国家级企业技术中心、院士工作站、博士后工作站、天津市重点实验室等多个平台。2019 年，TJQ 公司的特种材料研发生产基地项目入选天津市 20 项重大工业项目。TJQ 公司 1993 年被评选为"高新技术企业"，所属子公司于 2009 年也被评选为"高新技术企业"。TJQ 公司依靠科学高效的技术创新体系、不断探索与实践的技术研发队伍、先进齐全的检测设备、稳定可靠的产品质量，根据用户要求及时进行产品的售后服务和创新，工程技术人员在产品选择、工艺、质量等方面为用户提供咨询与服务，与用户密切合作，进行产品创新和优化；建立人力资本培育工程，以实现企业长久发展。

## 四、TJQ 公司创新激励的效果

TJQ 公司在成立早期，就十分重视技术创新。企业进入成熟期之后，创新与管理并重，开展合作创新，以突破式创新为主导。在创新资源配置方面，研发部门进行预算的统筹管理，包括资金预算、研发项目数量、研发人员的考核指标等，预算管理权力大，有利于促进技术创新。研发活动定位于技术创新，不包括常规性产品与服务升级或科研成果的直接应用。

在创新绩效考评方面，TJQ 公司研发部门的工作职责由上级布置，"明确方向、采集需求"，以创新服务客户为目标。技术部门领导可直接评价，容忍创新失败的时间以 1 年为周期，容忍期较长。绩效评价过程中，采取"工作职责+360 度评语"方式。与另外一家同行业企业（TDQ 公司）相比，TJQ 公司研发经费实行变动成本法核算，有利于研发费用管理，见表 7-2。

表 7-2　TDQ 公司与 TJQ 公司创新绩效考评对比

| 项目 | TDQ 公司 | TJQ 公司 |
| --- | --- | --- |
| 研发任务 | 工作任务明确固定：基础工作+加分项目 | 工作职责由上级填写；"明确方向、采集需求"，以创新服务客户为目标 |
| 评价模式 | 创新成果评审会鉴定制：总会计师组织对项目进行评审并负责对该项目的各项指标给出真实评价；评分制：研发人员绩效年度考核；容忍创新失败 | "工作职责+360度评语"：技术部门领导可直接评价，创新主体的评语背对背式保密撰写，具体事项具体考核，写评语的为同级、上级各1人，下级至少2人（多者不限）；外部门参与写评语的，按业务关联度选择，至少3人（多者不限）；容忍创新失败 |
| 基础性工作 | 对不同职称的研发人员，设定相应新产品、论文及专利数量的硬性要求，可能出现"为创新而创新" | 无此相关基础性工作要求，强调以用户为中心 |
| 晋升 | 研发人员绩效年度考核 | 年底述职：长期攻关项目可持续开展研发；科级人员35%的优良率；研发部组级人员30%的优良率；员工级人员50%的优良率。各类人员的晋升比例较高 |
| 研发费用核算 | 财务部考核，完全成本法 | 变动成本法，有利于研发费用管理 |

在创新激励方面，TJQ 公司由家族成员任 CEO，具有控制权激励作用。对于研发人员，实施"高薪聘任+情感激励"方式。研发项目申报时，个人或团队（部门或分厂）均可以提出申请，研发项目申报程序和提交的资料较为简单，有利于激发研发人员的积极性。在创新奖励方面，奖励金额较低，主要是考虑了研发人员已经得到了较高的固定薪酬。与 TDQ 公司相比，TJQ 公司在创新激励方面的灵活性更大，不仅重视客户合作创新，重视与国内高校和研究机构合作，还高度重视国际合作，进行突破性创新，见表 7-3。

表 7-3  TDQ 公司与 TJQ 公司的创新激励

| 项目 | TDQ 公司 | TJQ 公司 |
| --- | --- | --- |
| CEO 激励 | 研发提成分享制 | 家族成员任 CEO |
| 研发人员激励 | "分类管理+高额奖励"：基础性研究型研发人员采取单一工资模式；新产品开发型专业技术人员采用"高薪+科技成果转化提成"；高职称研发人员采取"高薪+奖金"模式 | "高薪聘任+情感激励" |
| 研发项目申报 | 必须以团体、分厂为申报主体，个人不得申报；申请材料多且较为复杂（六项申报资料）；缺少投资决策分析各阶段的具体内容 | 个人、团队均可申报，程序较为简化 |
| 奖励金额 | 较高，但难以获得 | 较低，研发人员固定薪酬较高 |
| 奖励分配 | 预留奖金的 20% 奖励其他人员，其余的按核心研究人员和辅助研究人员比例进行奖励，高管人员提成部分未计算在内，研发人员最终获得的奖金可能较低；重大创新奖励 20 万元，但具体制度约束多，获得奖励的难度较大 | 团队负责人按贡献大小对科研奖金进行分配，需要通过部门主管领导和公司总经理批准 |
| 合作创新激励 | 重视与客户合作，开展产品创新和品质提升；重视与国内高校和研究机构合作，提供科研项目经费，进行创新合作 | 重视客户合作创新；重视与国内高校和研究机构合作，提供科研项目经费，进行创新合作；重视国际合作，进行突破性创新 |

# 第八章 国家层面创新激励

自从18世纪60年代第一次工业革命开始，科技创新从人们日常生产生活中的偶发行为转变为国家战略。各国政府都在不断对自身的创新战略以及激励政策进行调整和完善，以期把握时代发展先机，在全球竞争中占据优势地位。1987年，英国学者克里斯托弗·弗里曼[①]在《技术政策与经济绩效》(Technology Policy and Economic Performance)一书中，研究日本的技术创新过程，首次提出了"国家创新体系"概念，认为技术创新不局限于正式的研究和开发，还包括一系列相关要素，如政府创新政策、企业及其科研、教育培训、产业结构优化等。近年来美国与欧盟均把创新置于前所未有的战略高度，将其作为未来发展的基础动力，大幅度提高研发投入。随着创新进程加快，产品周期缩短，学科间交叉融合加强，中国也提出了建设创新型国家的目标，不断优化创新激励政策，并在近些年取得卓越成效。

---

① 克里斯托弗·弗里曼（Christopher Freeman，1921—2010），英国科学政策研究所创建人和第一任负责人，长期致力于技术创新研究。

创新激励研究

# 第一节 英国的创新激励

英国人发明的蒸汽机曾经将人类推向新的纪元,现代自然科学也在这里奠基。英国是现代资本主义制度的策源地,曾涌现出了许多世界顶级科学家和创造者。英国哲学家弗朗西斯·培根[①]的名言"知识就是力量"在知识经济时代依然是人们的座右铭。从19世纪后期开始,延续殖民时期的资本输出已无法持续将科技成果转化为商业优势,英国创造力的比较优势逐渐下降。目前,英国研发支出占GDP的比例已连续20多年低于世界均值。为了重振雄风,英国政府围绕新时代的创新发展推行了一系列的改革举措,致力于进一步提升研发效率和科技成果转化率。

## 一、工业革命推动的"日不落帝国"

15世纪中期之后,英法百年大战终结,英国开始全力建设自己的封建王国,1688年的光荣革命使得英国摆脱了封建制度。在政治革新的同时,海上贸易的发展推动了英国的工业进步。对生产力的需求调动了工人的创造力,促成生产工具的改进。从约翰·凯伊(John Kay)的飞梭,到詹姆斯·哈格里斯夫(James Hargreaves)的珍妮纺纱机(Spinning Jenny),再到理查德·阿克莱特(Richard Arkwright)的水力织布机,英国不仅将新技术推广到生产中,也记录了每一项技术的归属。而瓦特改良蒸汽机,更是将英国一举推上了世界经济的巅峰。以蒸汽机的发明和广泛应用为标志的

---

① 弗朗西斯·培根(Francis Bacon,1561—1626),英国文艺复兴时期散文家、哲学家。

第一次工业革命，推动了纺织、煤炭、冶金等近代工业的兴起和发展。由于重视发明创造和创新激励，英国的生产效率大幅提高，并通过海上贸易进行商品输出，接连打败荷兰、法国、俄国等传统强国，在全球范围内形成了以英国为核心的商业贸易圈。

除了生产力的发展，思想解放也是英国引领工业革命的重要原因。早在1620年，英国著名哲学家培根就主张人类应当用科学的知识来控制自然、利用自然。1660年，英国成立了英国皇家学会，尽管目的是用科学知识为皇室的长治久安服务，但也在国家意识层面将科学意识与创新观念树立了起来，促成了新的科学知识和精英科学家的有机结合。例如作为现代自然科学奠基人之一的牛顿，生前便受到重用，去世之后被安葬在皇室成员专属的威斯敏斯特教堂，体现了英国人对科学家的尊重和重视。

19世纪中期，英国生产了全世界半数以上的煤和铁，经济总量和对外贸易比重到达全球的40%，是名副其实的"世界工厂"。除经济实力外，英国也是当时的科技创新中心。1851年，万国工业博览会在英国召开。推动其后世界百年发展的蒸汽机、电报机、机动轮船、铁路机车等均在博览会亮相。

19世纪后期，英国科技创新的领先优势虽然有所下降，但仍然有影响深远的发明和发现产生，如电话、雷达系统、青霉素、电视、喷气式发动机等。英国以不足全世界2%的人口获得了20世纪约10%的世界级科研奖项，在研究质量和数量方面仅次于美国，且在医疗、生物、环境等领域保持领先。1997年开始，英国工党进入史上最长执政期，政府给予科研创新工作足够的经费，为基础科研提供了充分的支持。2004年，英国政府一改三年短期科技计划的传统，首次推出中长期科技发展规划，确保将科学和创新活动纳入由政府引导的长期稳定的轨道之中。例如，积极推进世界级研究中心的建设；鼓励企业增加研发投入；增加高等教育和公众教育投入；构建大学、研究机构等与企业之间的良好互动机制等，以提升知识技术转移和产业化的能力，推动建立一个以知识和创新为主导的经济体。同时，英国还实施税收优惠，不断提高企业研发费用加计扣除比例。2008年英国政府发布的《创新国家》(Innovation Nation)白皮书，强调了创新在经济社会发展中的突出作用，并提出了一系列创新激励政策，包括增加政府创新需求、加强国际化创新活动、组建创新平台等。2018年英国科研与创新署（UK Research and Innovation，UKRI）成立，用以统筹英国创新研发的公共资金，并承诺到2027年研发投资水平将不低于GDP的2.4%[①]，在长期达到3%的目标。英国政府希望能通过不断提升创新能力，使英国成为第四次工业革命的领导者。

## 二、英国的知识产权保护与税收优惠

### （一）英国的知识产权保护

英国十分注重知识产权保护，形成了健全的知识产权管理制度，促进了创新。在英国申请专利，首先应提交一份说明书，说专利的发明原理，以便确定专利能否被授予以及授予的范围。专利期限从提交日开始计算。申请人可以在未来12个月内进一步提交专利说明书和专利要求权等详细内容。一般专利从申请到获取平均需要2—3年的的时间。但在2009年英国建立了绿色专利加速审查制度后，绿色专利的获取速度可以缩短至9个月。只要申请人在申请书中说明其发明与绿色技术的关系，并选择申请加速，即可进入绿色通道（Green Channel）。

禁令和赔偿是英国知识产权案件中的两种主要法律制裁手段。大部分诉讼在禁令阶段就能得到解决，并且原告在等待审判期间可以通过申请临时禁令以实现预期结果。英国大部分专利纠纷发生在医药和生物科技领域。相关法律规定，被申请者可以启动"无事实根据威胁"程序获得保护，如果申请人没有缜密设计（有潜在侵权发生），原告的理由可能很快

---

① 2017年，OECD国家的平均研发投资占GDP的比重为2.37%。

被被告推翻。

（二）税收优惠

在知识产权转让收入方面，英国建立了专利优惠税制（也称专利箱制度，Patent Box Regime），在2013年4月1日之后的会计期间生效。该制度规定，对与专利和某些其他知识产权有关的收入按10%的税率征税。10%的有效税率是通过从应税利润中额外扣除来实现的，适用于所有来自专利的收入，包括专利费和销售专利的收入。税收优惠制度整体以加计扣除为主，同时采用税收抵免的方式强化激励，其特点在于简单、易操作和稳定性强。英国政府规定，企业用于研发投入的经常性支出和资本性支出（土地费用除外），可以加计扣除，并提供了两种基于公司规模的激励方案：一种针对中小企业，从2015年4月1日起，对符合条件的中小企业研发支出实行230%的税前扣除。如果扣除额超过了当年税基，企业可以申请现金退款；另一种针对大型企业，相关企业可享受130%的加计扣除。税收抵免适用于处于亏损状态的中小企业，抵免金额最高为研发费用的24.75%。未使用的税收抵免可以无限期结转，用于抵消未来同一交易下的利润，除非3年中的每一年都发生公司所有权变更或者贸易性质变更。政府对中小企业给予更多的研发优惠，中小企业可申请65%与研发相关的分包合同费用税收抵免，而大型企业只有在分包对象为特定对象（如大学、卫生机构、慈善机构等）的情况下才可申请分包合同费用的税收抵免。2013年4月，英国针对大型企业出台了研发费用"超限额"的税收优惠，无须缴纳企业所得税的公司可以获得现金退还，退还限额为全体员工的工资税和社保之和。

## 三、英国创新激励的主要特点

英国作为最先建立资本主义市场经济制度的国家，其创新激励政策具有自由主义传统。政府只决定拿出多少财政资金用于科研项目，资金的分配和使用则基本由科研工作者组成的同行评议竞争机制决定。英国政府始终坚持开放市场竞争以激励创业和创新的原则，每一次的科研系统重组和科研体系改革也都在为自由研究创造更好的条件和氛围。但长期的分散型科技管理体制在确保了基础科研持续性的同时，也使得技术创新方面相对薄弱，技术转化率偏低，产品市场化水平偏低。2000年，英国政府发表了《卓越和机会：21世纪科技创新政策》(*Excellence and Opportunity: A Science and Innovation Policy for the 21st Century*)白皮书，提出政府应加强对科技创新的支持和推动作用。英国政府逐渐加强对科技的宏观指导和调控，包括对科技战略决策的规划、优先领域的确定等，形成了政府引导与科研自主相结合的创新激励体系。

（一）重点研究领域的前瞻性

自1993年，英国政府实施了技术预见计划，由学界、工商业界、政界中的专业人士组成高层次的指导委员会，确定未来10到20年内可能出现的技术挑战和市场机遇，并提出应对措施。英国的技术预见计划总共实施了三轮。前两轮分别于1994—1998年和1999—2001年进行，以各领域小组的意见为主。第三轮于2002年开始，采用更加灵活的滚动项目组织形式持续进行，不再组成领域小组，而是针对每个研究主题确立项目，由权威专家进行论证，并保证有3—4个项目同时运行。2010年，英国发布第三轮技术预见报告《技术与创新的未来：英国2020年代的增长机会》(*Technology and Innovation Futures:UK Growth Opportunities for the 2020s*)，针对材料和纳米技术、能源和低碳技术、生物和制药技术、数字和网络技术四大领域提出了53个重要的关键技术，7个潜在的增长领域，并划分了28个技术群。

2009年，英国科研与创新署向议会建议，政府应考虑如何利用现有资产塑造战略优势，并选择具有优势地位和关系到国家当前及长远发展的重点项目提供研究经费,比如具有传统优势的生物医学领域,引发了"英国是应该考虑集中财力资助某些重点领域,还是应该继续为众多领域提供研究资金"的大讨论。同年7月,英国设立创新奖,共分为13类,主要集中在低碳经济、数字技术、生物技术和先进制造等领域,表彰最优秀的创新活动,英国的创新战略重点已见雏形。

2012年,英国推出第二版《技术与创新的未来》,识别了英国重点发展的八大新兴技术领域:先进材料、卫星、能源存储、机器人与自动控制、农业科技、再生医学、大数据和合成生物。催生了政府对八大技术领域共6亿英镑的投资,以及对量子技术与物联网技术3亿英镑的支持。2017年1月,英国发布第三版《技术与创新的未来》,帮助决策者提高对新兴技术未来可能带来的一系列机会和风险的敏感度。2017年4月,英国商业、能源与产业战略部(Department for Business, Energy & Industrial Strategy, BEIS)宣布,政府将设立产业战略挑战基金(Industrial Strategy Challenge Fund, ISCF),在未来4年投入10亿英镑用于支持前沿领域发展,以创造更多就业岗位、提升生活品质。2018年12月,英国政府提出未来的挑战及长期发展举措,特别指出英国将定位于应对全球四大前沿挑战:人工智能与大数据、清洁增长、未来交通运输和老龄化社会。在产业战略的指导下,英国推动了历史上最大规模的研发投资增长。

(二)研发资金支持体系的稳定性

自1919年以来,英国的研发资金分配始终遵循霍尔丹原则(Haldane Principle),并需要考虑平衡拨款原则和UKRI的专业建议。政府拨款时,会直接宣布应该给UKRI的九个机构委员会各分配多少资金,UKRI不能改变这些拨款,但可以提出质疑。

1. 霍尔丹原则

霍尔丹原则即有关研究经费支出的决策应该由研究人员制定,而不是由政府制定。在《2017年高等教育与研究法案》(Higher Education and

Research Act 2017）中，它被定义为需要对每一个研究提案的质量和可能产生的影响进行评估（如同行评审过程），再进行决策。霍尔丹原则并不适用于政府的创新资金和 UKRI 的活动。

2. 双重资助体系

双重资助体系（Dual Support System）由两种截然不同的互补基金组成。一是机构整体财政拨款（Institutional Block Grants），主要拨给高等教育委员会，资助经费根据大学研究质量评估结果分配，也称质量研究基金（Quality-Related Research Funding，QR Funding），不需要有明确的研究任务和计划，可以由高校根据自己的科研教育活动计划确定使用次序。在英格兰，这笔拨款由英格兰研究署（Research England）管理分配。二是通过研究理事会为英国范围内的特定研究项目发放竞争性拨款（Competitively Allocated Grants）。

3. 平衡拨款原则

平衡拨款原则（Balanced Funding Principle）要求国务大臣在拨款时考虑双重资助制度的重要性，在通过英格兰研究署的整体拨款和通过七个研究理事会的竞争性拨款之间取得合理平衡。平衡拨款原则在法律上说明维持双重资助模式的重要性。

（三）科研监督评估的严谨性

2014 年 12 月，英国商业、能源与产业战略部发布《商业、创新和技能部评估战略（2015—2016）》，概述了商业、创新和技能部的监督和评估工作内容，建议每 3—5 年评估一次核心政策，每年发布本年度评估计划和评估报告，确保重要政策计划评估的全覆盖。英国财政科研经费管理机构采用同行评议的方式对战略性科研机构绩效进行评估，主要执行两套方案。方案一针对接受研究理事会资助的科研机构，对其同时进行事后评估和事前评估，既要回溯过去 5 年的科研成果，又要对其未来 5 年的科研工作计划进行重点评估。方案二主要针对高校内部的科研机构，由英国的高等教育资助机构主导,以研究卓越框架(Research Excellence Framework,REF)评估为主,遵循"回头看"式事后评估的思路,从科研成果、影响力和环境三个方面进行系统评估,采用专家评估和量化评估相结合的方式。部分科研机构会被要求参加上述两类评估。

(四)国际合作的广泛性

近年来,英国鼓励各机构在科研领域开展广泛的国际交流与合作。2012年,时任英国商业、创新和技能部(Department for Business, Innovation & Skill,BIS)主管大臣的文斯·凯布尔(Vince Cable)发表《科学、开放性与国际化》(Science, Openness and Internationalisation)演讲,鼓励科技人员进行国际交流。他指出,与一般学者相比,长期与国外科研机构合作的英国科研人员研究绩效高出75%。2019年12月,英国商业、能源与产业战略部发布了2018年英国科研基础国际比较报告,报告指出英国从2007年开始,FWCI(Field Weighted Citation Impact,领域权重引用影响)始终位于世界第一,2018年为1.56,超过世界平均水平50%。自2016年起,英国科研国际合作论文占比超过50%,2018年达到55%,OECD国家平均为31%,全球平均为21%。

英国政府主要通过与各国签署合作协议、设立海外办事处和制定国际合作计划等形式来促进国际科技合作。2018年年底,UKRI与许多国家的资助或科研机构签署了合作协议,在欧洲,以及美国、中国、印度设立了四个海外办事处,并设置了不同的资助计划和基金。在英国财政部发布的2017—2021年研究和创新资金预算分配计划中,英国国民总收入的0.7%将分配给政府发展资助项目,其中,在科技创新领域的资助主要通过牛顿研究基金和全球挑战研究基金实施。UKRI作为上述两个基金的主管机构之一,在英国退出欧盟后仍继续承担相关职能。

## 第二节 德国的创新激励

德国作为欧洲第一大经济体，也是世界制造业强国，被称为世界工业中心，在电子、汽车、航天、装备制造等领域位于世界前列。2011年，德国提出"工业4.0"战略，整合欧盟及世界范围内的专业资源，推动以数字化转型为基础的产业升级。2019年世界经济论坛发布的《全球竞争力报告》(Global Competitiveness Report)，通过对全球141个经济体的12个领域共103项指标进行打分和排名，将德国评选为全球最具创新力的国家。根据报告内容，德国在创新领域的优势主要体现在专利申请数量、科学论文发表以及科学技术的商业化实践等方面。

### 一、把握时机，走向世界

从15世纪初到19世纪60年代，在长达300多年的时间里，德国一直是欧洲大陆的主战场，国土始终处于四分五裂的状态，国家统一和强大成为德国发展的动力。经济学家李斯特[①]率先提出经济发展阶段理论，认为应当通过经济统一实现政治统一。最终在"铁血宰相"俾斯麦[②]的带领下，

---

[①] 弗里德里希·李斯特(Friedrich List, 1789—1846)，古典经济学的怀疑者和批判者，德国历史学派先驱。李斯特的奋斗目标是推动德国在经济上的统一，这决定了他的经济学是服务于国家利益和社会利益的。李斯特的观点与亚当·斯密的自由主义经济学相左，李斯特认为国家应该在经济生活中起重要作用。

[②] 奥托·爱德华·利奥波德·冯·俾斯麦(Otto Eduard Leopold von Bismarck, 1815—1898)，德意志帝国首任宰相，人称"铁血宰相"（"铁"指武器，"血"指战争）、"德国的建筑师"及"德国的领航员"。

## 第八章 国家层面创新激励

通过三场对外战争的胜利，于1871年在凡尔赛宫宣告统一。统一后的德国正赶上第二次工业革命的开端，农业资本改造基本完成，工业现代化开始建立，农业与工业的平衡发展形成了新的重商主义，催生了大量的劳动力和资源需求。德国加入19世纪的新一轮殖民活动，开始与英国海军进行军备竞赛，带动了钢铁、机械、冶炼等一系列重工业的发展。

通过系统学习英、美、法等国家的先进工业化经验，俾斯麦政府瞄准对国民经济特别是对重工业和新型工业发展具有决定性影响的科技领域，组织和设立了许多科学研究机构，鼓励学生系统化学习德国尚未掌握的世界高新科技。同时，实行强制性义务教育，调整中等学校的体制，大力开展职业技术教育，改革高等教育，催生了大批做出开创性贡献的科学家。1864—1869年，世界生理学100项重大发现中，德国占89项。1855—1870年，德国取得136项电学、光学、热力学重大发明，英、法两国合计才91项。世界第一台大功率直流发电机、第一台电动机、第一台四冲程煤气内燃机、第一台汽车等发明创造均诞生于德国。

19世纪70年代，当以电力为代表的第二次工业革命兴起的时候，引领技术发明和创造的主要国家已转变为后起的德国和美国。1913年，英国占世界工业生产总值的比重已下降到14%，而德国为15.7%，美国为35.8%。德国完成了一项划时代的转变：将科学应用于生产，让基础理论研究、应用科学研究与生产过程联系起来。19世纪末20世纪初，德国的酸、碱等基本化学品产量均为世界第一。20世纪初，德国的工业产值跃居欧洲之首、世界第二，同时也成为世界第二大贸易国。尽管两次世界大战使德国经济基础遭受了毁灭性打击，但第二次世界大战后德国经济迅速重新崛起，成为具有很强竞争力的制造业强国和欧洲最大的经济体。20世纪80年代以后，德国制造的机械设备、化学制品、电气和电子工程设备等大量出口到美国以及中国、印度和巴西等新兴市场，所生产的汽车占世界汽车市场的份额达到17%。

20世纪末，德国出现了在高科技和知识密集型产业发展方面创新力度不足、在前沿技术领域方面与其他发达国家差距加大的现象。德国联邦教研部开展了技术预测活动,针对未来10—15年的科技发展趋势确定优先领域以及创新政策,以推动相关研发活动的开展。2006年德国政府提出"德国高科技战略"(The High-tech Strategy for Germany,HTS),确定了17个前沿领域的创新战略,建立科技与产业的合作。随着国际竞争的加剧,2010年德国又发布了"德国高科技战略2020",聚焦于气候、能源、通信等五个重点领域,确定了包含"工业4.0"在内的十大未来项目。德国对于研发资金的投放没有严格的标准,资助资金主要取决于企业的规模、项目的研究范畴及项目是否与其他企业或科研机构合作开展等多方面因素。大型企业可获得的资助资金可覆盖其工业研究项目有效成本的50%,而开展同类项目的中小企业可获得的资助比例更高。对项目选择的标准包括创新水平、技术风险水平和经济风险水平。德国政府承诺,每年将全国GDP的3%用于支持科研活动,同时改善私有部门参与研发投资的环境。2013年,德国发布《保障德国制造业的未来:关于实施"工业4.0"战略的建议》(Securing the Future of German Manufacturing Industry: Recommendations for Implementing the Strategic Initiative INDUSTRIE 4.0),将工厂智能化作为国家方针。2014年发布《新高科技战略:为德国而创新(2014)》(The New High-tech Strategy: Innovations for Germany 2014),围绕协同创新与技术转移、提高透明度与公众参与度等核心要素,提出各领域的行动计划。德国经济实现复苏,并率先走出危机成为带动欧洲经济增长的"火车头"。2018年,德国政府发布"德国高科技战略2025",将重点放在提升生活质量和把握时代挑战上,从应对社会挑战、提升未来适应能力、营造创新文化三方面,为德国未来7年的12个重点工作领域确定了目标。2019年德国历史上第一部具有法律效力的《二氧化碳预算案》($CO_2$-Budgets)通过,将新能源汽车电池组生产引入德国,开辟新型汽车产业,启动"绿色氢能"计划,同时为中小企业减负达11亿欧元。

## 二、德国的知识产权保护与税收优惠

### （一）德国的知识产权保护

德国专利与商标局（简称专利局）是一个由德国联邦司法部管辖的联邦高级行政机构，是管理德国工业产权的中心。专利是在德国获得技术类知识产权全面保护的最有效的方式。专利有效期为 20 年，一般从专利申请日开始计算。根据德国法律，当技术发明符合以下条件时，应该授予专利：新颖性（德国《专利法》第 3 条）、创造性（德国《专利法》第 4 条）、实用性（德国《专利法》第 5 条）。德国专利局在专利授予过程中不审查专利申请人是否为发明人。例如，当发明人为雇员时，该发明属于"职务发明"，即使雇员反对，雇主仍有权利申请专利，此时遵从德国《职务发明法》（Employee Inventions Act）的相关规范。德国《专利法》规定，每项发明自申请之日起有最长 7 年的时间探究市场前景，之后再决定是否进入实质性审查程序。审查程序的期限通常为 2—5 年，一般对于要求进行实质性审查的专利，自申请日起的 1 年内，专利局发布会第一次审查意见。申请人可以根据审查意见对能否获得授权进行预判。若认为授予希望不大，则可以撤销申请，此时申请不会被公开，可以继续保密。

2013 年 7 月，德国专利局进行专利法进行修订，涉及对德国《发明专利法》《实用新型专利法》《外观设计专利法》《商标法》《专利收费法》等的修改。知识产权侵权纠纷的一审案件（除著作权纠纷案件以外）由各个州法院负责，地域管辖问题则依据《民事诉讼法》相关规定进行确定。用不正当竞争手段（比如间谍活动）获取商业秘密不仅触犯刑法，也触犯民法。如果企业的雇员在受雇佣期间，未经授权向第三方泄露企业的商业秘密，且出于获益动机或带有损害企业利益的主观目的，将被判处 3 年以下有期徒刑或罚款。未经授权获取或使用商业秘密的行为都会受到处罚。此外，德国《民事诉讼法》还规定了商业秘密被恶意侵犯时的损失索赔权。

## （二）税收优惠

根据德国2019年公布的研发促进计划，企业单独购买的无形资产必须资本化，并可以在使用年限（5—10年）内摊销。企业自身的研发费用、开办费用和成立费用，不得用于纳税目的资本化。居民和非居民企业从事符合条件的研发活动产生的研发费用，每年在不超过200万欧元的限额内，可以按25%的比例予以税前加计扣除，即每年最多扣除50万欧元。现金补助主要通过报销已经发生的业务费用来实现。取得现金补助或研发贷款的项目一般没有行业限定，但银行和提供金融服务的公司、保险公司等通常不享受优惠政策。符合条件的研发费用包括员工成本、材料成本、间接费用、摊销和差旅费等。符合条件的研发活动通常包括三类：旨在获得新知识，偏重于实验和理论的基础研究；旨在开发新产品、工艺或服务的应用研究；包括设计草案、计划和原型研发的实验研究。

## 三、德国创新激励的主要特点

德国建立了双元制教育模式，实施"民办官助"的研发资金配置方式，建立了技术转移体系，合理配置创新资源，实现创新成果的转化和商业化。

### （一）双元制教育模式

德国双元制教育模式（也称双重体系或双轨制教育模式），指学历教育与职业教育并行的教育模式。学历教育在学校进行，职业教育则在企业进行。职业教育可以占全部教学内容的40%以上。这种双元发展的方式培养出了大量的高素质工程师和高级技工，为企业输送了大批高技能人才，是德国创新成果转化的重要因素。德国的高校分为综合类大学和应用技术大学，且学生在上中学时就可以选择今后的发展方向。应用技术大学的学生每周有 3—4 天在企业进行实践训练，培训通常持续两年到三年半，培训内容理论与实践并重，并随着技术发展不断更新。学习完成后，学生参加商会组织的相关考试，超过半数的学生能够通过考试并成为公司的正式员工。

2005 年，德国修订了《联邦职业教育法》（The Vocational Training Act），规定职业教育包含职业准备教育、职业教育、职业进修教育、职业改行教育。从实施方面来看，德国政府建立相关法规制度，保障学生的工作权益，包括不能少于三分之一基本薪资的津贴以及基本福利要求。德国政府从不同角度推动双元制教育模式的发展，如从提高教育和培训系统的透明度和转移机会、为未来准备职业教育和培训制度、促进机会平等和社会包容等方面出台政策和措施，改善职业培训市场的状况，缩小德国各类从业者之间的技能差距。2017 年，德国通过了《教育、科技和研究国际化战略》（Internationalisation of Education, Science and Research in Germany），阐述了未来确立德国教育、研究与创新系统的国际发展方向的方式，并围绕"国际合作：网络化和创新"主题，确立了 5 个行动导向目标，涉及数字化、不断增加的全球知识和市场竞争、环境变化等方面。自 2017 年开始，德国采用公私伙伴（Public Private Partnership，PPP）关系模式，每年将 500 万欧元用于与发达和新兴国家开展国际职业培训合作，构建可持续的研究和教育体系。

（二）"民办官助"的研发资金配置模式

德国的中小企业占全部企业总数的 95%，为社会提供的就业岗位超过 70%。一些中小企业成为全球的"隐形冠军"。"民办官助、官民合作"是德国中小企业技术服务体系的最大特点。民间组织能够在德国技术服务中发挥基础作用，同时保障社会效率和企业效率。政府则通过对行业协会提供研发支持来引导市场的技术创新走向。德国拥有世界上最密集的科研机构、高等院校和完整的科研体系。2005 年，德国联邦和州政府与德国五大科研联合会——马普学会（Max Planck Society）、弗劳恩霍夫协会（Fraunhofer Society）、赫尔姆霍兹协会（Helmholtz Society）、莱布尼茨协会（Leibniz Society）、德国科学基金会（Deutsche Forschungsgemeinschaft）——签订研究与创新公约，促进科研经费的稳定增长，加快学术成果的产业化进程。2005—2017年，上述科研机构的研发支出从51亿欧元增加到99亿欧元，取得了丰硕的科研成果。截至2020年，马普学会共产生了20位诺贝尔奖得主。

这些联合会一般是以财团法人或社团法人形式存在的非营利组织。政府通过给予高额经费支持，让这些机构能够专注于研究企业面临的共性技术问题，并提供优质廉价的解决方案。如赫尔姆霍兹协会每年约有20亿欧元的经费预算，其中70%左右由联邦政府和各州政府按9∶1的比例提供，作为非竞争性基金，主要面向关乎未来科技发展的创新型研究。剩余的30%左右作为竞争性资金，主要来自公共部门的项目或横向研发项目等，更广泛地针对产业应用研究，贴合市场发展。这样的经费预算制度使得德国的科技前沿研究和市场需求研究能够齐头并进，平衡未来和当下的发展。

（三）完善的技术转移体系

德国在第二次世界大战后快速重建了教育和科研体系，联邦政府与各州政府在国家和地区层面制定了大量科技创新和技术转移的相关政策，形成统筹兼顾、层次清晰、运行高效的科研系统，并建立完善的专业化技术转移体系，带来了公共科技研究与产业创新研究平衡有序的同步发展。

负责国家公共事业基础研发和长期战略重点研发活动的主要是德国的公共科研机构和高校。公共科研机构中的马普学会、弗劳恩霍夫协会和莱布尼茨协会等是国家级的非营利性独立科研机构，科研人员的70%以上由各级政府资助。各协会内部会建立自己的技术转移机构，并独立开展技术创新成果的商业化孵化工作。高校在研究体系中也起着关键作用，特别在基础研究领域，高校的科研投入约占国家整体投入的18%，不少高校都建立了自己的技术转移办公室或技术咨询中心，负责对接国家和企业的重大专项研究，并进行专利申报工作及专利商品化的推广等。

除了研发机构和组织自主建立的技术转移中心外，德国还建有一批专门负责技术转移工作的中介机构。这些中介机构业务范围广泛，不仅包括对政府项目的评估和监管，也为企业需要的知识和技术提供咨询和支持服务，并搭建信息网络平台，为各方在技术创新各个阶段的沟通配合提供支持。

## 第三节 美国的创新激励

美国建国以来200多年的历史，是不断开拓拼搏、锐意进取的经济发展史，也是从无到有建设世界科技强国的创新创业史。不管是经济、科技还是国防，美国一直处于世界的领先地位，创新成就突出。随着其他经济体的发展，美国面临的竞争和挑战日益加剧，这使得其对创新发展的需求更加迫切，更加重视研发投入。

### 一、建国于创新之中

作为一个移民国家，美国国民来自世界各地。一方面，这些移民本身就带有强烈的冒险和创新精神，既追求成功也宽容失败。另一方面，多种民族、文化及宗教信仰的并存，也使得美国社会环境更加多元，更具包容性。通过创新创业实现人生价值，是美国社会重要的价值观。由殖民地发展而来的美国既承袭了英国先进的技术和工业，也奉行了早期的自由市场经济主义，市场机制发挥了优化资源配置的作用，政府较少推出相应的产业政策来推动创新。第二次世界大战以后，美国政府对科技创新的重视程度越发增加，特别针对基础研究和国防科技，开始持续大规模地加大科技投入，并着手构建系统性的国家创新体系。由此，美国逐渐确立在世界上的技术竞争优势。尽管在20世纪七八十年代受到外部环境的不断冲击，美国也始终坚持对创新的支持，以确保未来的发展动力。

1979年，美国国会通过《国家技术创新法》（National Technology Innovation Act）。在这一阶段，美国的创新政策依然是在古典经济学派的影响下制定的，创新政策的制定与执行是分开的。创新政策所体现的主要内容是科技政策，政府在制定政策的过程中，创新政策工具类型比较单一，主要通过直接资助的形式推动创新。1981年，罗纳德·里根（Ronald Reagan）政府延续了吉米·卡特（Jimmy Carter）政府资助技术创新的政策，强调帮助企业建立合作研究关系，为企业提供有利于创新的环境。创新政策已经成为一个独立的政策分支，强调在技术创新过程中政策支持各个环节的发展，这时创新政策的制定和执行达到了一致。创新政策不仅重视基础研究，而且高度关注影响创新的各个环节。美国国会通过了《大学与小企业专利程序法》（University and Small Business Patent Procedures Act）、《史蒂文森－怀德勒技术创新法》（Stevenson-Wydler Technology Innovation Act）、《经济复苏税收法》（The Economic Recovery Tax Act）、《小企业创新发展法》（Small Business Innovation Development Act）、《联邦技术转移法》（Federal Technology Transfer Act）、《国家竞争技术转移法》（National Competitiveness Technology Transfer Act）等一系列法案，这些法案为企业促进技术创新和技术转移创造了良好的制度环境，并且已经深入企业、大学、政府三者之间的合作关系，加快了创新政策的实施。创新政策的工具类型不仅包括直接资助，还包括多种政策工具，如税收优惠、鼓励风险资本、政府采购创新产品等。

20世纪90年代初，全球的经济、政治格局发生着巨大变化，高新技术在经济发展的过程中被视为制高点。美国计算机产业发展迅速,并带动全球高科技信息产业的发展,推动了新一轮的产业革命。这一时期,美国政府对创新政策给出了系统的说明,提出了相关创新政策和议案,例如《国防授权法》(National Defense Authorization Act)、《国家技术转移改进法案》(National Technology Transfer Improvement Act)、《美国发明人保护法》(American Inventors Protection Act)等,创新政策的核心是提高企业的创新能力,构建功能完善的组织网络。政府把培养本地科技人才和保护知识产权作为一项重要任务,从而进一步加快科技创新的商业应用。进入21世纪,随着全球竞争越来越激烈,美国的创新政策进一步发生改变。2004年,美国发布《创新美国》(Innovate America)报告,其中提出了80多条政策建议来继续强化和激发各界主体的创新行为。2011年,第二版《美国创新战略》(Strategy for American Innovation)在第一版(即《创新美国》)框架基础上大量更新,强调先进制造技术、生物技术、纳米技术等的研发创新。2015年,第三版《美国创新战略》强调政府在创新活动中的重要作用,比如通过投资的手段支持创新,为创新提供动力,该战略依然把高质量就业和可持续经济增长作为战略发展的重点。唐纳德·特朗普(Donald Trump)政府在2018财年预算中,提议大幅减少非国防研发经费预算,同时增加国防研发投入。

## 二、美国的知识产权保护与税收优惠

### (一)美国的知识产权保护

在美国,对知识产权的法律保护由来已久。早在建国之初,美国宪法授权国会制定有关专利的法令,建立起一套完整的知识产权法律制度,主要包括《专利法》(Patent Law)、《商标法》(Trademark Law)、《版权法》(Copyright Law)等。美国最早的《专利法》制定于1790年,后来重新制定。为适应技术和经济发展的需要,美国又对《专利法》进行了大量重要的修改和补充。

根据美国《专利法》的定义,专利权人在专利法保障下所享有的权利为专利权,专利权人可以在一定期间内排除所有对其所拥有的专利的侵权行为。专利权具有排他性,允许所有者在一定时间内形成专利垄断,获取超额收益,以此激励创新,推动科技进步。

《专利法》特别重视对发明人的保护,其中规定了先发明制度,即针对一项专利,在一定时期内,若有人能提出发明在先的证据,哪怕这项专利已经被他人取得授权,仍可以向专利审查机构提出复议,若证据充分,则可判定他们专利权无效,使发明者获得专利权。这种先发明制度在保障发明人权益的同时,也使得美国的专利信息管理制度更加严谨和完善。此外,美国对于发明人申请专利提供了12个月的宽限期,即发明人在公开专利之后的1年内都可以进行专利申请,并且对于外国发明人也适用,在实质上保障了发明人的权益。

(二)税收优惠

美国税法规定,纳税人研发的无形资产的成本可以在该资产的可确定使用年限内摊销。某些无形资产,包括商誉、持续经营价值、专利和版权,如果作为企业的一部分被收购,一般可以在15年内摊销。如果已折旧资产的销售所得超过折旧后的税收价值,则一般应在出售时重新提取税收折旧,重新征收的数额作为普通收入纳税。

作为最早开始对研发活动提供税收政策激励的发达国家之一,美国的所得税优惠主要包括税收抵免和税额扣除两个方面,主要采用税收抵免的形式。1981年,里根政府颁布的《经济复兴税收法》(Economic Recovery Tax Act)中首次提出研发支出税收抵免政策,旨在通过为超出基准值的增量研发费用提供抵免,鼓励企业增加有效研发支出。1986年通过的《税收改革法》(Tax Reform Act)将税收抵免的幅度设定为20%。2006年通过的《税收抵免及医疗保健法案》(Tax Relief and Health Care Act),提出了选择性简化抵免政策（Alternative Simplified Credit，ASC）。

抵免金额等于研发费用超出"基本金额"（通过复杂计算预估的公司的研发费用）的部分乘以20%，或者等于14%的"替代性简化抵免"，即（研发费用 – 前3年平均研发费用 ×50%）×14%，可向前结转1年或向后结转20年。为了促进中小企业发展，符合申请资格的小型企业可以向联邦政府申请最高不超过25万美元的工资税抵免。美国联邦政府和大多数州政府都允许扣除研发费用，规定符合条件的研发费用可以100%免税，并允许追溯税额扣除前3年的研发支出。同时，美国也对研发费用按一定比例给予免税优惠，但政策变化比较大，各州也有不同的研发费用税收激励政策，最为著名的是创新活动最活跃的加利福尼亚州。加利福尼亚州给予符合条件的研发费用增加部分以11%的税收豁免，对基础研究支出则给予24%的税收豁免，对纳税人购置个人有形资产用于研发的支出，当年就给予6%的税收豁免。

## 三、美国创新激励的主要特点

美国创新激励主要有三个特点：一是创新投入规模大；二是创新空间集聚；三是重视创新人才的培养和吸纳。

（一）创新投入规模大

美国在创新投入规模方面始终处于世界领先水平，研发投资几乎与OECD其他国家的总和相当，从而保障了美国在基础研究和高科技领域的领先地位。第二次世界大战期间由科技力量带来的战争优势使得美国政府充分认识到发展科技创新的重要性。到冷战时期，美国对于国防军备的研发投入达到前所未有的高度，并产生了一系列的新技术。与此同时，大量基础研究和军用技术向民用市场进行商业转化，在计算机、尖端电子、生命科学等领域均取得突破性进展。

美国的创新投入从来源上看主要分为三个部分：一是联邦政府和各地方政府的资金支持。这部分资金主要为基础研究提供研究经费。二是企业的研发投入。大型企业、高新技术企业的创新活动非常活跃，研发投入资金规模巨大，已经超过政府投资，这些企业也成为研发投入的主体。三是以风险投资为代表的民间资本。根据 Pitchbook 发布的统计数据，截至 2020 年 12 月 14 日，全美风险投资总额达到 1479 亿美元，涉及交易 10379 笔。风险投资对于小规模的初创企业发展有着举足轻重的作用。美国活跃的风险投资活动直接促使包括互联网在内的新经济快速发展，美国风险投资占全球风险投资的比重在 50% 以上。1995—2000 年，是美国互联网商业化初期，包括谷歌、雅虎等在内的企业均在此时期成立。

（二）创新空间集聚

企业创新的空间集聚指创新要素、创新企业以及创新人才汇集到一个具体的区域的现象。在世界知识产权组织等机构合作发布的《2019 年全球创新指数报告》（Global Innovation Index 2019）中，美国是创新空间集群最多的国家（26 个），中国则位列第二（18 个）。较典型的创新空间集群是美国的硅谷和波士顿的 128 号公路，并形成了硅谷模式。硅谷模式指由一般合伙人组成的风险投资基金，通过对具有发展潜力的企业进行筛选和评估，对风险企业进行注资并参与经营管理的运作模式。硅谷模式的参与主体主要包括风险投资家、机构投资者和创新企业家。20 世纪 50 年代以来，硅谷已经培育出了惠普、英特尔、甲骨文、苹果、雅虎、谷歌、特斯拉等世界闻名的高科技企业。根据《2020 硅谷指数》（2020 Silicon Valley Index），2019 年硅谷人口约 310 万人，人均年收入达 14.7 万美元，约为美国平均水平的 2.1 倍。2018 年，硅谷的风险投资占美国风险投资的 17.1%，尽管 2020 年占比有所降低，但硅谷仍旧是美国创投最为活跃的地区。

波士顿 128 号公路地区也是极具代表性的科技和人才集聚的地区。作为信息时代高新科技创新型城市的典范，波士顿具有一流的科技创新水平，科技资源和人才资源集聚，具有良好的创新环境、充足的风险投资、政府的扶持。一流的科技和教研人员、全球知名的大学和研究机构、实力雄厚的科研技术，加上充足的风险投资，使得波士顿变成创新的沃土，成为全球知名的创新城市和其他地区学习的榜样。

创新空间集群效应离不开美国成熟高效的产学研一体化体系。美国形成了一套行政与立法部门共同制定科技政策、联邦部门以使命为导向进行项目资助的体系。多元化的科研主体通过竞争申请项目，鼓励创业创新、科研项目转化等。

（三）创新人才培养

美国十分注重对教育的投入，联邦政府在教育方面投入巨大，且持续增加。自从1990年美国的教育开支首次超过军费开支后，美国的教育开支一直维持在GDP的7%—10%的水平上，成为世界上教育经费投入最多的国家。美国国会在2008年修改《高等教育法案》（Higher Education Act）时，将学生贷款纳入联邦政府的管辖范围。2020年1月，美国教育部发布了关于美国学生贷款的数据，数据显示美国联邦学生贷款未偿还总额为1.51万亿美元，占美国GDP比重超过7%。教育体制的改革和创新也为创新人才培养提供了重要支撑。美国是世界上最早开始教育改革的国家之一，注重对学生的动手能力和创新意识的培养。学校教学内容丰富，在学前教育时就给每个孩子足够的空间和创作的自由，进行启发式的教育。学校尊重每个孩子的个性发展，在学校的形式上，除了有公立和私立学校之分外，美国还允许由父母亲自教育，即家庭学校（Home School），并且提供教育方面的帮助。

美国大学分为研究型大学、四年制的学院和两年制的社区学校。研究型大学侧重于培养少数研究型的精英，也是美国创新成果的集聚地。大学和科研机构是美国创新体系的技术支撑，任何一个创新产业集聚的地区都有知名大学。例如位于硅谷的世界一流名校斯坦福大学，截至 2020 年，斯坦福大学共有 83 位校友、教授或研究人员获得诺贝尔奖，28 位获得图灵奖。根据《2020 硅谷指数》，近 10 年来硅谷地区的人均收入屡创新高，基本保持在美国整体水平的 2 倍左右，是最富裕的地区之一，且多年来人口持续增长，以国际科技人才流入为主。人才流入推动了硅谷的创新发展。作为一个移民国家，冒险主义、创新文化根植于美国社会。美国的"跳槽"现象盛行。在 20 世纪 70 年代，硅谷公司平均每年的雇员变动率是 35%，而小公司则高达 59%。公司的人才流动对创新是有利的，更换工作带来了知识外溢，也避免创新陷入僵局，经常更换工作的人更加自由，也更愿意去尝试新事物。

## 第四节 日本的创新激励

从全面引进到自主创新，从重视技术需求到重视基础研发，日本自从第一次工业革命以来，一直在坚持创新的轨道上前行。经济发展虽然放缓，但日本的研发投入从未减少。自 1996 年开始，日本研发支出占 GDP 的比例始终位居世界第一。截至 2021 年，已经有 29 名日本或日本裔学者获得诺贝尔奖，其中在 21 世纪之后获奖的有 20 人，获奖人次仅次于美国，位居世界第二。明治维新之后，日本的技术发展、创新能力提升，引起了国际社会的广泛关注。日本实现的不仅是表面看起来的个别技术的赶超，而是更深层次的基于国家创新系统的技术资源集成能力、集聚效应和适应效率的整体技术经济范式的转变和赶超。国家创新系统不仅为其技术赶超提供了保障，更为其未来的创新发展奠定了基础。

# 第八章 国家层面创新激励

## 一、从全面引进开始的技术超越之路

19世纪60年代，在西方国家工业化的冲击下，日本政府进行了明治维新。1871年，日本派出了当时政府将近一半的官员，组成了一支庞大的使节团，对欧美12个国家的政治、经济、文化教育等进行了为期两年的全方位考察，将所得到的经验总结随时反馈国内，提出应当全面学习、引进西方先进技术，重金聘请西方技术专家并外派留学生等系列发展建议；提倡"文明开化"，大力发展教育，在亚洲率先走上工业化道路，初步建立起现代化的科技体制。第一次世界大战后，日本的产业结构发生了变化，工业产值超过农业，日本成为亚洲最大的工业国。第二次世界大战后的日本，重视技术创新，1956年的日本《经济白皮书》中指出：必须尽快使自己适应世界上日新月异的技术以及不断变化的世界环境……赶上世界技术革命的潮流，开始日本新的国家建设。

日本善于通过技术引进以及与外资合作等方式获取技术，将各国的技术融合之后，形成独具特色的新技术，实现技术革新。20世纪60年代中后期，日本经济的迅速崛起与日本大规模的技术引进相关，除小部分军事、航天方面的尖端技术外，日本以低廉的成本引进了欧美国家20世纪30年代以后大部分重大项目的先进技术。1968年，日本成为世界第三大经济强国，而这一年，正好是明治维新100周年。1973年，第四次中东战争爆发，日本高速增长的经济呈断崖式下跌，日本政府认识到，必须为经济的可持续发展培育内生性和创新性的技术能力，由国家承担起规划与指导技术发展的重任，构建能够促进大型技术革命的研究体制。为此，日本突破以企业为主导的研发传统，紧密结合企业、大学以及国家研究所之间的研究联系。进入20世纪80年代以后，日本政府进一步对科技政策进行改革，由强调技术成果的应用，转向强调基础研究的发展。在一系列政策的支持下，日本的技术更新率位居世界首位，不仅减少了与老牌工业强国的技术差距，并且实现了技术反超。

1996年和2001年，日本先后制订了两期科学技术基本计划，致力于构筑新的研发体系，使日本科学技术的整体水平大幅度提高。2006年，日本的第三期科学技术基本计划实施，在预算方面重点支持生命科学、信息通信、环境、纳米技术和材料四个高科技领域。之后，于2011年和2016年推出了第四期和第五期科学技术基本计划，并在每年发布一个综合创新战略报告，分析过去一年的国内外形势变化以及计划的执行情况，提出下一年的重点领域和目标，并对计划期内剩余年度的内容进行调整，给出改进的方向。为了实现联合国《2030年可持续发展议程》的目标，日本于2016年设立了可持续发展目标促进总部，率先制定"科技创新助力可持续发展蓝图"。2018年，日本文部科学省确立"通过科技创新为可持续发展目标做贡献"的基本方针，旨在促进从人文、社会科学到自然科学各领域的研究。在《综合创新战略（2019）》报告中，日本政府提出，在确定或修订政府战略或计划时融入可持续发展目标，并加强国际合作；构建由民间部门主导的国际科技创新合作研究平台，共享科学知识及科研成果，扩大应用，推动国内外各类机构之间的合作。

## 二、日本的知识产权保护与税收优惠

### （一）日本的知识产权保护

日本在1885年（明治十八年）4月18日确立了专利制度，该日被定为专利日。在专利日，政府的经济产业省在全国各地举行各种活动，表彰对知识产权有功人士。日本十分重视知识产权保护，加入了各类知识产权国际保护组织，如《保护工业产权巴黎公约》《世界知识产权组织版权条约》《专利合作条约》。日本知识产权方面的法律众多，可分为如下几类：基本法类，如《知识产权基本法》《知识财产高等法院设置法》；著作权法类，如《著作权法》《程序作品登记特例法》《防止盗录电影法》；工业产权法类，如《专利法》及其施行法、《实用新型法》及其施行法、《外观设计法》及其施行法、《商标法》及其施行法。在工业产权法律中，《专利法》具有基础法的地位，《实用新型法》《外观设计法》《商标法》有许多准用《专利法》的规定。知识产权案件中，地方法院为一审法院，各地方的高等法院和东京的知识产权高等法院为二审法院，最高法院为三审法院。日本在东京、大阪的高等法院和地方法院设有知识产权调查员，调查员协助法官审判。

（二）税收优惠

日本政府对设备投资和研发投资的支持力度很大，允许企业间的委托研发费用在计算法人税额时进行部分扣除，对中小企业和新兴企业的设备投资和研发投资也设立了相应的税收优惠。对于进行研发投资且在员工加薪和设备投资方面符合条件的企业，研发投资额的6%—14%可以在计算应纳税额时扣除，扣除上限为当期法人税额的25%。对于中小企业，优惠力度进一步加大，最高可以扣除研发投资额的17%，扣除上限为当期法人税额的35%。2017年4月1日起，公司可以为当前研发成本的6%—14%（小型或中型公司为12%—17%）申请税收减免（原则上最多不超过25%）。2019年的《税收改革法案》中（从2019年4月1日实行），对符合条件的创业企业，一般税收抵免限额由之前的占企业所得税税额的25%提高到40%。取消增量式抵免，超额税收抵免将与一般税收抵免相结合。如果研发成本比率超过10%，可以对总额型抵免的最大值（当年度公司税的25%）进一步放宽，最高可以达到35%。某些领域的投资，如就业发展和环境经营，或特定设施，在某些时期也可获得税收抵免。

## 三、日本创新激励的主要特点

日本创新激励的主要特点有三：一是国家创新立国战略；二是技术引

进与反向工程（Reverse Engineering）；三是政产学研（政府、产业界、大学和研究机构）合作。

### （一）创新立国战略

第二次世界大战后，日本利用后发优势，积极推行独具特色的"吸收型"科学技术发展战略，大力引进欧美国家的先进技术，大大缩短了与欧美国家间的科技差距，极大地推动了日本经济的发展，使日本在几十年间一跃成为世界第二经济大国。1980年，日本通商产业省发表了《20世纪80年代产业政策展望》，第一次正式提出"科技立国"战略方针。同年，日本科学技术厅公布的《科技白皮书》中再次明确提出了"科技立国"战略，提出了一系列的科研制度改革措施。例如，文部科学省提出了"创造科学技术推进制度"，通商产业省提出了"下一代产业基础技术研究开发制度"等。日本"科技立国"战略的提出，标志着引进、消化、模仿这一"吸收型"科技战略时代的结束，日本步入以高科技带动经济增长的时代。20世纪80年代中期，日本各地纷纷提出了"科技立县"的口号，企业界又提出了"科技立社"的口号，从而使日本形成从中央到地方，从宏观到微观多主体、多层次推进的"科技立国"战略。1995年，日本政府通过《科学技术基本法》，进一步升级了"科技立国"战略，明确提出了"以科学技术创造立国"的技术创新政策，为增加科技预算提供了依据。重视技术研究、发展自主高端技术，并积极推动国立科研机构和国立大学改革，给予其充分的研发自由，使日本的研究与开发活动更多地以市场需求为导向，更加强调产业化过程中对市场需求的快速反应。

在2002年，日本确立了"知识产权立国"的国策，进一步明确科学技术发展的重点是以战略性科学技术为中心，大力推进知识成果创新、产权保护、成果转化和人才发展战略，重新制定、修改了21项知识产权相关法案，使日本成为全球知识产权战略最为系统化和制度化的国家。2013年，日本以建立"世界上最适合科技创新的国家"为目标，发布了《日本再兴战略》和《科学技术创新综合战略——挑战新维度的日本创造》，提出科学技术创新应包括从"高等教育、研究人员培养"开始，经过"基础研究、应用研究、实用化和产业化"直到"普及、市场展开"的全过程。2016年启动的第五期科学技术基本计划中提出了一个新的概念——"超智能社会形态"，强调科技创新引导社会变革。《科学技术创新综合战略（2017）》，进一步指明了实施步骤和各阶段的重点事项，主要包括通过人才推动科技创新，通过大学改革促进科技成果转化，进一步吸引民间投资，增加政府支出，以及与产业界的协同等。《科学技术创新综合战略（2019）》，提出从知识源泉、知识创造、知识扩散和知识成果国际流动四方面推动创新的举措，具体政策包括政府资金推动科研数据基础构建，研究能力强化与年轻研究人员援助一揽子计划，继续实施"战略性创新推进计划"和"官民研究开发投资扩大计划"，为颠覆性（突破性）创新提供灵活的资助和管理体系，推动创新投资，发展研发型创业生态系统等。

（二）技术引进与反向工程

自明治维新以来，日本科学技术政策一个不变的主题就是全面引进西方发达国家的先进科学技术并将其应用于本国的工业生产之中，同时投放巨额研究开发费用以进行适用性技术的研究。1950年，日本政府颁布了《外资法》（引进外资的基本法规），迈出了实施技术引进战略的第一步。日本还对当时的重点产业部门给予优惠待遇，实行引进补助金制度，给引进国外先进技术的企业相当于引进技术费用一半的补助金。从1950年到1970年，日本引进了15000多项技术，而且在1963年以后每年引进1000项以上。与此同时，日本也开始向国外销售技术，并开始对本国的科技发展进行规划。20世纪90年代以后，日本的科技政策制定者认识到，仅仅依靠引进技术的改进并不会使日本在新的迅速发展的技术领域拥有更强的技术能力，比如在生物技术、基因治疗以及计算机网络软件等领域。来自亚洲新兴工业经济体的强有力竞争也使日本进一步认识到需要建立基础研究之上的更为先进的工业体系。1992年，日本政府决定，研究开发预算尽快增加一倍，扩大对新的研究开发计划的支持，并且采用了一种支持创新性研究的新机制。

对引进技术进行消化吸收并加以改良的主要形式是反向工程。反向工程的广泛运用，对日本创新系统产生了深远的影响。一是日本的管理者、工程师和工人习惯将生产流程视为一个系统，从整体上考虑产品与流程规划，既增加了产量，又提高了质量，这种思维习惯成为日本企业竞争优势的重要来源之一。二是整个工厂成为实验室，整个企业都处于学习过程中，信息的水平传递加强了各部门之间的联系。三是反向工程促进了销售商、生产商与分包商之间的交流与合作，这种密切关系集中体现为适时制。四是能够对质量进行全过程控制。20世纪70年代，在技术上赶上世界先进国家时，日本企业开始对企业研究机构进行扩展，逐步加大对基础研究的投入。1977年，日本企业拥有的技术中，引进技术占42.3%，国产技术占57.7%，表明日本企业已经具备了相当程度的技术创新能力。进入20世纪80年代，在激烈的国际竞争和贸易摩擦下，日本开始将发展重心向知识密集型产业倾斜，如原子能产业、电子信息产业、计算机产业与飞机制造业等，还注重重点实验室未商业化产品的商业化、寻求产业集约式发展。随着"科技立国"战略的深入贯彻，日本高精尖产业的自主研发能力得到进一步提升。为了在21世纪的国际竞争中占据优势，日本政府进一步丰富了"科技立国"战略的内涵，并提出"科技创新立国"的新口号，在科技研发人员数量、论文发表数量、专利申请数量等方面均取得了重要突破，在纳米技术、生物医药、电子信息等高精尖领域也得到了长足发展。

（三）政产学研合作

日本国家创新体系的主体有政府、产业界、大学、研究机构，政产学研一体化的科技创新体系是其显著特征。20世纪80年代以来，在政府的支持下，日本充分利用大学强大的科研队伍和企业的经济实力，开发新技术、新产品，增强日本企业的国际竞争力。在这种机制下，基础研究为技术开发提供雄厚的理论基础，而新技术、新产品推向市场后又为基础研究换来大量经费，从而形成一种基础研究和技术开发"比翼齐飞"的良性循环。1981年，通商产业省创设的"下一代产业基础技术研究开发制度"，包含选择那些通过理论和试验已证实有实用性的产业技术课题，组织多方面的力量开展合作研究等内容。"科学技术振兴调整费"也用于推进需要多家机构合作的研究开发，并推进国际合作。1983年，日本政府正式允许日本国立大学与工业界开展合作研究，在通商产业省的协调干预下，日本8家大型电器公司联合成立"新世纪电子计算机技术开发机构"，使日本的电子计算机研究取得重大突破。

在欧美国家，政府与企业的关系表现为一种契约关系。日本政府与企业的关系则主要表现为引导、扶植与保护关系，这种科技创新体制以民间企业为主，以大学和政府为辅，并在长期的实践中逐步形成一种分工合作的格局。日本强调产业界、学术界和国家科学实验研究机构、管理机构之间在人才、资金、设备与设施利用等方面的合作，强调开展共同的科学技术研究开发活动，强调在从事振兴科学技术的特定领域中，开展研究开发方面的合作。政府对企业技术创新活动的协调与管理主要体现在以下几个方面：一是对企业采取协调性干预；二是制定新的产业政策，引导企业的发展方向；三是提供技术发展方面的信息服务。企业是产业技术创新和投入的主体，平均来说，不但要负担企业自身科技创新投入的98%以上，还要支付非营利团体67%的科研经费以及大学等机构51%的科研经费。2019年，日本经济产业省发布报告，比较日本各个大学产学研和政府合作的实施举措，2013—2017年，共同研究实施件数不断增加，产学研和政府合作的共同研究项目超过239万件，其中大型共同研究实施件数虽然所占比例较小，仅为4.1%，但从经费来看，大型共同研究费用约占总量的47.3%。

## 第五节 中国的创新激励

中华人民共和国成立以来,国家出台了一系列政策法规以鼓励企业、科研机构、高校等开展创新。国家创新激励的相关政策,包括政府科技规划与科技补贴政策、企业创新激励政策、科研院所与高校创新激励政策、创新人才激励政策以及创新国际化激励政策。国家创新产出与成果转化激励的相关政策,包括产学研协同创新激励政策、创新成果转化激励政策、产业技术激励政策、政府采购与军民融合政策。国家创新平台激励的相关政策,包括创新平台搭建与运行激励政策、双创空间激励政策、区域创新激励政策。国家创新环境建设激励的相关政策,包括科技金融支持政策、建设多重资本市场政策、风险投资政策、知识产权保护政策、公共创新治理政策等。

### 一、创新投入激励政策

创新投入是获得创新成果的必要条件。中华人民共和国成立以来,国家出台了一系列政策法规以鼓励企业、科研机构、高校、全社会加大创新投入力度。国家激励创新投入的相关政策包括以下五个部分:

(一)政府科技规划与科技补贴政策

中国先后制定了8个科技规划,针对不同时期经济、社会发展需要,提出了指导科技发展的基本方针。1956年,在"向科学进军"的号召下,中国制定了第一个长期、全面的科学技术规划。1978年通过了《1978—

1985 年全国科学技术发展规划纲要》，在规划实施期间，邓小平同志提出了"科学技术是生产力"以及"四个现代化，关键是科学技术现代化"的战略思想，为发展国民经济和科学技术的基本方针和政策奠定了思想理论基础。1982 年，将规划的主要内容调整为 38 个攻关项目，以"六五"国家科技攻关计划的形式实施，形成中国第一个国家科技计划。2006 年，实施《国家中长期科学和技术发展规划纲要（2006—2020 年）》，以增强自主创新能力为主线，以建设创新型国家为奋斗目标，对中国 2006—2020 年科技发展进行全面规划和部署。2015 年，国务院发布《关于深化中央财政科技计划（专项、基金等）管理改革的方案》，确定 5 类科技计划，分别是国家自然科学基金、国家科技重大专项、国家重点研发计划、技术创新引导专项（基金）、基地和人才专项。财政科技拨款从 1984 年的 102.6 亿元跃升至 2017 年的 8383.6 亿元，来自中央财政和地方财政两部分。政府科技补贴作为创新的直接资助，对企业自主创新具有较强的激励效应。中国研发支出呈现持续稳定增长的趋势，从 2003 年的 1539 亿元增长至 2017 年的 17606 亿元。研发支出的主要来源是政府与企业，政府出资比例逐年下降，而企业出资比例逐年上涨，基本形成以企业自主研发投入为主、国家研发补贴为辅、国外及其他出资参与的多元化创新体系。

（二）企业创新激励政策

1978 年以来，为鼓励技术创新活动，中国先后制定和实施多项税收优惠政策。2006 年，国家提出了自主创新战略和建设创新型国家目标，明确了企业的创新主体地位。2012 年中国进入全面实施创新驱动发展战略新时期，将深化科技体制改革的中心任务确定为解决科技与经济结合问题，推动企业成为技术创新主体，增强企业创新能力。

具体政策包括：一是普惠性财税政策，研发费用可以加计扣除，加计扣除范围渐次扩大、核算申报不断简化以及优惠力度不断加强。国务院于 2018 年发布《关于推动创新创业高质量发展打造"双创"升级版的意见》，将企业研发费用加计扣除比例从50%提高到75%，范围由科技型中小企业扩大至所有企业，进一步推动创新创业发展。

二是研发设备与生产设备可以加速折旧，满足加速折旧条件的研发仪器、设备，可以享受一次性列支或加速折旧政策优惠，还可以享受研发设备的加计扣除。企业在2018年1月1日至2020年12月31日期间新购进的设备、器具，单位价值不超过500万元的，允许在当期计算企业所得税应纳税额前全额扣除。

三是创新型企业税收优惠政策，经认定的高新技术企业按15%优惠税率征收企业所得税；进一步降低中小科技型、创新型企业的税负；经认定的技术先进型服务企业也可以按15%的税率征收企业所得税。在2018年，将享受应纳税所得额减半政策的小型微利企业年应纳税所得额上限由50万元提高至100万元，其所得额减按50%计入应纳税所得额，按20%的税率缴纳企业所得税。2019年，进一步降低小型微利企业税负、提高征收起点，鼓励其进行研发创新活动。

四是软件开发产品税收优惠政策，对软件企业采取了一系列税收优惠措施。

五是技术成果投资入股递延纳税政策。2016年，财政部、国家税务总局发布《关于完善股权激励和技术入股有关所得税政策的通知》，规定技术投资入股当期可暂不纳税，允许递延至转让股权时，按股权转让收入减去技术成果原值和合理税费后的差额计算缴纳所得税。

六是不断优化高新技术企业政策，认定标准逐步放宽。2016年有关部门对《高新技术企业认定管理办法》在"认定条件与程序""监督管理"等方面进行了调整，降低了高新技术企业认定的具体条件，让更多科技企业受惠于国家政策，享受各种政府资助。

七是随着国家创新体系的不断完善，鼓励企业积极承担国家科技计划项目、参与国家重大科技工程。国家创新资助体系可以分为五类：国家发展和改革委员会资助计划，如国家高技术产业发展项目、产业技术研发资金创业投资风险项目等;工业和信息产业部资助计划,如中小企业专项发展资金、电子信息产业发展基金等;财政部资助计划,如地方特色产业中小企业发展基金、中小企业信用担保资金、高新技术产品发展基金等;商务部资助计划,如技术出口贴息资金、对外经济技术合作专项资金、中小外贸企业融资担保专项资金等;科技部资助计划,如科技部的专项资助以及各省科技厅的项目资助等,其中部分项目由各部委联合主管。

(三)科研院所与高校创新激励政策

科研院所与高校是中国创新体系中主要的公共研发机构。2006年发布的《中共中央 国务院关于实施科技规划纲要增强自主创新能力的决定》提出深化科研机构改革,建立健全现代科研院所制度。2012年,《关于深化科技体制改革加快国家创新体系建设的意见》提出进一步推进科研院所分类改革,明确不同类型的科研院所的功能定位,加强对科研院所的分类支持,鼓励新型科研机构的健康发展。"十二五"期间,高校科技经费总额达到5936亿元,较"十一五"时期增长约78%。高校牵头承担80%以上的国家自然科学基金项目和一大批973、863等国家重大科技任务,牵头承建了国家"十二五"规划的16项重大科技基础设施中的5项,依托高校建设的国家重点实验室占总数的60.0%,国家科技三大奖获奖数量占全部授奖数量的60%以上。高校创新能力显著增强,创新体系更加完善,体制改革逐步深化,国际影响力持续提升。2013年,为加快落实《中共中央 国务院关于深化科技体制改革加快国家创新体系建设的意见》和《国家中长期教育改革和发展规划纲要》,教育部出台了《教育部关于深化高等学校科技评价改革的意见》,以鼓励创新、服务需求、科教结合、特色发展为指导原则,注重科技创新质量和实际贡献,重点突出围绕科学前沿和现实需求、催生重大成果产出的导向,建立产学研协同创新机制、加快创新驱动发展的导向,推进科教结合提升人才培养质量的导向,鼓励科技人员在不同领域、不同岗位做出特色,追求卓越。

2016年5月,《国家创新驱动发展战略纲要》提出推动一批高水平大学和学科进入世界一流行列或前列,建设世界一流科研院所,发展面向市场的新型研发机构。中央财政将中央高校开展世界一流大学和一流学科建设纳入中央高校预算拨款制度中统筹考虑,并通过相关专项资金给予引导支持;鼓励相关地方政府通过多种方式,对中央高校给予资金、政策、资源支持。2016年,教育部印发《高等学校"十三五"科学和技术发展规划》,提出主要目标是到2020年,高校科技创新质量和国际学术影响力实现新的跃升;服务经济社会发展能力和支撑高质量人才培养效果显著增强;开放协同高效的现代大学科研组织机制基本形成;引领支撑国家创新驱动发展,成为建设创新型国家和人才强国的战略支撑力量。同时,给出了深化改革的十条重大举措,涉及稳定支持、组织管理、评价机制、项目平台建设、团队建设与国际合作、科技成果转化等方面。高校创新规划和政策重点关注前沿学科建设,如《前沿科学中心建设管理办法》;科技成果转化,如《高等学校科技成果转化和技术转移基地认定暂行办法》;科研评价机制,如《关于规范高等学校SCI论文相关指标使用 树立正确评价导向的若干意见》。

(四)创新人才激励政策

进入21世纪,中国对人才战略的重视逐步提升,先后出台了一系列战略、规划、政策和计划,推进创新型人才工作。根据科技部人才交流开发服务中心的统计,2017年,中国科技人力资源达到8705万人,全社会研发人员全时当量达到403.4万人年,均居世界首位,并形成中华人民共和国成立以来最大规模的留学人才"归国潮",吸引超过数十万人的外国人才来华工作。根据《国家中长期人才发展规划纲要(2010—2020年)》,由科技部、人力资源和社会保障部、财政部、教育部、中国科学院、中国工程院、国家自然科学基金委员会、中国科学技术协会组织实施了"创新人才推进计划",选拔各类创新创业人才,形成了以"千人计划""万人计划"等中央部委的人才计划和各地方政府的人才计划共同构成的相对完整、层次多样的人才引进和支持体系，较好地支撑了中国创新型国家的建设。2015年，中国科学院出台《中国科学院关于深入实施"中国科学院人才培养引进系统工程"的意见》，通过青年创新促进会、关键技术人才、创新交叉团队等项目，在创新实践中培养和造就人才。2020年1月，《加强"从0到1"基础研究工作方案》，提出了坚持以人为本的基本原则，强调遵循人才成长规律，创新人才评价制度，深入实施人才优先发展战略，注重青年人才和创新团队的培育，激发青年人才创新活力。

2002年5月，中国发布第一个综合性人才队伍建设规划《2002—2005年全国人才队伍建设规划纲要》，要求通过改革户籍制度，探索多种人才流动形式，建立和完善养老保险、失业保险、工伤保险和医疗保险制度等多种举措，消除人才流动的体制性障碍。2003年，《中共中央 国务院关于进一步加强人才工作的决定》进一步要求在消除人才流动障碍，改革户籍、人事档案管理制度，在放宽户籍准入政策的基础上推广工作居住证制度。2010年发布的《国家中长期人才发展规划纲要（2010—2020年）》要求推进人才市场体系建设，建立政府部门宏观调控、市场主体公平竞争、中介组织提供服务、人才自主择业的人才流动配置机制。2018年财政部与国家税务总局联合发布的《关于企业职工教育经费税前扣除政策的通知》，将税收优惠对象从部分符合条件企业拓展至全部企业，进一步加大职工教育培训力度，鼓励企业培养科技型人才。此外，还有几类特殊企业职工培训费用全额扣除的情况，包括集成电路设计企业和符合条件的软件企业、动漫企业以及核能电企业发生的职工培训费用全额税前扣除等。2012年，《关于深化科技体制改革 加快国家创新体系建设的意见》进一步明确提出鼓励科研院所和高等学校的科技人员创办科技型企业，促进研发成果转化。《国家"十二五"科学和技术发展规划》中明确了鼓励支持科技人员创业的政策导向，提出要重点依托高新区、大学科技园、科技企业孵化器、行业协会等，扶持和鼓励科技人员的创新创业活动。中国科学技术协会自

2003年起实施海外智力为国服务计划，努力与海外科技团体及科技工作者建立经常、密切、畅通和便捷的联系。

（五）创新国际化激励政策

在经济全球化推动下，以知识、技术、人才等为核心的创新要素在全球范围快速流动。全方位加强国际科技创新合作是新时代中国加快建设创新型国家和世界科技强国的必然选择。中国企业国际化创新政策主要有两个特点：一是中国参与国际研发的主体从以政府和高校、科研院所为主，向政府引导、多主体共同参与转变，企业在研发国际化中的作用不断增强；二是从注重技术引进向"引进来"和"走出去"相结合转变，在引导企业积极参与国际研发的同时，也在鼓励企业输出技术。2000年12月，中国制定了《"十五"期间国际科技合作发展纲要》，首次以纲要形式对国际科技合作进行整体部署和安排。2011年8月，科技部发布《国际科技合作"十二五"专项规划》，指出要"引导企业成为国际科技合作主体，积极推动国际产学研合作"，进而使企业在国际研发合作中的作用进一步被强化。鼓励民营企业并购重组海外高技术企业，设立海外研发中心，促进顶尖人才、先进技术及成果引进和转移转化，实现优势产业、优质企业和优秀产品"走出去"，提升科技创新领域的对外开放水平。

## 二、创新产出与成果转化激励政策

创新产出和成果转化是创新投入效率的重要体现。高质量的、贴合市场的创新成果对经济发展的作用是巨大的，且有助于国家创新形成良性循环。

（一）产学研协同创新激励政策

1993年修订通过的《中华人民共和国科学技术进步法》第一次以法律

形式提出鼓励产学研之间的联合和协作。1994年，国家经济体制改革委员会、国家科学技术委员会和国家教育委员会联合发布了《关于高等学校发展科技产业的若干意见》，对高等学校科技产业发展的指导方针、企业制度、财务和人事管理制度、产业发展的环境和条件等作了具体规定，规范和引导高等学校科技产业的发展走上健康有序的道路。1999年，《中共中央关于国有企业改革和发展若干重大问题的决定》指出，要形成以企业为中心的技术创新体系，推进产学研结合，鼓励科研机构和大专院校的科研力量进入企业和企业集团，强化应用技术的开发和推广，增加中间试验投入，促进科技成果向现实生产力的转化。此后，国家的产学研协同创新政策逐渐强调企业在技术创新中的主体作用。2004年，大约三分之一的大中型企业研发支出流向高校和科研院所。2006年召开的全国科技大会提出建设创新型国家的突破口就在于形成以企业为主体、产学研结合的技术创新体系，并提出只有产学研结合，才能更有效配置科技资源，激发科研机构的创新活力，使企业获得持续创新的能力。2008年，修订通过的《中华人民共和国科学进步法》实施，其中第二十六条指出，国家推动科学技术研究开发与产品、服务标准制定相结合，科学技术研究开发与产品设计、制造相结合；引导科学技术研究开发机构、高等学校、企业共同推进国家重大技术创新产品、服务标准的研究、制定和依法采用。以法律的形式明确了产学研在国家发展战略中的重要地位。

（二）创新成果转化激励政策

中国的技术转让税收优惠政策可以追溯至20世纪90年代，国家为鼓励外商将先进技术投资于中国企业，于1991年4月通过《中华人民共和国外商投资企业和外国企业所得税法》，指出为科学研究、开发能源、发展交通事业、农林牧业生产以及开发重要技术提供专有技术所取得的特许权使用费，经国务院税务主管部门批准，可以减按10%的税率征收所得税，其中，技术先进或者条件优惠的，可以免征所得税。2007年3月16

日通过的《中华人民共和国企业所得税法》进一步加大了创新激励力度，降低中国企业、事业单位科技成果转化税费，提高纳税起点。规定符合条件的技术转让所得可以免征、减征企业所得税，具体指企业和个人从事技术转让、技术开发和与之相关的技术咨询、技术服务取得的收入免征增值税。在一个纳税年度内，企业技术转让所得不超过500万元的部分，免征企业所得税；超过500万元的部分，减半征收企业所得税。对企业（包括外商投资企业、外国企业）为生产《中国高新技术产品目录》的产品而进口所需的自用设备及按照合同随设备进口的技术及配套件、备件，除《国内投资项目不予免税的进口商品目录》所列商品外，免征关税和进口环节增值税。对企业（包括外商投资企业、外国企业）引进属于《中国高新技术产品目录》所列的先进技术，按合同向境外支付的软件费，免征关税和进口环节增值税。

2016年，国家重新实施创新成果转化税费优惠政策，发布《国家税务总局关于3项个人所得税事项取消审批实施后续管理的公告》，并简化技术成果价值评估报告和确认程序。2018年，国家进一步加强创新激励力度，出台《财政部 税务总局 科技部关于科技人员取得职务科技成果转化现金奖励有关个人所得税政策的通知》，规定自2018年7月1日起，依法批准设立的非营利性研究开发机构和高等学校，从职务科技成果转化收入中给予科技人员的现金奖励，可减按50%计入科技人员当月工资、薪金所得，依法缴纳个人所得税。2015年国家对《中华人民共和国促进科技成果转化法》进行修正，进一步加大科技人员科研成果转换的奖励力度，并提出对于科研院所和高校持有的科技成果，可以自主决定转让、许可或者作价出资。

（三）产业技术激励政策

产业技术政策根植于国家产业战略之中，是技术政策与产业政策的交叉领域，对于规范和推动企业创新、产业创新升级有着重要作用和意义，也表明了国家的产业发展方向和技术路线。2004年起，发改委、科技部、商务部、国家知识产权局联合发布《当前优先发展的高技术产业化重点领域指南》，并每两年修订和发布一次。科技部还组织有关部门制定了配套政策，使产业技术政策的内容具体化并具有操作性。2010年发布的《国务院关于加快培育和发展战略性新兴产业的决定》构建了战略性新兴产业技术政策的基本框架，提出中国七大战略性新兴产业，将培育和发展战略性新兴产业的要求正式提升到国家产业政策层面。2012年发布的《"十二五"国家战略性新兴产业发展规划》，进一步明确了中国七大战略性新兴产业，包括发展目标、重大行动和重大政策在内的到2015年和到2020年的发展路线图，是中国战略性新兴产业发展和技术政策的纲领性文件。2016年5月，中共中央、国务院印发《国家创新驱动发展战略纲要》，要求加快工业化和信息化深度融合，把数字化、网络化、智能化、绿色化作为提升产业竞争力的技术基点，推进各领域新兴技术跨界创新，构建结构合理、先进管用、开放兼容、自主可控、具有国际竞争力的现代产业技术体系。

（四）政府采购与军民融合政策

1999年，国务院在《关于加强技术创新、发展高科技实现产业化的决定》中提出实行政府采购，通过预算控制、招投标等形式，引导和鼓励政府部门、企事业单位择优购买国内高新技术及其设备和产品。2003年，国家正式实施《中华人民共和国政府采购法》，政府采购进入全面实施阶段。2007年，财政部印发《自主创新产品政府首购和订购管理办法》，支持企业自主创新。2009年，国家开展《政府采购自主创新产品目录》的认证工作，进一步明确政府采购目录，详细规定政府采购标准。2011年11月，根据国家科技计划总体安排部署，实施国家重点新产品计划，与此同时，发改委启动《战略性新兴产业重点产品和服务指导目录》编制工作，重点围绕培育和发展国家战略性新兴产业，引导和鼓励企业增加新产品研发投入。2012年11月29日，中国向世贸组织提交了加入《政府采购协议》的第四份出价清单,这对政府采购的自主创新产品也提出了更高的要求。2016年政府采购增长率达到47.6%,增加幅度超过1万亿元,政府采购占财政支出比重达16%,占GDP比重超过4%。政府采购规模的提高,预示着政府采购逐步走上规范化、健全化的运行轨道。

军事科技的发展不仅是国家战略创新的一部分,还涉及国家战略安全,历届领导人都十分重视军民融合的发展。在中华人民共和国成立之初,毛泽东就提出了"军民两用、平战结合"的思想。2012年,中共中央、国务院印发《关于深化科技体制改革加快国家创新体系建设的意见》,国防科技创新体系被定位为国家创新体系五大子体系之一,军民融合的思想得到进一步深化。2017年1月,设立中央军民融合发展委员会并由习近平任主任,习近平在委员会第一次全体会议讲话时,对军民融合发展目标的内涵又进行了新的拓展,建构起中国特色军民融合发展战略全面推进的六大支柱。2018年,全国工商联和科技部联合发布《关于推动民营企业创新发展的指导意见》,鼓励民营企业、高等院校、科研院所等多方协同,建设军民融合众创空间、科技企业孵化器、高科技园区、技术创新战略联盟等机构,开展军民科技协同创新。通过建立完善各类军民协同创新公共服务平台,向民营企业提供信息检索、政策咨询、科技成果评价等服务,鼓励和引导民用技术军用和军用技术民用。

## 三、创新平台激励政策

创新平台是国家各创新主体进行创新活动的基本载体,为创新驱动发展提供基本的物质保障和支撑系统。随着创新模式的系统化、网络化、全球化发展,创新平台建设也呈现多元化、市场化发展的趋势,支撑着自主创新、协同创新、开放创新、合作创新等全社会的创新活动。创新平台激励政策涉及创新平台搭建与运行激励政策、双创空间激励政策、区域创新激励政策。

## 第八章 国家层面创新激励

（一）创新平台搭建与运行激励政策

改革开放初期，全国各省（自治区、直辖市）基本建立了分析测试中心、信息中心、计算中心，即"三中心"。自"九五"时期以来，中国科学仪器设备、实验动物、科研用试剂、计量基准等科研条件资源自主研发取得重要进展，围绕科技发展重点领域建设了一批国家（重点）实验室、国家工程技术（研究）中心等研究试验基地，着力推动了一批国家大型科学仪器中心、国家科技图书文献中心、科学数据共享中心、自然科技资源共享中心等的建设，开创了国家科技基础条件平台建设，科研资源的开放共享得到了长足发展。2006年，国务院办公厅转发《关于改进和加强中央财政科技经费管理的若干意见》，明确"科研条件建设"为科技投入的重要方向之一。2017年印发的《国家科技创新基地优化整合方案》根据国家战略需求和不同类型科研基地功能定位，对现有国家级基地平台进行分类梳理，归并整合为科学与工程研究、技术创新与成果转化和基础支撑与条件保障三类进行布局建设。2018年印发的《关于推动民营企业创新发展的指导意见》提出积极支持民营企业建立高水平研发机构；通过竞争方式，依托行业龙头民营企业布局设立一批国家技术创新中心、企业国家重点实验室等研发和创新平台，对外开放和共享创新资源，发挥行业引领示范作用；支持民营企业发展产业技术研究院、先进技术研究院、工业研究院等新型研发组织，各级科技部门可以通过项目资助、后补助、社会资本与政府合作等多种方式给予引导扶持或合作共建。

（二）双创空间激励政策

1995年，中共中央、国务院《关于加速科学技术进步的决定》中提出，要建立、健全为中小型企业提供技术、信息服务的生产力促进中心等技术服务机构。1997年，国家科学技术委员会以此为依据认定了首批10家国家级示范生产力促进中心。1999年8月，为贯彻《中共中央 国务院关于加强技术创新，发展高科技，实现产业化的决定》中关于鼓励高校教师和科研人员从事科技成果商品化、产业化工作，支持发展高等学校科技园区的意见，科技部和教育部发布《关于组织开展大学科技园建设试点的通知》，启动了国家大学科技园建设工作。2015年，伴随着"大众创业、万众创新"的兴起，专门针对新型创新创业服务机构形态——"众创空间"的政策开始逐渐推出。2016年，国务院办公厅又发布了《国务院办公厅关于建设大众创业万众创新示范基地的实施意见》，工业和信息化部发布了《国家小型微型企业创业创新示范基地建设管理办法》，"众创空间"相关政策的发布进入密集期。根据科技部2018年12月份印发的《科技企业孵化器管理办法》，科技部依据孵化器评价指标体系，定期对国家级科技企业孵化器开展考核评价工作，并进行动态管理。对连续两次考核评价不合格的，取消其国家级科技企业孵化器资格。根据科技部火炬高技术产业开发中心数据，2018年年底，全国创业孵化机构总数达到11808家，其中，科技企业孵化器4849家，同比增加19.2%，国家级科技企业孵化器共计986家。新型孵化器各具特色，可分为六种类型：投资促进型、培训辅导型、媒体延伸型、专业服务型、创客孵化型、科技+电商综合孵化型。新模式、新机制、新服务、新文化，集聚融合各种创新创业要素，营造了良好的创新创业氛围，成为科技服务业的一支重要新兴力量。

（三）区域创新激励政策

从1985年科技体制改革到20世纪90年代，中国高新技术产业开发区（简称高新区）得到了蓬勃发展，科研体系发生了巨大变化。1988年，中国国家高新技术产业化发展计划——火炬计划开始实施，创办高新技术产业开发区和高新技术创业服务中心被明确列入火炬计划的重要内容。在火炬计划的推动下，各地纷纷结合当地特点和条件，积极创办高新技术产业开发区。自1988年中关村高新技术产业开发区率先设立之后，1991年和1992年国务院分两次集中批复了全国共51家国家高新区。从1993年起至 2012 年 9 月，国务院先后批准建立了 163 个国家高新技术产业开发区，为高新技术的发展营造局部环境和政策，以推动高科技产业的发展。随后国务院还设立了超过 40 个经济技术开发区，包括高校科技园等，采取一切可能的办法推进科学技术转化为生产力。自 2012 年以来，国务院批复国家高新区建设的速度进一步加快，使得中国国家高新区的队伍和规模不断发展壮大。截至 2019 年年底，经国务院批复建设的国家高新区数量已达 168+1 家（"+1"指苏州工业园区）。2008 年金融危机前的近 20 年里，中国国家高新区的年均增速接近 40%，为中国国民经济快速发展做出了突出贡献。2008 年金融危机以来，国家高新区的经济发展仍然保持着较快的增长，增长率一直稳定在 20% 左右，培育和发展新产业、新业态、新技术，推动经济发展提质增效升级，在区域产业结构调整升级中发挥了引领示范作用。

## 四、创新环境建设激励政策

为了奖励在科学技术进步活动中做出突出贡献的公民、组织，调动科学技术工作者的积极性和创造性，加速科学技术事业的发展，提高综合国力，国务院于 1999 年通过《国家科学技术奖励条例》，设立下列国家科学技术奖：国家最高科学技术奖、国家自然科学奖、国家技术发明奖、国家科学技术进步奖、中华人民共和国国际科学技术合作奖。2012 年，中共中央、国务院印发《关于深化科技体制改革加快国家创新体系建设的意见》，提出使创新环境更加优化，创新效益大幅提高，创新人才竞相涌现，全民科学素质普遍提高，科技支撑引领经济社会发展的能力大幅提升，进入创新型国家行列的目标。2015 年，中央发布了《关于深化体制机制改革加快实施创新驱动发展战略的若干意见》，特别强调营造更好的市场环境和市场生态来推动创新发展的方法，包括科技金融支持政策、建设多重资本市场政策、风险投资政策、知识产权保护政策、公共创新治理政策。

（一）科技金融支持政策

1982年，中国以财政专项拨款方式实施了第一个国家科技计划——科技攻关计划。1985年，中国人民银行和国务院科技领导小组办公室发布《关于积极开展科技信贷的通知》，改变了科技投入单纯依靠政府拨款的模式，支持成果转化，如火炬计划、星火计划等，这是中国最早的科技金融政策。到1996年年底，五大国有商业银行累计发放科技贷款700多亿元，共支持了6.9万多个科技开发项目。1997年，国家进一步深化金融体制改革，国有商业银行建立统一法人体制，国有商业银行取消了科技开发贷款科目和指标，不再根据政府部门分配科技贷款指标发放贷款。2004年，国家开发银行和科技部科技型中小企业技术创新基金管理中心签署了科技型中小企业贷款业务合作协议，并在北京、上海、成都、重庆四个城市进行试点，旨在加强火炬计划与银行的紧密合作，探索建立科技型中小企业的新型投融资模式，促进高新技术产业的发展。2006年，原中国银行业监督管理委员会发布《关于商业银行改善和加强对高新技术企业金融服务的指导意见》，规定商业银行应当重点支持的企业和可予以授信的企业条件，并就信贷原则、银企关系、授信期限和还款方式等提出了指导意见。

2007年，科技部与中国进出口银行签署了《支持自主创新战略实施科技金融合作协议》，国家科技计划项目将获得政策性贷款支持，中国进出口银行将向国家科技计划项目和重点科技工作提供政策性贷款和投资支持。2012年，中共中央、国务院印发的《关于深化科技体制改革加快国家创新体系建设的意见》提出，要加强对科技型中小企业的金融支持，引导金融机构加大对科技型中小企业的信贷支持力度，充分发挥资本市场支持科技型中小企业的创新创业的重要作用，还通过信贷投放等方式给创新企业提供另一种资金支持。2015年印发的《武汉城市圈科技金融改革创新专项方案》是国内首个区域科技金融改革创新专项方案，武汉城市圈成为国内首个科技金融改革创新试验区。国务院在2016年提出《关于支持银行业金融机构加大创新力度开展科创企业投贷联动试点的指导意见》，鼓励和指导银行业金融机构开展投贷联动业务，明确了首批10家试点银行。

（二）建设多重资本市场政策

科技部于1998年向中国证监会提出解决高新技术企业A股上市指标和制定鼓励高新技术企业赴境外上市政策的建议。1998年，中国发行了第一批高新技术开发区债券。1999年，中国第一家高新技术企业——有研半导体材料股份有限公司成功上市融资。如今，资本市场已经成为科技金融工具平台。1999年，《中共中央 国务院关于加强技术创新，发展高科技，实现产业化的决定》指出，要培育有利于高新技术产业发展的资本市场，适当时候在现有的上海证券交易所、深圳证券交易所专门设立高新技术企板块。2009年，中国证券监督管理委员会正式发布《首次公开发行股票并在创业板上市管理暂行办法》，中国创业板正式上市。2014年，中国证券监督管理委员会审议通过《首次公开发行股票并在创业板上市管理办法》，对创业板市场中的发行条件、发行程序、信息披露、监督管理和法律责任进行了规定。2006年1月，为利用资本市场支持创新型企业进行试点，中国证券监督管理委员会与北京中关村科技园区管理委员会开通了中关村科技园区非上市公司代办股份转让系统。2009年，中国证券监督管理委员会的工作重点转向"新三板"扩容，持续完善多层次资本市场建设。2013年，全国中小企业股份转让系统正式挂牌，同年12月，国务院发布《关于全国中小企业股份转让系统有关问题的决定》，标志着"新三板"正式扩容至全国。

2015年4月，第十二届全国人大常委会第十四次会议审议了《证券法》修订草案，同年12月，全国人大常委会做出决定，授权国务院调整现行《证券法》关于股票核准制的规定，对注册制改革的具体制度做出专门安排。注册制在中国资本市场的推出已经突破可行性论证阶段，进入具体制度的设计和实施阶段。2018年11月，国家主席习近平出席了首届中国国际进口博览会开幕式并发表主旨演讲，宣布在上海证券交易所设立科创板并试点注册制。2019年1月，中央全面深化改革委员会第六次会议审议通过了《关于在上海证券交易所设立科创板并试点注册制的实施意见》，科创板正式落地。同年3月，证监会发布《科创板首次公开发行股票注册管理办法（试行）》，将在主板和创业板实行的核准制改为科创板实行注册制，创新金融科技以提高资本配置效率。同年6月，最高人民法院发布《最高人民法院关于为设立科创板并试点注册制改革提供司法保障的若干意见》。2019年7月22日，科创板正式开市，首批上市的企业有25家。

（三）风险投资政策

1984年，国家科学技术委员会科技促进发展研究中心与英国专家合作，就中国高新技术产业的发展问题进行研究，英方专家建议中国要发展高科技产业，就必须发展风险投资，并由此开始了初步研究。1985年3月发布的《中共中央关于科学技术体制改革的决定》采用了专家们的研究成果，提出对变化迅速、风险较大的高技术开发工作，可以设立创业投资给予支持，这是中国首次提出以风险投资的方式支持高新科技产业的发展。1985年9月，中国创建中国新技术创业投资公司，这是中国第一家政府主导的风险投资公司。1985至今，政府风险投资呈现出国有独资、国有控股、国有参股、低息贷款、政策担保、税费减免、跟进投资以及引导基金等不同方式。20世纪90年代初期，中国政府相继公布准许高新技术开发区建立风险投资基金及风险投资公司。90年代末期，国家推出《中华人民共和国促进科技成果转化法》《中共中央 国务院关于技术创新的决定》和《关于科技型中小企业技术创新基金的暂行规定》等政策，各地区政府不仅逐步成立风险投资，还设立科技型中小企业技术创新政府专项资金，激励中小企业自主创新，体现出政府风险资本的杠杆效应。为促进科技型企业发展，中国于2002年成立中关村创业投资引导基金，这也是中国第一家政府创业引导基金。2008年，国务院出台《关于创业投资引导基金规范设立与运作的指导意见》，为引导基金制定了清晰详细、规范准确的操作指南。李克强总理在2016年的《政府工作报告》中提出，完善政府和社会资本合作模式，用好1800亿元引导基金。2018年，中国创业风险投资机构数达到2800家，累计投资数目达22396个，管理资本总额为9179亿元。

（四）知识产权保护政策

1979年，中美签订《中美贸易关系协定》，1980—1992年，中国出台《专利法》《商标法》《著作权法》及《反不正当竞争法》等法律法规。中国于1985年成为《保护工业产权巴黎公约》成员，并于1989年加入《商标国际注册马德里协定》，体现出中国重视知识产权保护的程度，以及与国际接轨的决心。1992—2001年，美国与中国就知识产权保护问题不断协商，于1999年签订《中美知识产权协议》。中国在此期间也修订了《专利法》和《商标法》，出台了《知识产权海关保护条例》《植物新品种保护条例》等法规，逐步提高知识产权保护意识，完善知识产权保护制度。2001—2008年，中国知识产权保护逐渐由"被动式"转型为"主动式"，出台了一系列法律法规来完善知识产权保护制度，例如《专利申请人和专利权人（单位）代码标准》《专利实施许可合同备案管理办法》《专利行政执法办法》和《专利实施强制许可办法》等专利保护条例，进一步强化知识产权保护主体、弥补知识产权保护制度遗漏、加大知识产权保护力度。2008年，国务院出台了《国家知识产权战略纲要》，进一步促进自主创新及技术推广、贸易增长及对外开放，完善知识产权保护制度。之后，对《专利法》《商标法》《著作权法》和《反不正当竞争法》进行了新一轮修订，体现出中国对于知识产权保护战略以及对企业自主创新、成果转化的重视。2018年，国务院将国家工商行政管理总局的商标管理、国家质量监督检验检疫总局的原产地地理标志管理及知识产权局管理职责合并，便于统一管理、开展知识产权保护工作，并发布了《知识产权对外转让有关工作办法（试行）》，提出维护国家安全和创新发展能力，完善知识产权对外转让审查机制。

(五)公共创新治理政策

2011年,发布的《国务院办公厅关于进一步支持企业技术创新的通知》,提出要加大公共技术创新服务平台建设力度,探索科技资源开放共享制度,着力推进产学研的有机结合。按照"面向产业、需求导向;创新机制、盘活存量;政府引导、多方参与;明确权益、协同发展"的原则,在系统梳理整合现有科技资源的基础上,加强顶层设计和统筹规划,构建面向重点产业、战略性产业和区域特色产业的公共技术创新服务平台,完善国家重点实验室、国家工程实验室、国家工程技术(研究)中心等的相关政策措施,加强产业共性关键技术研发攻关,加速技术成果的工程化和产业化,加强研发能力建设和行业基础性工作。以中央财政资金为引导,带动地方财政和社会投入,集聚科技资源,优化创新环境,支持区域公共科技服务能力建设,支持区域特色优势产业和新兴产业发展。大力支持战略性新兴产业重大关键技术研发、重大产业创新发展工程、重大创新成果产业化、重大应用示范工程、新兴产业创投计划、创新能力建设等。2012年,国务院印发《国家基本公共服务体系"十二五"规划》,这是中国首部国家级基本公共服务体系规划。创新政策不再是政府单方面促进创新,而是多与企业互动合作,将企业的主动性纳入创新政策,支持产业共性技术创新,支持企业创新合作。创新政策由政府单方面支持,变成政府、企业和其他多方的合作。2020年印发的《加强"从0到1"基础研究工作方案》,强调要优化原始创新环境,遵循基础研究的规律与特点,推动基础研究分类评价,探索支持非共识项目的机制,鼓励自由探索,赋予科研人员更多学术自主权;弘扬科学精神,营造勇于创新、敢于啃硬骨头和学术民主、宽容失败的科研环境。

# 参考文献

[1] 白长虹. 企业精神的演进[J]. 南开管理评论, 2019(5): 1–2.

[2] 白俊红, 蒋伏心. 协同创新、空间关联与区域创新绩效[J]. 经济研究, 2015, 50(7): 174–187.

[3] 白俊红, 李婧. 政府R&D资助与企业技术创新：基于效率视角的实证分析[J]. 金融研究, 2011(6): 181–193.

[4] 蔡晓慧, 茹玉骢. 地方政府基础设施投资会抑制企业技术创新吗：基于中国制造业企业数据的经验研究[J]. 管理世界, 2016(11): 32–52.

[5] 蔡晓珊, 陈和. 人力资本密集型企业创业团队的权益安排及激励机制设计[J]. 中央财经大学学报. 2014(1): 78–84.

[6] 蔡新蕾, 高山行, 杨燕. 企业政治行为对原始性创新的影响研究：基于制度视角和资源依赖理论[J]. 科学学研究, 2013, 31(2): 276–285.

[7] 陈春花. 颠覆性环境的唯一解药：组织创造力[J]. 清华管理评论, 2017, 8(9): 12–17.

[8] 陈冬华, 范从来, 沈永建. 高管与员工：激励有效性之比较与互动[J]. 管理世界, 2015(5): 160–171.

[9] 陈红, 张玉, 刘东霞. 政府补助、税收优惠与企业创新绩效：不同生命周期阶段的实证研究[J]. 南开管理评论, 2019, 22(3): 187–200.

[10] 陈华东. 管理者任期、股权激励与企业创新研究[J]. 中国软科学, 2016(8):

112-126.

[11] 陈劲. 企业创新生态系统论 [M]. 北京：科学出版社，2017.

[12] 陈劲，王飞绒. 创新政策：多国比较和发展框架 [M]. 杭州：浙江大学出版社，2005.

[13] 陈劲，郑刚. 创新管理：赢得持续竞争力：第 3 版 [M]. 北京：北京大学出版社，2016.

[14] 陈强，陈玉洁. 德国支持高成长性创新型企业发展的政策措施及启示 [J]. 德国研究，2019, 34(1): 70-88, 188.

[15] 陈钦源，马黎珺，伊志宏. 分析师跟踪与企业创新绩效 [J]. 南开管理评论，2017, 20(3): 15-27.

[16] 陈文婕，曾德明，陈雄先. 丰田低碳汽车技术合作创新网络图谱分析 [J]. 科研管理，2015, 36(2): 1-10.

[17] 陈效东. 谁才是企业创新的真正主体：高管人员还是核心员工 [J]. 财贸经济，2017, 38(12): 127-144.

[18] 陈信元，陈冬华，万华林，梁上坤. 地区差异、薪酬管制与高管腐败 [J]. 管理世界，2009(11): 130-143, 188.

[19] 陈修德，梁彤缨，雷鹏，秦全德. 高管薪酬激励对企业研发效率的影响效应研究 [J]. 科研管理，2015, 36(9): 26-35.

[20] 陈邑早，白智奇，王阳. 高管薪酬契约激励的比较陷阱：框架构建与效应分析：基于契约参照点视角的剖释 [J]. 经济体制改革，2019(3): 94-101.

[21] 陈运森，谢德仁. 董事网络、独立董事治理与高管激励 [J]. 金融研究，2012(2): 168-182.

[22] 程伟，赵健梅，张丽娜. 世界一流企业中长期激励机制研究 [J]. 宏观经济研究，2012(12): 32-43.

[23] 程新生，李海萍，罗艳梅. 公司治理与战略控制 [M]. 成都：西南财经大学出版社，2010.

[24] 程新生，宋文洋，程菲. 高管员工薪酬差距、董事长成熟度与创造性产出研究 [J]. 南京大学学报 ( 哲学 . 人文科学 . 社会科学版 )，2012, 49(4): 47-59, 158.

[25] 程新生, 赵旸. 权威董事专业性、高管激励与创新活跃度研究[J]. 管理科学学报, 2019, 22(3): 40–52.

[26] 程新生, 郑海埃, 赵旸. 公司治理促进技术创新的机理探析[J]. 南开学报 (哲学社会科学版), 2019(6): 93–104.

[27] 邓鹏. 一本书读懂日本商业史[M]. 杭州: 浙江人民出版社, 2013.

[28] 刁丽琳, 朱桂龙. 产学研联盟契约和信任对知识转移的影响研究[J]. 科学学研究. 2015(5): 723–733.

[29] 刁晓纯, 苏敬勤. 工业园区产业生态网络绩效测度研究[J]. 科研管理, 2008(3): 152–158.

[30] 丁建弘. 德国通史[M]. 上海: 上海社会科学院出版社, 2012.

[31] 杜旌. 绩效工资: 一把双刃剑[J]. 南开管理评论, 2009, 12(3): 117–124, 134.

[32] 杜兴强, 王丽华. 高层管理当局薪酬与上市公司业绩的相关性实证研究[J]. 会计研究, 2007(1): 58–65, 93.

[33] 樊霞, 何悦, 朱桂龙. 产学研合作与企业内部研发的互补性关系研究: 基于广东省产学研合作的实证[J]. 科学学研究, 2011, 29(5): 764–770.

[34] 樊霞, 黄妍, 朱桂龙. 产学研合作对共性技术创新的影响效用研究[J]. 科研管理, 2018, 39(1): 34–44.

[35] 方芳, 李实. 中国企业高管薪酬差距研究[J]. 中国社会科学, 2015(8): 47–67, 205.

[36] 方军雄. 高管权力与企业薪酬变动的非对称性[J]. 经济研究, 2011, 46(4): 107–120.

[37] 方炜, 牛婷婷. 产学研项目利益相关方关系网络演化动力研究[J]. 科学学研究, 2017, 35(5): 746–753.

[38] 冯根福, 温军. 中国上市公司治理与企业技术创新关系的实证分析[J]. 中国工业经济, 2008(7): 91–101.

[39] 付丙海, 谢富纪, 韩雨卿. 创新链资源整合、双元性创新与创新绩效: 基于长三角新创企业的实证研究[J]. 中国软科学, 2015(12): 176–186.

[40] 高志前. 我国产业技术政策的发展与应用[J]. 创新科技, 2008, (5): 18–19.

[41] 戈登·唐纳森. 董事会的新工具：战略审计 [M] // 沃尔特·萨蒙, 等. 公司治理. 孙经纬, 高晓辉, 译. 北京：中国人民大学出版社, 2001.

[42] 顾斌, 周立烨. 我国上市公司股权激励实施效果的研究 [J]. 会计研究, 2007(2): 79-84, 92.

[43] 顾远东, 周文莉, 彭纪生. 消极情绪与员工创造力：组织认同、职业认同的调节效应研究 [J]. 管理科学学报, 2019, 22(6): 21-35.

[44] 郭蕾, 肖淑芳, 李雪婧, 李维维. 非高管员工股权激励与创新产出：基于中国上市高科技企业的经验证据 [J]. 会计研究, 2019(7): 59-67.

[45] 国务院发展研究中心创新发展研究部"创新型人才培养、激励及引进机制研究"课题组. 调整改进我国创新型人才政策和计划 [N]. 中国经济时报, 2019-04-08(A05).

[46] 海尔集团企业文化中心. 海尔员工画与话：让每个人成为自己的 CEO [M]. 北京：机械工业出版社, 2013.

[47] 贺伟, 龙立荣. 薪酬体系框架与考核方式对个人绩效薪酬选择的影响 [J]. 心理学报, 2011, 43(10): 1198-1210.

[48] 何屹. 创新的落脚点是创造效益：英国的科技创新政策 [J]. 科技成果纵横, 2006(1): 44.

[49] 何一清, 崔连广, 张敬伟. 互动导向对创新过程的影响：创新能力的中介作用与资源拼凑的调节作用 [J]. 南开管理评论, 2015, 18(4): 96-105.

[50] 何玉润, 林慧婷, 王茂林. 产品市场竞争、高管激励与企业创新：基于中国上市公司的经验证据 [J]. 财贸经济, 2015, 36(2): 125-135.

[51] 胡国柳, 赵阳, 胡珺. D&O 保险、风险容忍与企业自主创新 [J]. 管理世界, 2019, 35(8): 121-135.

[52] 胡海青, 李浩. 孵化器领导力与孵化网络绩效实证研究 [J]. 管理评论, 2016, 28(3): 164-172.

[53] 呼建光, 毛志宏. 新时期员工持股计划：止步还是前行 [J]. 南方经济, 2016(7): 95-111.

[54] 胡泳, 郝亚洲. 张瑞敏思考实录 [M]. 北京：机械工业出版社, 2014.

[55] 胡元木, 纪端. 董事技术专长、创新效率与企业绩效 [J]. 南开管理评论,

2017, 20(3): 40-52.

[56] 惠祥, 李秉祥, 李明敏. 技术创业型企业经理层股权分配模式探讨与融资结构优化 [J]. 南开管理评论, 2016 (6): 177-188.

[57] 黄福广, 王建业. 风险资本、高管激励与企业创新 [J]. 系统管理学报, 2019, 28(4): 601-614.

[58] 黄继伟. 华为精神 [M]. 北京: 中国友谊出版公司, 2019.

[59] 黄庆华, 张芳芳, 陈习定. 高管短期薪酬的创新激励效应研究 [J]. 科研管理, 2019, 40(11): 257-265.

[60] 黄再胜, 王玉. 公平偏好、薪酬管制与国企高管激励: 一种基于行为合约理论的分析 [J]. 财经研究, 2009, 35(1): 16-27.

[61] 井润田, 赵宇楠, 滕颖. 平台组织、机制设计与小微创业过程: 基于海尔集团组织平台化转型的案例研究 [J]. 管理学季刊. 2016, 1(4): 38-71.

[62] 蒋德权, 姜国华, 陈冬华. 地方官员晋升与经济效率: 基于政绩考核观和官员异质性视角的实证考察 [J]. 中国工业经济, 2015(10): 21-36.

[63] 姜鲁鸣. 新时代中国军民融合发展战略论纲 [J]. 改革, 2018(3): 24-34.

[64] 江轩宇. 政府放权与国有企业创新: 基于地方国企金字塔结构视角的研究 [J]. 管理世界, 2016(9): 120-135.

[65] 姜英兵, 史艺然. 核心员工股权激励与创新产出: 基于高新技术企业的经验证据 [J]. 财务研究, 2018(1): 42-54.

[66] 姜英兵, 于雅萍. 谁是更直接的创新者: 核心员工股权激励与企业创新 [J]. 经济管理, 2017, 39(3): 109-127.

[67] 鞠晓生, 卢荻, 虞义华. 融资约束、营运资本管理与企业创新可持续性 [J]. 经济研究, 2013, 48(1): 4-16.

[68] 克莱顿·克里斯滕森. 创新者的窘境 [M]. 胡建桥, 译. 北京: 中信出版社, 2014.

[69] 克里斯托夫·弗里曼. 技术政策与经济绩效 [M]. 张宇轩, 译. 南京: 东南大学出版社, 2008.

[70] 孔东民, 徐茗丽, 孔高文. 企业内部薪酬差距与创新 [J]. 经济研究, 2017, 52(10): 144-157.

[71] 孔茗, 吕园园, 钱小军. 游戏化管理: 让"触屏一代"爱上工作 [J]. 清华管理评论, 2019(1): 46–52.

[72] 李成友, 孙涛, 焦勇. 要素禀赋、工资差距与人力资本形成 [J]. 经济研究, 2018, 53(10): 113–126.

[73] 李春涛, 郭培培, 张璇. 知识产权保护、融资途径与企业创新: 基于跨国微观数据的分析 [J]. 经济评论, 2015(1): 77–91.

[74] 李春涛, 宋敏. 中国制造业企业的创新活动: 所有制和 CEO 激励的作用 [J]. 经济研究, 2010, 45(5): 55–67.

[75] 李丹蒙, 万华林. 股权激励契约特征与企业创新 [J]. 经济管理, 2017, 39(10): 156–172.

[76] 李莉, 闫斌, 顾春霞. 知识产权保护、信息不对称与高科技企业资本结构 [J]. 管理世界, 2014(11): 1–9.

[77] 李玲. 技术创新网络中企业间依赖、企业开放度对合作绩效的影响 [J]. 南开管理评论, 2011, 14(4): 16–24.

[78] 李梅芳, 刘国新, 刘璐. 企业与高校参与产学研合作的实证比较研究: 合作内容、水平与模式 [J]. 研究与发展管理, 2011, 23(4): 113–118.

[79] 李梅芳, 刘国新, 刘璐. 企业与高校对产学研合作模式选择的比较研究 [J]. 科研管理, 2012, 33(9): 154–160.

[80] 李梅芳, 赵永翔, 唐振鹏. 产学研合作成效关键影响因素研究: 基于合作开展与合作满意的视角 [J]. 科学学研究, 2012, 30(12): 1871–1880.

[81] 李茫茫, 王红建. 经济增长目标压力与企业研发创新的挤出效应: 基于多重考核目标的实证研究 [J]. 南开管理评论, 2020(6): 96–107.

[82] 李培功, 沈艺峰. 媒体的公司治理作用: 中国的经验证据 [J]. 经济研究, 2010(4): 14–27.

[83] 李平, 崔喜君, 刘建. 中国自主创新中研发资本投入产出绩效分析: 兼论人力资本和知识产权保护的影响 [J]. 中国社会科学, 2007(2): 32–42, 204–205.

[84] 李清如. 对日本税制新近改革趋势的研究 [J]. 国际税收, 2019(01):9–15.

[85] 李淑玲. 工匠精神 [M]. 北京: 企业管理出版社, 2016.

［86］李万福，杜静，张怀．创新补助究竟有没有激励企业创新自主投资：来自中国上市公司的新证据[J]．金融研究，2017(10): 130–145.

［87］李维安．公司治理学（第三版）[M]．北京：高等教育出版社，2016.

［88］李维安，刘绪光，陈靖涵．经理才能、公司治理与契约参照点：中国上市公司高管薪酬决定因素的理论与实证分析[J]．南开管理评论，2010, 13(2): 4–15.

［89］李维安，王辉．企业家创新精神培育：一个公司治理视角[J]．南开经济研究，2003(2): 23–31.

［90］黎文靖，岑永嗣，胡玉明．外部薪酬差距激励了高管吗：基于中国上市公司经理人市场与产权性质的经验研究[J]．南开管理评论，2014, 17(4): 24–35.

［91］黎文靖，胡玉明．国企内部薪酬差距激励了谁[J]．经济研究，2012(12): 125–136.

［92］李文武．企业创新人才激励机制的构建[J]．经济问题，2013(8): 41–43, 91.

［93］李晓峰．产学研合作的新发展及政策启示：基于2013国家科技奖励数据的分析[J]．高等工程教育研究，2014(2): 57–60.

［94］李忆，司有和．探索式创新、利用式创新与绩效：战略和环境的影响[J]．南开管理评论，2008, 11(5): 4–12.

［95］李宇，唐蕾．"众乐乐"还是"独乐乐""有核"集群的双向技术溢出与集群创新绩效[J]．南开管理评论，2020, 23(2): 39–50.

［96］李增泉．激励机制与企业绩效：一项基于上市公司的实证研究[J]．会计研究，2000(1): 24–30.

［97］李振兴．创新驱动发展：英国创新政策五大着力点及具体举措剖析[J]．全球科技经济瞭望，2015, 30(4): 17–21+60.

［98］李志刚，许晨鹤，刘振．商业模式传承型裂变创业内在机理研究[J]．南开管理评论，2017, 20(5): 69–80.

［99］李志刚，何诗宁，于秋实．海尔集团小微企业的生成路径及其模式分类研究：基于扎根理论方法的探索[J]．管理学报，2019, 16(6): 791–800.

［100］梁彤缨，雷鹏，陈修德．管理层激励对企业研发效率的影响研究：来自

中国工业上市公司的经验证据 [J]. 管理评论，2015, 27(5): 145-156.

[101] 廖中举，程华. 企业技术创新激励措施的影响因素及绩效研究 [J]. 科研管理，2014, 35(7): 60-66.

[102] 林建宁. 国内外医药产业发展状况对比分析 [J]. 中国药房，2011，22（24）：2218-2221.

[103] 林毅夫，安桂武. 吉林省经济结构转型升级研究报告 [R]. 北京大学新结构经济学研究中心，2017.

[104] 刘宝华，王雷. 业绩型股权激励、行权限制与企业创新 [J]. 南开管理评论，2018, 21(1): 17-27, 38.

[105] 刘丹，闫长乐. 协同创新网络结构与机理研究 [J]. 管理世界，2013(12): 1-4.

[106] 刘方龙，吴能全. 探索京瓷"阿米巴"经营之谜：基于企业内部虚拟产权的案例研究 [J]. 中国工业经济. 2014(2): 135-147.

[107] 刘广，虞华君. 外在激励、内在激励对高校教师科研绩效的 [J]. 科研管理，2019, 40(1): 199-208.

[108] 刘衡，李西垚. 研发团队公平感、领导方式对创新的影响研究 [J]. 科研管理，2010, 31(1): 24-31.

[109] 刘戒骄，张小筠. 改革开放40年我国产业技术政策回顾与创新 [J]. 经济问题，2018(12): 1-7.

[110] 刘思明，侯鹏，赵彦云. 知识产权保护与中国工业创新能力：来自省级大中型工业企业面板数据的实证研究 [J]. 数量经济技术经济研究，2015, 32(3): 40-57.

[111] 刘伟，刘星. 高管持股对企业R&D支出的影响研究：来自2002—2004年A股上市公司的经验证据 [J]. 科学学与科学技术管理，2007(10): 172-175.

[112] 刘小玲，徐进，任真. 英国国家科研与创新署的国际合作战略与政策及其启示 [J]. 世界科技研究与发展，2019, 41(4): 439-446.

[113] 刘晓云，赵伟峰. 我国制造业协同创新系统的运行机制研究 [J]. 中国软科学，2015(12): 144-153.

［114］刘新民，李垣，冯进路. 企业内部控制机制对创新模式选择的影响分析 [J]. 南开管理评论，2006(2): 64–68, 83.

［115］刘学元，丁雯婧，赵先德. 企业创新网络中关系强度、吸收能力与创新绩效的关系研究 [J]. 南开管理评论，2016, 19(1): 30–42.

［116］刘娅. 英国国家战略科技力量运行机制研究 [J]. 全球科技经济瞭望，2019, 34(2): 40–49.

［117］刘亚伟，张兆国. 股权制衡、董事长任期与投资挤占研究 [J]. 南开管理评论，2016, 19(1): 54–69.

［118］刘云，石金涛. 组织创新气氛与激励偏好对员工创新行为的交互效应研究 [J]. 管理世界，2009(10):88–101, 114, 188.

［119］刘志远，刘倩茹. 业绩型股票期权的管理层收益与激励效果 [J]. 中国工业经济，2015(10): 131–145.

［120］龙小宁，林菡馨. 专利执行保险的创新激励效应 [J]. 中国工业经济，2018(3): 116–135.

［121］路风. 冲破迷雾：揭开中国高铁技术进步之源 [J]. 管理世界，2019, 35(9): 164–194, 200.

［122］卢锐. 企业创新投资与高管薪酬业绩敏感性 [J]. 会计研究，2014(10): 36–42, 96.

［123］鲁桐，党印. 公司治理与技术创新：分行业比较 [J]. 经济研究，2014, 49(6): 115–128.

［124］卢馨，李瑞红，方睿孜. 高管晋升激励与国有企业创新投入的关系研究 [J]. 经济与管理，2019, 33(3): 86–92.

［125］卢馨，郑阳飞，李建明. 融资约束对企业R&D投资的影响研究：来自中国高新技术上市公司的经验证据 [J]. 会计研究，2013(5): 51–58, 96.

［126］陆正飞，王雄元，张鹏. 国有企业支付了更高的职工工资吗？[J]. 经济研究，2012, 47(3): 28–39.

［127］罗珉，张晟义，刘永俊. 高新技术企业知识治理绩效研究 [J]. 科研管理，2010, 31(3): 1–9.

［128］罗明新，马钦海，胡彦斌. 政治关联与企业技术创新绩效：研发投资的

中介作用研究[J].科学学研究,2013,31(6):938−947.

[129] 吕长江,严明珠,郑慧莲,许静静.为什么上市公司选择股权激励计划？[J].会计研究,2011(1):68−75,96.

[130] 吕长江,张海平.股权激励计划对公司投资行为的影响[J].管理世界,2011,(11):118−126.

[131] 吕长江,赵宇恒.国有企业管理者激励效应研究：基于管理者权力的解释[J].管理世界,2008(11):99−109,188.

[132] 吕长江,郑慧莲,严明珠,许静静.上市公司股权激励制度设计：是激励还是福利？[J].管理世界,2009(9):133−147,188.

[133] 玛格丽特·怀特,加里·布鲁顿.技术与创新管理：战略的视角[M].吴晓波,杜健,译.北京：机械工业出版社,2012.

[134] 马晶.西方企业激励理论述评[J].经济评论,2006(6):152−157.

[135] 马文聪,叶阳平,徐梦丹,朱桂龙."两情相悦"还是"门当户对"：产学研合作伙伴匹配性及其对知识共享和合作绩效的影响机制[J].南开管理评论,2018,21(6):95−106.

[136] 梅春,赵晓菊,颜海明,程飞.行业锦标赛激励与企业创新产出[J].外国经济与管理,2019,41(7):25−41.

[137] 孟庆斌,李昕宇,张鹏.员工持股计划能够促进企业创新吗：基于企业员工视角的经验证据[J].管理世界,2019,35(11):209−228.

[138] 缪毅,胡奕明.产权性质、薪酬差距与晋升激励[J].南开管理评论,2014,17(4):4−12.

[139] 潘金虎,余珊萍.技术创新政策的国际比较[J].科技进步与对策,2001(01):85−87.

[140] 裴云龙,郭菊娥,向希尧.企业研发人员合作网络、科学研究与技术创新[J].科学学研究,2016,34(7):1054−1064.

[141] 彼得·德鲁克.管理：使命、责任、实务（责任篇）[M].王永贵译.北京：机械工业出版社,2006.

[142] 钱锡红,杨永福,徐万里.企业网络位置、吸收能力与创新绩效：一个交互效应模型[J].管理世界,2010(5):118−129.

[143] 钱颖一. 激励理论的新发展与中国的金融改革 [J]. 经济社会体制比较, 1996(6): 33–37.

[144] 秦剑, 王迎军. 突破性创新的成功驱动因素研究: 组织能力的视角 [J]. 中国科技论坛, 2008(7): 21–25.

[145] 阙四清. 论企业创新机制 [J]. 当代经理人, 2006(8): 8–9.

[146] 任胜钢. 企业网络能力结构的测评及其对企业创新绩效的影响机制研究 [J]. 南开管理评论, 2010, 13(1): 69–80.

[147] 任泽平. 中美科技实力对比: 体制视角 [J]. 发展研究, 2018(10): 4–11.

[148] 邵帅, 周涛, 吕长江. 产权性质与股权激励设计动机: 上海家化案例分析 [J]. 会计研究, 2014(10): 43–50, 96.

[149] 沈桂龙. 美国创新体系: 基本框架、主要特征与经验启示 [J]. 社会科学, 2015(8): 3–13.

[150]《十年决策: 世界主要国家（地区）宏观科技政策研究》研究组. 十年决策: 世界主要国家（地区）宏观科技政策研究 [M]. 北京: 科学出版社, 2014.

[151] 石琦, 肖淑芳, 吴佳颖. 股票期权及其要素设计与企业创新产出: 基于风险承担与业绩激励效应的研究 [J]. 南开管理评论, 2020, 23(2): 27–38, 62.

[152] 石晓军, 王骜然. 独特公司治理机制对企业创新的影响: 来自互联网公司双层股权制的全球证据 [J]. 经济研究, 2017, 52(1): 149–164.

[153] 史宇鹏, 顾全林. 知识产权保护、异质性企业与创新: 来自中国制造业的证据 [J]. 金融研究, 2013(8): 136–149.

[154] 宋瑶瑶, 刘肖肖, 杨国梁. 美国创新战略分析及其对我国科技规划的启示 [J]. 全球科技经济瞭望, 2018, 33(9): 9–14, 35.

[155] 孙隆英. 企业研发费用税收政策的国际比较 [J]. 国际税收, 2014(11): 23–27.

[156] 孙茂竹, 支晓强, 戴璐. 管理会计学: 第 8 版 [M]. 北京: 中国人民大学出版社, 2018.

[157] 谭劲松, 冯飞鹏, 徐伟航. 产业政策与企业研发投资 [J]. 会计研究, 2017,

(10): 58−64, 97.

[158] 唐丹蕾, 王琦. 科研院所与高校科技成果转化问题与建议 [J]. 中国发明与专利, 2020, 17(2): 92−98.

[159] 唐晋. 大国崛起 [M]. 北京: 人民出版社, 2007.

[160] 唐丽艳, 周建林, 王国红. 社会资本、在孵企业吸收能力和创新孵化绩效的关系研究 [J]. 科研管理, 2014, 35(7): 51−59.

[161] 唐未兵, 傅元海, 王展祥. 技术创新、技术引进与经济增长方式转变 [J]. 经济研究, 2014, 49(7): 31−43.

[162] 唐未兵. 马克思劳动价值论的时代意义 [N]. 光明日报, 2018-9-12(11).

[163] 田高良, 封华, 于忠泊. 资本市场中媒体的公司治理角色研究 [J]. 会计研究, 2016(6): 21−29, 94.

[164] 田轩. 创新的资本逻辑: 用资本视角思考创新的未来 [M]. 北京: 北京大学出版社, 2018.

[165] 田轩, 孟清扬. 股权激励计划能促进企业创新吗 [J]. 南开管理评论, 2018, 21(3): 176−190.

[166] 万劲波. 创新发展的战略与政策 [M]. 北京: 电子工业出版社, 2015.

[167] 万青, 陈万明, 胡思华. 知识型员工创新激励及其影响因素研究: 基于声誉机制及多任务多期委托代理的视角 [J]. 研究与发展管理, 2011, 23(6): 55−63.

[168] 王昌林, 姜江, 盛朝讯, 韩祺. 大国崛起与科技创新: 英国、德国、美国和日本的经验与启示 [J]. 全球化, 2015(9): 39−49+117, 133.

[169] 王晨旭, 苏婷婷. 英国对外投资税收政策分析 [J]. 国际税收, 2016(03): 12−16.

[170] 王凤彬, 陈公海, 李东红. 模块化组织模式的构建与运作: 基于海尔"市场链"再造案例的研究 [J]. 管理世界. 2008(4): 122−139.

[171] 王凤彬, 陈建勋, 杨阳. 探索式与利用式技术创新及其平衡的效应分析 [J]. 管理世界, 2012, 28(3): 96−112.

[172] 王光荣, 李建标, 李政. 垂直和现状参照点如何影响雇员的努力水平? [J]. 经济与管理研究, 2015, 36(3): 97−104.

[173] 王海军, 温兴琦. 资源依赖与模块化交叉调节下的产学研用协同创新研

究 [J]. 科研管理, 2018, 39(4): 21–31.

[174] 王华. 更严厉的知识产权保护制度有利于技术创新吗？[J]. 经济研究, 2011, 46(2): 124–135.

[175] 王京, 罗福凯. 技术—知识投资、要素资本配置与企业成长：来自我国资本市场的经验证据 [J]. 南开管理评论, 2017, 20(3): 90–99.

[176] 王经亚, 陈松. 德国技术转移体系分析及借鉴 [J]. 经济研究导刊, 2009, 8(8): 203–205.

[177] 王珺. 双重博弈中的激励与行为：对转轨时期国有企业经理激励不足的一种新解释 [J]. 经济研究, 2001(8): 71–78, 95.

[178] 王钦. 海尔新模式：互联网转型的行动路线图 [M]. 北京：中信出版社, 2015.

[179] 王姝勋, 方红艳, 荣昭. 期权激励会促进公司创新吗：基于中国上市公司专利产出的证据 [J]. 金融研究, 2017(3): 176–191.

[180] 王萧萧, 朱桂龙. 产学合作提升专利质量了吗？[J]. 科学学研究, 2019, 37(8): 1461–1470+1516.

[181] 王燕妮. 高管激励对研发投入的影响研究：基于我国制造业上市公司的实证检验 [J]. 科学学研究, 2011, 29(7): 1071–1078.

[182] 王永贵, 姚山季, 司方来. 组织顾客创新、供应商反应性与项目绩效的关系研究：基于组织服务市场的实证分析 [J]. 南开管理评论, 2011, 14(2): 4–13.

[183] 王永贵, 赵春霞, 赵宏文. 算计性依赖、关系性依赖和供应商创新能力的关系研究 [J]. 南开管理评论, 2017, 20(3): 4–14.

[184] 王珏, 祝继高. 劳动保护能促进企业高学历员工的创新吗：基于 A 股上市公司的实证研究 [J]. 管理世界, 2018, 34(3): 139–152, 166, 184.

[185] 魏光兴, 余乐安, 汪寿阳, 黎建强. 基于协同效应的团队合作激励因素研究 [J]. 系统工程理论与实践, 2007(1): 1–9.

[186] 魏志梅. 发达国家 R&D 财税政策借鉴研究 [J]. 国际税收, 2017(1): 6–13.

[187] 卫利华, 刘智强, 廖书迪, 龙立荣, 廖建桥. 集体心理所有权、地位晋升

标准与团队创造力 [J]. 心理学报, 2019, 51(6): 677–687.

[188] 温军, 冯根福. 异质机构、企业性质与自主创新 [J]. 经济研究, 2012(3): 53–64.

[189] 温军, 冯根福. 风险投资与企业创新:"增值"与"攫取"的权衡视角 [J]. 经济研究, 2018(2): 185–199.

[190] 文巧甜, 夏健明. 内外协同情境下的组织创造力与产品创新绩效研究 [J]. 华东经济管理, 2017, 31(9): 161–170.

[191] 吴超鹏, 唐菂. 知识产权保护执法力度、技术创新与企业绩效:来自中国上市公司的证据 [J]. 经济研究, 2016, 51(11): 125–139.

[192] 吴昊旻, 墨沈微, 孟庆玺. 公司战略可以解释高管与员工的薪酬差距吗？ [J]. 管理科学学报, 2018, 21(9): 105–117.

[193] 吴慧, 顾晓敏. 产学研合作创新绩效的社会网络分析 [J]. 科学学研究, 2017, 35(10): 1578–1586.

[194] 吴敬琏. 现代公司与企业改革 [M]. 天津:天津人民出版社, 1994.

[195] 吴松强, 苏思骐, 沈忠芹, 宗峻麒. 产业集群网络关系特征对产品创新绩效的影响:环境不确定性的调节效应 [J]. 外国经济与管理, 2017, 39(5): 46–57, 72.

[196] 吴卫, 银路. 巴斯德象限取向模型与新型研发机构功能定位 [J]. 技术经济, 2016, 35(8): 38–44.

[197] 武亚军. "战略框架式思考""悖论整合"与企业竞争优势:任正非的认知模式分析及管理启示 [J]. 管理世界, 2013(4): 150–163, 166–167, 164–165.

[198] 吴延兵. 中国式分权下的偏向性投资 [J]. 经济研究, 2017, 52(6): 137–152.

[199] 夏立军, 陈信元. 市场化进程、国企改革策略与公司治理结构的内生决定 [J]. 经济研究, 2007(7): 82–95, 136.

[200] 夏宁, 董艳. 高管薪酬、员工薪酬与公司的成长性:基于中国中小上市公司的经验数据 [J]. 会计研究, 2014(9): 89–95, 97.

[201] 肖丁丁, 朱桂龙, 戴勇. R&D 投入与产学研绩效关系的实证研究 [J]. 管理学报, 2011, 8(5): 706–712.

[202] 肖文, 林高榜. 政府支持、研发管理与技术创新效率：基于中国工业行业的实证分析 [J]. 管理世界, 2014(4): 71–80.

[203] 谢德仁, 崔宸瑜, 汤晓燕. 业绩型股权激励下的业绩达标动机和真实盈余管理 [J]. 南开管理评论, 2018, 21(1): 159–171.

[204] 解维敏. 锦标赛激励促进还是抑制企业创新？[J]. 中国软科学, 2017(10): 104–113.

[205] 解维敏, 唐清泉, 陆姗姗. 政府R&D资助, 企业R&D支出与自主创新：来自中国上市公司的经验证据 [J]. 金融研究, 2009(6): 86–99.

[206] 解学梅, 左蕾蕾. 企业协同创新网络特征与创新绩效：基于知识吸收能力的中介效应研究 [J]. 南开管理评论, 2013, 16(3): 47–56.

[207] 辛宇, 吕长江. 激励、福利还是奖励：薪酬管制背景下国有企业股权激励的定位困境 [J]. 会计研究, 2012(6): 67–75, 93.

[208] 徐长生, 孔令文, 倪娟. A股上市公司股权激励的创新激励效应研究 [J]. 科研管理, 2018, 39(9): 93–101.

[209] 徐宁, 姜楠楠, 张晋. 股权激励对中小企业双元创新战略的影响研究 [J]. 科研管理, 2019, 40(7): 163–172.

[210] 徐宁, 徐向艺. 技术创新导向的高管激励整合效应：基于高科技上市公司的实证研究 [J]. 科研管理, 2013, 34(9): 46–53.

[211] 徐欣, 唐清泉. 财务分析师跟踪与企业R&D活动：来自中国证券市场的研究 [J]. 金融研究, 2010(12): 173–189.

[212] 许强, 王利琴, 茅旭栋. CEO—董事会关系如何影响企业研发投入？[J]. 外国经济与管理, 2019, 41(4): 126–138.

[213] 许庆瑞, 谢章澍, 郑刚. 全面创新管理的制度分析 [J]. 科研管理, 2004, 25(3): 6–12.

[214] 薛澜等. 中国科技发展与政策, 1978—2018[M]. 北京：社会科学文献出版社, 2018.

[215] 闫威, 邓鸿. 内在激励对企业外在激励供给策略的影响研究 [J]. 管理评论, 2011, 23(5): 89–95.

[216] 杨道广, 陈汉文, 刘启亮. 媒体压力与企业创新 [J]. 经济研究, 2017,

52(8): 125-139.

[217] 杨慧辉, 徐佳琳, 潘飞, 马二强. 异质设计动机下的股权激励对产品创新能力的影响 [J]. 科研管理, 2018, 39(10): 1-11.

[218] 杨建君, 李垣, 薛琦. 基于公司治理的企业家技术创新行为特征分析 [J]. 中国软科学, 2002(12): 125-128, 124.

[219] 杨建君, 王婷, 刘林波. 股权集中度与企业自主创新行为: 基于行为动机视角 [J]. 管理科学, 2015, 28(2): 1-11.

[220] 杨菊萍, 贾生华. 知识扩散路径、吸收能力与区域中小企业创新: 基于浙江省3个传统制造业集群的实证分析 [J]. 科研管理, 2009, 30(5): 17-24.

[221] 杨俊, 张玉利, 杨晓非, 赵英. 关系强度、关系资源与新企业绩效: 基于行为视角的实证研究 [J]. 南开管理评论, 2009, 12(4): 44-54.

[222] 杨梅英, 刘旭, 蒋占华, 冯曦. 企业研发费用税收优惠政策的国际比较与借鉴 [J]. 科技管理研究, 2014, 34(19): 16-20.

[223] 杨青, 薛宇宁, Yurtoglu Besim Burcin. 我国董事会职能探寻: 战略咨询还是薪酬监控？[J]. 金融研究, 2011(3): 165-183.

[224] 杨轶波. 增强知识产权保护总能促进创新吗: 纳入"干中学"效应的南北框架分析 [J]. 世界经济研究, 2018(12): 115-131+134.

[225] 杨以文, 郑江淮, 任志成. 产学研合作、自主创新与战略性新兴产业发展: 基于长三角企业调研数据的分析 [J]. 经济与管理研究, 2012(10): 64-73.

[226] 杨玉浩, 龙君伟. 企业员工知识分享行为的结构与测量 [J]. 心理学报, 2008(3): 350-357.

[227] 杨震宁, 赵红. 中国企业的开放式创新: 制度环境、"竞合"关系与创新绩效 [J]. 管理世界, 2020, 36(2): 139-160.

[228] 姚小涛, 张田, 席酉民. 强关系与弱关系: 企业成长的社会关系依赖研究 [J]. 管理科学学报, 2008(1): 143-152.

[229] 姚潇颖, 卫平, 李健. 产学研合作模式及其影响因素的异质性研究: 基于中国战略新兴产业的微观调查数据 [J]. 科研管理, 2017, 38(8): 1-10.

[230] 姚佐文. 社会资本的治理机制：以硅谷风险投资为例 [J]. 经济管理, 2008(4): 74–78.

[231] 尹美群, 盛磊, 李文博. 高管激励、创新投入与公司绩效：基于内生性视角的分行业实证研究 [J]. 南开管理评论, 2018, 21(1): 109–117.

[232] 尹志锋, 叶静怡, 黄阳华, 秦雪征. 知识产权保护与企业创新：传导机制及其检验 [J]. 世界经济, 2013, 36(12): 111–129.

[233] 余长林, 王瑞芳. 知识产权保护、技术差距与发展中国家的技术进步 [J]. 当代经济科学, 2008(4): 13–22, 124.

[234] 余明桂, 钟慧洁, 范蕊. 业绩考核制度可以促进央企创新吗？[J]. 经济研究, 2016, 51(12): 104–117.

[235] 余义勇, 杨忠. 如何有效发挥领军企业的创新链功能：基于新巴斯德象限的协同创新视角 [J]. 南开管理评论, 2020, 23(2): 4–15.

[236] 余泳泽. 我国高技术产业技术创新效率及其影响因素研究：基于价值链视角下的两阶段分析 [J]. 经济科学, 2009(4): 62–74.

[237] 原长弘, 章芬, 姚建军, 孙会娟. 政产学研用协同创新与企业竞争力提升 [J]. 科研管理, 2015, 36(12): 1–8.

[238] 袁建国, 后青松, 程晨. 企业政治资源的诅咒效应：基于政治关联与企业技术创新的考察 [J]. 管理世界, 2015(1): 139–155.

[239] 约瑟夫·熊彼特. 经济发展理论 [M]. 牛张力, 译. 北京：中国社会出版社, 1999.

[240] 詹正茂, 陈刚, 陈章水. 我国科研院所建立现代企业制度研究 [J]. 科学管理研究, 2003(3): 75–78.

[241] 张春晏. 在硅谷，看科技巨头全球竞争与投资战略：吴军对话曾鸣 [J]. 清华管理评论, 2017(11): 5–11.

[242] 张钢, 陈劲, 许庆瑞. 技术、组织与文化的协同创新模式研究 [J]. 科学学研究, 1997(2): 56–61, 112.

[243] 张建君, 张闫龙. 董事长–总经理的异质性、权力差距和融洽关系与组织绩效：来自上市公司的证据 [J]. 管理世界, 2016(1): 110–120, 188.

[244] 张杰, 郑文平. 创新追赶战略抑制了中国专利质量么？[J]. 经济研究,

2018, 53(5): 28-41.

[245] 张军, 许庆瑞. 管理者认知特征与企业创新能力关系研究 [J]. 科研管理, 2018, 39(4): 1-9.

[246] 张力, 刘新梅. 在孵企业基于孵化器"内网络"的成长依赖 [J]. 管理评论, 2012, 24(9): 103-110, 163.

[247] 张强, 王明涛. 机构投资者对企业创新的影响机制：来自中小创板上市公司的经验证据 [J]. 科技进步与对策, 2019, 36(13): 1-10.

[248] 张瑞敏. 张瑞敏海尔管理日记 [M]. 北京：中国铁道出版社, 2011.

[249] 张瑞敏. 张瑞敏解读海尔生态经济学：链群共赢进化生态 [N/OL]. 人民网, (2019-09-22) [2021-05-10]. http://homea.people.com.cn/n1/2019/0922/c41390-31366325.html.

[250] 张巍, 党兴华. 企业网络权力与网络能力关联性研究：基于技术创新网络的分析 [J]. 科学学研究, 2011, 29(7): 1094-1101.

[251] 张维迎. 产权、激励与公司治理 [M]. 北京：经济科学出版社, 2005.

[252] 张维迎. 理解公司：产权、激励与治理 [M]. 上海：上海人民出版社, 2014.

[253] 张维迎, 王勇. 企业家精神与中国经济 [M]. 北京：中信出版社, 2019.

[254] 张艺, 陈凯华, 朱桂龙. 产学研合作与后发国家创新主体能力演变：以中国高铁产业为例 [J]. 科学学研究, 2018, 36(10): 1896-1913.

[255] 张翼燕. 脱欧后英国的科技与创新政策动向 [J]. 全球科技经济瞭望, 2017, 32(1): 1-6.

[256] 张玉利, 谢巍. 改革开放、创业与企业家精神 [J]. 南开管理评论, 2018, 21(5): 4-9.

[257] 张兆国, 曹丹婷, 张弛. 高管团队稳定性会影响企业技术创新绩效吗：基于薪酬激励和社会关系的调节作用研究 [J]. 会计研究, 2018(12): 48-55.

[258] 张兆国, 刘亚伟, 杨清香. 管理者任期、晋升激励与研发投资研究 [J]. 会计研究, 2014(9): 81-88, 97.

[259] 张正堂. 高层管理团队协作需要、薪酬差距和企业绩效：竞赛理论的视

角[J]. 南开管理评论, 2007(2): 4–11.

[260] 赵刚. 国家创新战略与企业家精神[M]. 北京：中信出版社, 2017.

[261] 赵康杰, 景普秋. 资源依赖、有效需求不足与企业科技创新挤出：基于全国省域层面的实证[J]. 科研管理, 2014, 35(12): 85–93.

[262] 赵息, 林德林. 股权激励创新效应研究：基于研发投入的双重角色分析[J]. 研究与发展管理, 2019, 31(1): 87–96, 108.

[263] 郑志刚, 丁冬, 汪昌云. 媒体的负面报道、经理人声誉与企业业绩改善：来自我国上市公司的证据[J]. 金融研究, 2011(12): 163–176.

[264] 支晓强, 蒋顺才. 企业激励制度[M]. 北京：中国人民大学出版社, 2004.

[265] 中国金融年鉴编辑部. 1996年中国金融年鉴[M]. 北京：中国金融出版社, 1997.

[266]《中国科技创新政策体系报告》研究编写组. 中国科技创新政策体系报告[M]. 北京：科学出版社, 2018.

[267] 钟熙, 宋铁波, 陈伟宏, 翁艺敏. 董事会监督对企业研发投入的影响：基于监督复杂性的调节作用[J]. 研究与发展管理, 2019, 31(1): 77–86.

[268] 钟宇翔, 吕怀立, 李婉丽. 管理层短视、会计稳健性与企业创新抑制[J]. 南开管理评论, 2017, 20(6): 163–177.

[269] 周冬华, 黄佳, 赵玉洁. 员工持股计划与企业创新[J]. 会计研究, 2019(3): 63–70.

[270] 周浩, 龙立荣. 变革型领导对下属进谏行为的影响：组织心理所有权与传统性的作用[J]. 心理学报, 2012, 44(3): 388–399.

[271] 周开国, 卢允之, 杨海生. 融资约束、创新能力与企业协同创新[J]. 经济研究, 2017, 52(7): 94–108.

[272] 周铭山, 张倩倩. "面子工程"还是"真才实干"：基于政治晋升激励下的国有企业创新研究[J]. 管理世界, 2016(12): 116–132, 187–188.

[273] 周小宇, 符国群, 王锐. 关系导向战略与创新导向战略是相互替代还是互为补充：来自中国私营企业的证据[J]. 南开管理评论, 2016, 19(4): 13–26.

[274] 朱冰, 张晓亮, 郑晓佳. 多个大股东与企业创新[J]. 管理世界, 2018,

34(7): 151−165.

[275] 朱桂龙, 张艺, 陈凯华. 产学研合作国际研究的演化 [J]. 科学学研究, 2015, 33(11): 1669−1686.

[276] 朱沆, Eric Kushins, 周影辉. 社会情感财富抑制了中国家族企业的创新投入吗？[J]. 管理世界, 2016(3): 99−114.

[277] 朱琪, 关希如. 高管团队薪酬激励影响创新投入的实证分析 [J]. 科研管理, 2019, 40(8): 253−262.

[278] 祖伟, 龙立荣, 赵海霞, 贺伟. 绩效工资强度对员工薪酬满意度影响的实证研究 [J]. 管理学报, 2010, 7(9): 1321−1328.

[279] 朱玥, 谢江佩, 金杨华, 施俊琦. 团队权力分布差异对团队冲突的影响: 程序公平和合法性的作用 [J]. 心理学报, 2019, 51(7): 829−840.

[280] 朱兆斌. 推动高校科技创新和学科建设的产学研合作模式探索与研究 [J]. 研究与发展管理, 2012, 24(1): 112−117.

[281] 宗芳宇, 马骏. 德国中小企业技术服务体系借鉴 [N]. 中国经济时报, 2013-11-25.

[282] Abernathy, W. J., Utterback, J. M. Patterns of Industrial Innovation[J]. Technology Review, 1978, 80(7): 40−47.

[283] Acar, O. A. Motivations and Solution Appropriateness in Crowdsourcing Challenges for Innovation[J]. Research Policy, 2019, 48(8): 1−13.

[284] Acharya, V. V., Baghai, R. P., Subramanian, K. V. Wrongful Discharge Laws and Innovation[J]. Review of Financial Studies, 2014, 27(1): 301−346.

[285] Acharya, V. V., Subramanian, K. V. Labor Laws and Innovation[J]. *Journal of Law and Economics*, 2013, 56(4): 997−1037.

[286] Aggarwal, R., Erel, I., Ferreira, M. Does Governance Travel Around the World? Evidence from Institutional Investors[J]. Journal of Financial Economics, 2011, 100(1): 154−181.

[287] Aghion, P., Reenen, J. V., Zingales, L. Innovation and Institutional Ownership [J]. American Economic Review, 2013, 103(1): 277−304.

[288] Akerlof, G. A., Yellen, J. A. The Fair Wage-effort Hypothesis and Unemployment

[J]. Quarterly Journal of Economics, 1990, 105(2): 255-283.

[289] Alderfer, C. P. An Empirical Test of A New Theory of Human Needs[J]. Organizational Behavior and Human Performance, 1969, 4(2): 142-175.

[290] Askenazy, P., Breda, T., Irac D. Advertising and R&D: Theory and Evidence from France[J]. Economics of Innovation and New Technology, 2016, 25(1): 33-56.

[291] Atanassov, J. Do Hostile Takeovers Stifle Innovation? Evidence from Antitakeover Legislation and Corporate Patenting[J]. Journal of Finance, 2013, 68(3): 1097-1131.

[292] Baer, M. The Strength-of-weak-ties Perspective on Creativity: A Comprehensive Examination and Extension[J]. Journal of Applied Psychology, 2010, 95(3): 592-610.

[293] Balkin, D. B., Markman, G. D., Gomez-mejia, L. R. Is CEO Pay in High-Technology Firms Related to Innovation?[J]. Academy of Management Journal, 2000, 46(6): 1118-1129.

[294] Balsmeier, B., Buchwald, A., Stiebale, J. Outside Directors on the Board and Innovative Firm Performance[J]. Research Policy, 2014, 43(10): 1800-1815.

[295] Balsmeier, B., Fleming, L., Manso, G. Independent Boards and Innovation[J]. Journal of Financial Economics, 2017, 123(3): 536-557.

[296] Baranchuk, N., Kieschnick, R., Moussawi, R. Motivating Innovation in Newly Public Firms[J]. Journal of Financial Economics, 2014, 111(3): 578-588.

[297] Barley, S. R. Technicians in the Workplace: Ethno Graphic Evidence for Bringing Work into Organizational Studies[J]. Administrative Science Quarterly, 1996, 41(3): 404-441.

[298] Barney, J. Firm Resources and Sustained Competitive Advantage[J]. Journal of Management, 1991, 17(1): 99-120.

[299] Bebchuk, L. A., Fried, J. M. Executive Compensation as an Agency Problem[J]. Journal of Economics Perspectives, 2003, 17(3): 71-92.

[300] Bebchuk, L., Fried, J. Power, Rent Extraction, and Executive Compensation[J].

CESifo Forum, 2002, 3(3): 23-28.

[301] Bebchuk, L. A., Fried, J. M., Walker, D. I. Managerial Power and Rent Extraction in the Design of Executive Compensation[J]. University of Chicago Law Review, 2002, 69: 751-846.

[302] Belloc, F. Corporate Governance and Innovation: A Survey[J]. Journal of Economic Surveys, 2012, 26(5): 120-140.

[303] Benner, M. J., Tushman, M. L. Exploitation, Exploration and Process Management: The Productivity Dilemma Revisited[J]. Academy of Management Review, 2003, 28(2): 238-256.

[304] Bennett, B., Bettis, J. C., Gopalan, R., Milbourn, T. Compensation Goals and Firm Performance[J]. Journal of Financial Economics, 2017, 124(2): 307-330.

[305] Bers, J. A., Dismukes, J. P., Mehserle, D., Rowe, C. Extending the Stage-gate Model to Radical Innovation: The Accelerated Radical Innovation Model[J]. Journal of the Knowledge Economy, 2014, 5(4): 706-734.

[306] Bertrand, M., Mullainathan, S. Enjoying the Quiet Life? Corporate Governance and Managerial Preferences[J]. Journal of Political Economy, 2003, 111(5): 1043-1075.

[307] Bizjak, J. M., Lemmon, M. L., Naveen, L. Does the Use of Peer Groups Contribute to Higher Pay and Less Efficient Compensation?[J]. Journal of Financial Economics, 2008, 90(2): 152-168.

[308] Bova, F., Kolev, K., Thomas, J., Zhang, F. Non-Executive Employee Ownership and Corporate Risk[J]. Accounting Review, 2014, 90(1): 115-145.

[309] Bradley, D., Kim, I., Tian, X. Do Unions Affect Innovation?[J]. Management Science, 2017, 63(7): 2251-2271.

[310] Brekke, K. R., Straume, O. R. Pharmaceutical Patents: Incentives for Research and Development or Marketing[J]. Southern Economic Journal, 2009, 76(2), 351-374.

[311] Brickley, J. A., Lease, R. C., Smith, C. J. Ownership Structure and Voting on Antitakeover Amendments[J]. Journal of Financial Economics, 1988, 20(1-2):

267–291.

[312] Brownell, P. Budgetary Systems and the Control of Functionally Differentiated Organizational Activities[J]. Journal of Accounting Research, 1985, 23(2): 502–512.

[313] Bryan, S. H., Hwang, L. S., Lilien, S. B. CEO Stock-Based Compensation: An Empirical Analysis of Incentive: Intensity, Relative Mix, and Economic Determinants[J]. Journal of Business, 2000, 73(4): 661–693.

[314] Burkhardt, M. E., Brass, D. J. Changing Patterns or Patterns of Change: The Effects of a Change in Technology on Social Network Structure and Power[J]. Administrative Science Quarterly, 1990, 35(1): 104–127.

[315] Burroughs, J. E., Dahl, D. W., Moreau, C. P., Chattopadhyay, A., Gorn, G. J. Facilitating and Rewarding Creativity During New Product Development[J]. Journal of Marketing, 2011, 75(4): 53–67.

[316] Burt, R. S. Structural Holes and Good Ideas[J]. American Journal of Sociology, 2004, 110: 349–399.

[317] Bushee, B. J. The Influence of Institutional Investors on Myopic R&D Investment Behavior[J]. Accounting Review, 1998, 73(3): 305–333.

[318] Bushman, R. M., Dai, Z., Zhang, W. Management Team Incentive: Dispersion and Firm Performance[J]. Accounting Review, 2016, 91(1): 21–45.

[319] Bushman, R. M., Indjejikian R. J. Accounting Income, Stock Price, and Managerial Compensation[J]. Journal of Accounting & Economics, 1993, 16(1–3): 3–23.

[320] Caniels, M. C. J. Barriers to Knowledge Spillovers and Regional Convergence in an Evolutionary Model[J]. Journal of Evolutionary Economy, 2000, 11(3): 307–329.

[321] Carmeli, A., Cohenmeitar R., Elizur D. The Role of Job Challenge and Organizational Identification in Enhancing Creative Behavior among Employees in the Workplace[J]. Journal of Creative Behavior, 2011, 41(2): 75–90.

[322] Carter, M. E., Lynch, L. J. The Effect of Stock Option Repricing on Employee

Turnover[J]. Journal of Accounting & Economics, 2004, 37(1): 91–112.

[323] Casciaro, T., Piskorski, M. J. Power Imbalance, Mutual Dependence, and Constraint Absorption: A Closer Look at Resource Dependence Theory[J]. Administrative Science Quarterly, 2005, 50(2): 167–199.

[324] Chang, X., Fu, K., Low A., Zhang W. Non-executive Employee Stock Options and Corporate Innovation[J]. Journal of Financial Economics, 2015, 115(1): 168–188.

[325] Chen, K., Zhang, Y., Zhu, G., Mu R. Do Research Institutes Benefit from Their Network Positions in Research Collaboration Networks with Industries or/and Universities?[J]. Technovation, 2017: S0166497217307836.

[326] Chen, T., Harford, J., Lin, C. Do Analysts Matter for Governance? Evidence from Natural Experiments[J]. Journal of Financial Economics, 2015, 115(2): 383–410.

[327] Cheng, S. J. R & D Expenditures and CEO Compensation[J]. Accounting Review, 2004, 79(2): 305–328.

[328] Chisung, P., Mark, W. An Exploratory Study on the Potential of Social Enterprise to Act as the Institutional Glue of Network Governance[J]. Social Science Journal, 2014, 51(1): 120–129.

[329] Christensen, C. M. The Innovator's Dilemma: When New Technologies Cause Great Firms to Fail[M]. Boston: Harvard Business School Press, 1997.

[330] Wang, C., Rodan, C., Fruin, M., Xu, X. Knowledge Networks, Collaboration Networks, and Exploratory Innovation[J]. Academy of Management Journal, 2014, 57(2): 484–514.

[331] Cohen, L., Diether, K., Malloy, C. Misvaluing Innovation[J]. Review of Financial Studies, 2013, 26(3): 635–666.

[332] Coles, J. L., Daniel, N. D., Naveen, L. Managerial Incentives and Risk-taking[J]. Journal of Financial Economics, 2006, 79(2): 431–468.

[333] Collins, C. J., Smith, K. Knowledge Exchange and Combination: The Role of Human Resource Practices in the Performance of High-technology Firms[J].

Academy of Management Journal, 2006, 49(3): 544-560.

[334] Core, J. E., Guay, W. R. Stock, Option Plans for Non-executive Employees[J]. Journal of Financial Economics, 2001, 61(2): 253-287.

[335] Czarnitzki, D., Hussinger, K., Schneider, C. Commercializing Academic Research: the Quality of Faculty Patenting[J]. Industrial and Corporate Change, 2011, 20(5): 1403-1437.

[336] Damanpour, F. Organizational Innovation: A Meta-analysis of Effects of Determinants and Moderator[J]. Academy of Management Journal, 1991, 34(3): 555-590.

[337] Danneels, E. The Dynamics of Product Innovation and Firm Competences[J]. Strategic Management Journal, 2002, 23(12): 1095-1121.

[338] Dass, N., Kini, O., Nanda, V., Onal, B., Wang, J. Board Expertise: Do Directors From Related Industries Help Bridge the Information Gap?[J]. Review of Financial Studies, 2014, 27(5): 1533-1592.

[339] Devers, C. E., McNamara, G., Wiseman, R. M., Arrfelt, M. Moving Closer to the Action: Examining Compensation Design Effects on Firm Risk[J]. Organization Science, 2008, 19(4): 548-566.

[340] Dodonova, A, Khoroshilov, Y. Jump Bidding in Takeover Auctions[J]. Economics Letters, 2006, 92(3): 339-341.

[341] Dosi, G., Faillo, M., Marengo, L. Organizational Capabilities, Patterns of Knowledge Accumulation and Governance Structures in Business Firms: An Introduction [J]. Organization Studies, 2008, 29(8-9): 1165-1185.

[342] Drucker, P. F. Harvard Business Review on Knowledge Management[M]. Boston: Harvard Business Press, 1998.

[343] Duncan, R. B. The Ambidextrous Organization: Designing Dual Structures for Innovation[M]// Kilmann, R. H., Pondy, L. R., Slevin, D. The Management of Organization. New York: North-Holland, 1976, 1: 167-188.

[344] Ederer, F., Manso, G. Is Pay for Performance Detrimental to Innovation?[J]. Management Science, 2013, 59(7): 1496-1513.

[345] Eells, R. S. F. The Meaning of Modern Business: An Introduction to the Philosophy of Large Corporate Enterprise[M]. New York: Columbia University Press, 1960.

[346] Eggers, J. P., Kaplan, S. Cognition and Renewal: Comparing CEO and Organizational Effects on Incumbent Adaptation to Technical Change[J]. Organization Science, 2009, 20(2): 461–477.

[347] Elizabeth, N. K. The Role of Reference Point in CEO Restricted Stock and Its Impact on R & D Intensity in High-technology Firms[J]. Strategic Management Journal, 2015, 36(6): 872–889.

[348] Emerson, R. M. Power-Dependence Relations[J]. American Sociological Review, 1962, 27(1): 31–41.

[349] Etzkowitz, H., Leydesdorff, L. The Dynamics of Innovation: From National Systems and "Mode 2" to a Triple Helix of University-industry-government Relations[J]. Research Policy, 2000, 29(2): 109–123.

[350] Fang, H., Nofsinger, J. R., Quan, J. The Effects of Employee Stock Option Plans on Operating Performance in Chinese Firms[J]. Journal of Banking & Finance, 2015, 54(1): 141–159.

[351] Fang, V. W., Tian, X., Tice, S. Does Stock Liquidity Enhance or Impede Firm Innovation?[J]. Journal of Finance, 2014, 69(5): 2085–2125.

[352] Federico, G., Langus, G., Valletti, T. Horizontal Mergers and Product Innovation[J]. International Journal of Industrial Organization, 2018, 59: 1–23.

[353] Fehr, E., Hart, O., Zehnder, C. Contracts, Reference Points, and Competition: Behavioral Effects of the Fundamental Transformation[J]. Journal of the European Economic Association, 2009, 7(2-3): 561–572.

[354] Fehr, E., Hart, O., Zehnder, C. Contracts as Reference Points: Experimental Evidence[J]. American Economic Review, 2011, 101(2): 493–525.

[355] Ferreira, D., Manso, G., Silva, A. C. Incentives to Innovate and the Decision to Go Public or Private[J]. Review of Financial Studies, 2012, 27(1): 256–300.

[356] Fleming, L., Mingo, S., Chen, D. Collaborative Brokerage, Generative Creativity

and Creative Success[J]. Administrative Science Quarterly, 2007, 52: 443-475.

[357] Fong, E. A. Relative CEO Underpayment and CEO Behaviour Towards R&D Spending[J]. Journal of Management Studies, 2010, 47(6): 1095-1122.

[358] Francis, J., Smith, A. Agency Costs and Innovation: Some Empirical Evidence[J]. Journal of Accounting & Economics, 1995, 19(2-3): 383-409.

[359] Frydman, C., Jenter, D. CEO Compensation[J]. Annual Review of Financial Economics, 2010, (2): 75-102.

[360] Fu, X. How Does Openness Affect the Importance of Incentives for Innovation?[J]. Research Policy, 2012, 41(3): 512-523.

[361] Gabaix, X., Landier, A. Why Has CEO Pay Increased So Much?[J]. Quarterly Journal of Economics, 2008, 123(1): 49-100.

[362] Gemünden, H. G., Ritter, T., Heydebreck, P. Network Configuration and Innovation Success: An Empirical Analysis in German High-tech Industries[J]. International Journal of Research in Marketing, 1996, 13 (5): 449-462.

[363] Gentry, R. J., Shen, W. The Impacts of Performance Relative to Analyst Forecasts and Analyst Coverage on Firm R&D Intensity[J]. Strategic Management Journal, 2013, 34(1): 121-130.

[364] Gersick C. J., Hackman J. R. Habitual Routines in Task-performing Groups[J]. Organizational Behavior and Human Decision Processes, 1990, 47(1): 65-97.

[365] Gibbons, R., Murphy, K. J. Optimal Incentive Contracts in the Presence of Career Concerns: Theory and Evidence[J]. Journal of Political Economy, 1992, 100(3):468-505.

[366] Gilson, L. L., Shalley, C. E. A Little Creativity Goes a Long Way: An Examination of Teams' Engagement in Creative Processes[J]. Journal of Management, 2004, 30(4): 453-470.

[367] Glass, A. J., Saggi, K. Innovation and Wage Effects of International Outsourcing[J]. European Economic Review, 2004, 45(1): 67-86.

[368] Gomez-Mejia, L. R., Balkin, D. B. Compensation, Organizational Strategy, and Firm Performance[M]. Cincinnati: South-Western Publishing, 1992.

[369] Gompers, P. A., Joy, I., Andrew, M. Extreme Governance: An Analysis of Dual-class Firms in the United States[J]. Review of Financial Studies, 2010, 23(3): 1051-1088.

[370] Gong, Y., Wu, J., Song, L. J., Zhang, Z. Dual Tuning in Creative Processes: Joint Contributions of Intrinsic and Extrinsic Motivational Orientations[J]. Journal of Applied Psychology, 2017, 102(5): 829-844.

[371] Gould, D. M., Gruben, W. C. The Role of Intellectual Property Rights in Economic Growth[J]. Journal of Development Economics, 1996, 48(3): 323-350.

[372] Graham, J. R., Harvey, C. R., Rajgopal, S. The Economic Implications of Corporate Financial Reporting[J]. Journal of Accounting and Economics, 2005, 40(1-3): 3-73.

[373] Grossman, G. M., Helpman, E. Innovation and Growth in the Global Economy[J]. MIT Press Books, 1993, 1(2): 323-324.

[374] Guay, W. R. The Sensitivity of CEO Wealth to Equity Risk: An Analysis of the Magnitude and Determinants[J]. Journal of Financial Economics, 1999, 53(1): 43-71.

[375] Gulati, R., Sytch, M. Dependence Asymmetry and Joint Dependence in Inter-organizational Relationships: Effects of Embeddedness on a Manufacturer's Performance in Procurement Relationships[J]. Administrative Science Quarterly, 2007, 52(1): 32-69.

[376] Guldiken, O., Darendeli, I. S. Too Much of a Good Thing: Board Monitoring and R&D Investments[J]. Journal of Business Research, 2016, 69(8): 2931-2938.

[377] Hart, O., Moore, J. Contracts as Reference Points[J]. Quarterly Journal of Economics, 2008, 123(1): 1-48.

[378] Hart, S. L. A Natural-resource-based View of the Firm[J]. Academy of Management Review, 1995, 20(4): 986-1014.

[379] He, J., Tian, X. The Dark Side of Analyst Coverage: The Case of Innovation[J]. Journal of Financial Economics, 2013, 109(3): 856-878.

[ 380 ] Hellmann, T., Thiele, V. Incentives and Innovation: A Multitasking Approach[J]. American Economic Journal: Microeconomics, 2011, 3(1): 78–128.

[ 381 ] He, Z. L., Wong, P. K. Exploration vs. Exploitation: An Empirical Test of the Ambidexterity Hypothesis[J]. Organization Science, 2004, 15(4): 481–494.

[ 382 ] Hill, C. W., Snell, S. A. Effects of Ownership and Control on Corporate Productivity[J]. Academy of Management Journal, 1989(32): 25–46.

[ 383 ] Hirshleifer D., Low, A., Teoh, S. H. Are Overconfident CEOs Better Innovators?[J]. Journal of Finance, 2012, 67(4): 1457–1498.

[ 384 ] Hitt, M. A., Hoskisson, R. E., Moesel, D. D. The Market for Corporate Control and Firm Innovation[J]. Academy of Management Journal, 1996, 29(5): 1084–1119.

[ 385 ] Hochberg, Y. V., Laura, L. Incentives, Targeting and Firm Performance: An Analysis of Non-executive Stock Options[J]. Review of Financial Studies, 2010, 23(11): 4148–4186.

[ 386 ] Holmstrom, B. Agency Costs and Innovation[J]. Journal of Economic Behavior & Organization, 1989, 12(3): 305–327.

[ 387 ] Houston, J. F., Lin, C., Zhu, Z. The Financial Implications of Supply Chain Changes[J]. Management Science, 2016, 62(9): 2520–2542.

[ 388 ] Hoyer, W. D., Chandy, R., Dorotic, M., Krafft, M., Singh, S. S. Consumer Cocreation in New Product Development[J]. Journal of Service Research, 2010, 13(3): 283–296.

[ 389 ] Hsu, P., Tian, X., Xu, Y. Financial Development and Innovation: Cross-country Evidence[J]. Journal of Financial Economics, 2014, 112(1): 116–135.

[ 390 ] Hussler, C., Picard, F., Tang, M. F. Taking the Ivory from the Tower to Coat the Eeconomic World: Regional Strategies to Make Science Useful[J]. Technovation, 2010, 30(9): 508–518.

[ 391 ] Im, S., Workman, J. P. Market Orientation, Creativity, and New Product Performance in High-technology Firms[J]. Journal of Marketing, 2004, 68(2):114–132.

[392] Inmaculada, A. D., Lidia, D. D. N., Luis, B. R. J., Petra, D. S. P. University-industry Relations and Research Group Production: Is There a Bidirectional Relationship?[J]. Industrial and Corporate Change, 2015, 25(4): 611-632.

[393] Ivanov, V. I., Xie, F. Do Corporate Venture Capitalists Add Value to Start-up Firms? Evidence From IPOs and Acquisitions of VC-backed Companies[J]. Financial Management, 2010, 39(1): 129-152.

[394] James, R. F., Peffer, S. A., Pratt, J. Performance Evaluation Judgments: Effects of Prior Experience Under Different Performance Evaluation Schemes and Feedback Frequencies[J]. Journal of Accounting Research, 1993, 37(1): 151-165.

[395] Jean, R. J., Kim, D. Sinkovics, R. R. Drivers and Performance Outcomes of Supplier Innovation Generation in Customer-supplier Relationships: The Role of Power-dependence[J]. Decision Sciences, 2012, 43(6): 1003-1038.

[396] Jensen, M., Meckling, W. Theory of Firm: Managerial Behavior, Agency Costs and Capital Structure[J]. Journal of Financial Economics, 1976, 3(2): 305-360.

[397] Jensen, M. C. The Modern Industrial Revolution: Exit and the Failure of Internal Control Systems[J]. Journal of Finance, 1993, 48(3): 831-880.

[398] Kahneman, D., Knetsch, J. L., Thaler, R. H. Anomalies: The Endowment Effect, Loss Aversion, and Status Quo Bias[J]. Journal of Economic Perspectives, 1991, 5(1): 193-206.

[399] Kahneman, D., Tversky, A. Prospect Theory: An Analysis of Decision Under Risk[J]. Econometrica, 1979, 47(2): 263-291.

[400] Kale, J. R., Reis, E., Venkateswaran, A. Rank-order Tournaments and Incentive Alignment: The Effect on Firm Performance[J]. Journal of Finance, 2009, 64(3): 1479-1512.

[401] Kang, J. K., Liu, W. L., Low, A., Zhang, L. Friendly Boards and Innovation[J]. Journal of Empirical Finance, 2018, 45: 1-25.

[402] Kim, D. J., Kogut, B. Technological Platforms and Diversification[J]. Organization Science, 1996, 7(3): 283-301.

# 参考文献

［403］Kini, O., Williams, R. Tournament Incentives, Firm Risk and Corporate Policies[J]. Journal of Financial Economics, 2012, 103(2): 350-376.

［404］Klette, T. J., Men, J., Griliches, Z. Do Subsidies to Commercial R&D Reduce Market Failures? Microeconomic Evaluation Studies[J]. Research Policy, 1999, 29(4-5): 471-495.

［405］Kothari, S., Laguerre, T., Leone, A. Capitalization vs. Expensing: Evidence on the Uncertainty of Future Earnings from Capital Expenditures Versus R&D Outlays[J]. Review of Accounting Studies, 2002, 7(4): 355-382.

［406］Kraft, K. The Incentives for Innovative Activity in the Managerial Firm[J]. Managerial and Decision Economics, 2013, 34(6): 397-408.

［407］Lauritzen, G. D. The Role of Innovation Intermediaries in Firm-Innovation Community Collaboration: Navigating the Membership Paradox[J]. Journal of Product Innovation Management, 2017, 34(3): 298-314.

［408］Laux, V. Executive Pay, Innovation and Risk-taking[J]. Journal of Economics & Management Strategy, 2015, 24(2): 275-305.

［409］Lazear, E. P., Rosen, S. Rank-order Tournaments as Optimum Labor Contracts[J]. Journal of Political Economy, 1981, 89(5): 841-864.

［410］Leifer, R., O'Connor, G. C., Rice, M. Implementing Radical Innovation in Mature Firms: The Role of Hubs[J]. Academy of Management Perspectives, 2001, 15(3): 102-113.

［411］Leonard-Barton, D. Core Capabilities and Core Rigidities: A Paradox in Managing New Product Development[J]. Strategic Management Journal, 1992, 13: 111-125.

［412］Lerner, J., Wulf, J. Innovation and Incentives: Evidence from Corporate R&D[J]. Review of Economics and Statistics, 2007, 89(4): 634-644.

［413］Levinthal, D. A., March, J. G. The Myopia of Learning[J]. Strategic Management Journal, 1993, 14(S2): 95-112.

［414］Lichtenthaler, U. Absorptive Capacity, Environmental Turbulence, and the Complementarity of Organizational Learning Processes[J]. Academy of

Management Journal, 2009, 52(4): 822-846.

[415] Lin, C., Lin, P., Song, F. M., Li, C. Managerial Incentives, CEO Characteristics and Corporate Innovation in China's Private Sector[J]. Journal of Comparative Economics, 2011, 39(2): 176-190.

[416] Lippmann, W.A Preface to Morals[J]. American Journal of Sociology, 1929(3): 61-63.

[417] Lissoni, F. Academic Inventors as Brokers[J]. Research Policy, 2010, 39(7): 843-857.

[418] Liu, W., Moultrie, J., Ye, S. The Customer-dominated Innovation Process: Involving Customers as Designers and Decision-makers in Developing New Product[J]. Design Journal, 2019, 22(3): 299-324.

[419] Lorenzoni, G., Baden-fuller, C. Creating a Strategic Center to Manage a Web of Partners[J]. California Management Review, 1995, 37(3): 146.

[420] Lo, S. T. Strengthening Intellectual Property Rights: Experience from the 1986 Taiwanese Patent Reforms[J]. International Journal of Industrial Organization, 2011, 29(5): 524-536.

[421] Manso, G. Creating Incentives for Innovation[J]. California Management Review, 2017, 60(1): 18-32.

[422] Manso, G. Motivating Innovation[J]. Journal of Finance, 2011, 66(5): 1823-1860.

[423] Mao, C. X., Zhang, C. Managerial Risk-taking Incentive and Firm Innovation: Evidence from FAS 123R[J]. Journal of Financial & Quantitative Analysis, 2018, 53(2): 867-898.

[424] March, J. G. Exploration and Exploitation in Organizational Learning[J]. Organization Science, 1991, 2(1): 71-87.

[425] Marginson, D. E. W. Management Control Systems and Their Effects on Strategy Formation at Middle-management Levels: Evidence from a U.K. Organization[J]. Strategic Management Journal, 2002, 23(11): 1019-1031.

[426] Martins, E. C., Terblanche, F. Building Organizational Culture that Stimulates

Creativity and Innovation[J]. European Journal of Innovation Management, 2003, 6(1): 64–74.

[427] Masulis, R. W., Wang, C., Xie, F. Agency Problems at Dual-class Companies[J]. Journal of Finance, 2009, 64(4): 1697–1727.

[428] Maury, B., Pajuste A. Multiple Large Shareholders and Firm Value[J]. Journal of Banking & Finance, 2005, 29(7): 1813–1834.

[429] Meyer, M. W. Organizational Domains[J]. American Sociological Review, 1975, 40(5): 599.

[430] Miller, G. S. The Press as a Watchdog for Accounting Fraud[J]. Journal of Accounting Research, 2006, 44(5): 1001–1033.

[431] Murayama, M., Yokokawa, Y., Kato, H., Ura, H. Computational and Experimental Study on Noise Generation from Tire-axle Regions of a Two-wheel Main Landing Gear[C]. 17th AIAA/CEAS Aeroacoustics Conference (32nd AIAA Aeroacoustics Conference), 2011.

[432] Murphy, K. J. Stock-based Pay in New Economy Firms[J]. Journal of Accounting & Economics, 2003, 34(1):129–147.

[433] Nickerson, J. A., Zenger, T. R. A Knowledge-based Theory of the Firm: The Problem-solving Perspective[J]. Organization science, 2004, 15(6): 617–632.

[434] North, D. C. Institutions, Institutional Change and Economic Performance[M]. Cambridge: Cambridge University Press, 1990.

[435] Olsen, P. I., Prenkert, F., Hoholm, T., Harrison, D. The Dynamics of Networked Power in a Concentrated Business Network[J]. Journal of Business Research, 2014, 67(12): 2579–2589.

[436] Oyer, P. Why Do Firms Use Incentives That Have No Incentive Effects?[J]. Journal of Finance, 2004, 59(4): 1619–1650.

[437] Pepper, A., Gore, J. Behavioral Agency Theory: New Foundations for Theorizing About Executive Compensation[J]. Journal of Management, 2015, 41(4): 1045–1068.

[438] Pfeffer, J., Langton, N. The Effect of Wage Dispersion on Satisfaction,

Productivity, and Working Collaboratively: Evidence from College and University Faculty[J]. Administrative Science Quarterly, 1993, 38(3): 382–407.

[439] Porter, M. E. Capital Disadvantage: America's Failing Capital Investment System[J]. Harvard Business Review, 1992, 70(5): 65–82.

[440] Qian, Y. Do National Patent Laws Stimulate Domestic Innovation in a Global Patenting Environment?[J]. Review of Economic Statistics, 2007, 89(3): 436–453.

[441] Reagans, R., McEvily B. Network Structure and Knowledge Transfer: The Effects of Cohesion and Range[J]. Administrative Science Quarterly, 2003, 48(2): 240–267.

[442] Roberts, J. Designing Incentives in Organizations[J]. Journal of Institutional Economics, 2010, 6(1): 125–132.

[443] Rosenzweig, S., Grinstein, A. How Resource Challenges can Improve Firm Innovation Performance: Identifying Coping Strategies[J]. Creativity and Innovation Management, 2016, 25(1): 110–128.

[444] Rogers, E. M. Diffusion of Innovations: 5th Edition[M]. New York: Free Press, 2003.

[445] Rothaermel, F. T., Hess, A. M. Building Dynamic Capabilities: Innovation Driven by Individual-, Firm-, and Network-level Effects[J]. Organization Science, 2007, 18(6): 898–921.

[446] Ryan, H. E., Wiggins, R. A. The Interactions Between R&D Investment Decisions and Compensation Policy[J]. Financial Management, 2002, 31(1): 5–29.

[447] Sapra, H., Subramanian, A., Subramanian, K. V. Corporate Governance and Innovation: Theory and Evidence[J]. Journal of Financial and Quantitative Analysis, 2014, 49(4): 957–1003.

[448] Shen, C. H., Zhang, H. Tournament Incentives and Firm Innovation[J]. Review of Finance, 2018, 22(4): 1515–1548.

[449] Shleifer, A., Vishny, R. W. A Survey of Corporate Governance [J]. Journal of

Finance, 1997, 52(2): 737–783.

[450] Shleifer, A., Vishny, R. W. Large Shareholders and Corporate Control[J]. Journal of Political Economy, 1986, 94(3): 461–488.

[451] Siegel, P. A., Hambrick, D. C. Pay Disparities Within Top Management Groups: Evidence of Harmful Effects on Performance of High-technology Firms[J]. Organization Science, 2005, 16(3): 259–274.

[452] Simons, R. L. Control in an Age of Empowerment[J]. Harvard Business Review, 1995: 80–88.

[453] Simons, R. How New Top Managers Use Control Systems as Levers of Strategic Renewal[J]. Strategic Management Journal, 1994, 15(3): 169–189.

[454] Soetanto, D. P., Jack, S. L. Business Incubators and the Networks of Technology-based Firms[J]. Journal of Technology Transfer, 2013, 38(4): 432–453.

[455] Stokes, D. E. Pasteur's Quadrant: Basic Science and Technological Innovation [M]. Washington, D.C.: Brookings Institution Press, 1997.

[456] Subramaniam, M., Youndt, M. A. The Influence of Intellectual Capital on the Types of Innovative Capabilities[J]. Academy of Management Journal, 2005, 48(3): 450–463.

[457] Sunder, J., Sunder, S. V., Zhang, J. Pilot CEOs and Corporate Innovation[J]. Journal of Financial Economics, 2017, 123(1): 209–224.

[458] Thomke, S., Hippel, E. V. Customers as Innovators: A New Way to Create Value[J]. Harvard Business Review, 2002, 80(4): 74–85.

[459] Thompson, M. A., Rushing, F. W. An Empirical Analysis of the Impact of Patent Protection on Economic Growth: An Extension[J]. Journal of Economic Development, 1996, 24(1): 67–76.

[460] Tian, X., Wang, T. Y. Tolerance for Failure and Corporate Innovation[J]. Review of Financial Studies, 2014, 27(1): 211–255.

[461] Tomlinson, P. R. Co-operative Ties and Innovation: Some New Evidence for UK Manufacturing[J]. Research Policy, 2010, 39(6): 762–775.

[462] Tushman, M. L., O'Reilly, C. A. Ambidextrous Organizations: Managing Evolutionary and Revolutionary Change[J]. California Management Review, 1996, 38(4): 8-30.

[463] Vansteenkiste, M., Simons, J., Lens, W., Sheldon, K. M., Deci, E. L. Motivating Learning, Performance, and Persistence: the Synergistic Effects of Intrinsic Goal Contents and Autonomy-supportive Contexts[J]. Journal of Personality & Social Psychology, 2004,87(2): 246-260.

[464] Volberda, H., Lewin, A. Co-evolutionary Dynamics Within and Between Firms: From Evolution to Coevolution[J]. Journal of Management Studies, 2003, 40(8): 2111-2136.

[465] Vrande, V. V. D. Balancing Your Technology-sourcing Portfolio: How Sourcing Mode Diversity Enhances Innovative Performance[J]. Strategic Management Journal, 2013, 34(5): 610-621.

[466] Wade, J., Chandratat, I. Golden Parachutes: CEOs and the Exercise of Social Influence[J]. Administrative Science Quarterly, 1990, 35(4): 587-603.

[467] Walsh, J. P., Seward, J. K. On the Efficiency of Internal and External Corporate Control Mechanisms[J]. Academy of Management Review, 1990, 15(3): 421-458.

[468] West, M. A., Farr, J. L. Innovation at Work[C]// West, M. A., Farr, J. L. (Eds.). Innovation and Creativity at Work: Psychological and Organizational Strategies [C]. Chichester: Wiley, 1990.

[469] Williamson, O. E. Corporate Governance [J]. Yale Law Journal, 1984, 93(7): 1197-1230.

[470] Womack, K. Do Brokerage Analysts' Recommendations Have Investment Value?[J]. Journal of Finance, 1996, 51(1): 137-167.

[471] Wong, K. F. E., Kwong, J. Y. Y. Between-individual Comparisons in Performance Evaluation: A Perspective from Prospect Theory[J]. Journal of Applied Psychology, 2005, 90(2): 284-294.

[472] Wu, J., Tu, R. CEO Stock Option Pay and R&D Spending: A Behavioral Agency

Explanation[J]. Journal of Business Research, 2007, 60(5): 482-492.

[473] Xia, J. Mutual Dependence, Partner Substitutability, and Repeated Partnership: The Survival of Cross-border Alliances[J]. Strategic Management Journal, 2011, 32(3): 229-253.

[474] Xiao, G. Legal Shareholder Protection and Corporate R&D Investment[J]. Journal of Corporate Finance, 2013, 23(6): 240-266.

[475] Xie, X., Jia, Y. Consumer Involvement in New Product Development: A Case Study from the Online Virtual Community[J]. Psychology & Marketing, 2016, 33(12): 1187-1194.

[476] Xuan, T., Yue, W. T. Tolerance for Failure and Corporate Innovation[J]. Review of Financial Studies, 2014, 27(1): 211-255.

[477] Yanadori, Y., Cui, V. Creating Incentives for Innovation? The Relationship Between Pay Dispersion in R&D Groups and Firm Innovation Performance[J]. Strategic Management Journal, 2013, 34(12): 1502-1511.

[478] Yayavaram, S., Ahuja, G. Decomposability in Knowledge Structures and Its Impact on the Usefulness of Inventions and Knowledge-base Malleability[J]. Administrative Science Quarterly, 2008, 53(2): 333-362.

[479] Younge, K. A., Tong, T. W. Competitive Pressure on the Rate and Scope of Innovation[J]. Journal of Economic Behavior & Organization, 2018, 150(6): 162-181.

[480] Zaheer, A., Mcevily, B., Perrone, V. Does Trust Matter? Exploring the Effects of Interorganizational and Interpersonal Trust on Performance[J]. Organization Science, 1998, 9(2): 141-159.

[481] Zahra, S. A., Neubaum, D. O., Huse, M. Entrepreneurship in Medium-Size Companies: Exploring the Effects of Ownership and Governance Systems[J]. Journal of Management, 2000, 26(5): 947-976.

[482] Zhang, G., Tang, C. How could Firm's Internal R&D Collaboration Bring More Innovation?[J]. Technological Forecasting and Social Change, 2017, 125(12): 299-308.